Alexander Bogner
Grenzpolitik der Experten

# Alexander Bogner

# Grenzpolitik der Experten

Vom Umgang mit Ungewissheit und Nichtwissen
in pränataler Diagnostik und Beratung

**VELBRÜCK
WISSENSCHAFT**

Gedruckt mit Unterstützung des Bundesministeriums für
Bildung, Wissenschaft und Kultur in Wien

Erste Auflage 2005
© Velbrück Wissenschaft, Weilerswist 2005
www.velbrueck-wissenschaft.de
Gesetzt vom Verlag aus der Sabon
Druck: dd ag, Birkach
Printed in Germany
ISBN 3-938808-05-5

*Bibliografische Information Der Deutschen Bibliothek*
Die Deutsche Bibliothek verzeichnet diese Publikation in der
Deutschen Nationalbibliografie; detaillierte bibliografische Daten
sind im Internet über http://dnb.ddb.de abrufbar.

Eine digitale Ausgabe dieses Titels in Form einer text- und
seitenidentischen PDF-Datei ist im Verlag Humanities Online
(www.humanities-online.de) erhältlich.

# Inhalt

# Vorbemerkung

Die vorliegende Arbeit geht auf Forschungen zurück, die ich in Wien am Institut für Höhere Studien (IHS) und am Institut für Technikfolgen-Abschätzung der Österreichischen Akademie der Wissenschaften (ITA) durchgeführt habe. Unterstützt wurden diese Projektarbeiten durch den Jubiläumsfonds der Österreichischen Nationalbank sowie durch Mittel aus dem EU-Projekt »Life Sciences in European Societies«. Einige Ergebnisse dieser Studien sind in die Arbeit eingeflossen, die 2003 unter dem Titel »Die Kulturalität von Wissenschaft und Technik. Pränatale Diagnostik und Beratung als Beispiel« an der human- und sozialwissenschaftlichen Fakultät der Universität Wien als Dissertation angenommen und im Jahre 2004 von der Österreichischen Gesellschaft für Soziologie mit dem Dissertationspreis ausgezeichnet wurde. Bei der Fertigstellung des Manuskripts habe ich von jener großzügigen, wissenschaftsfreundlichen Atmosphäre profitiert, für die der Direktor des ITA, Gunther Tichy, seit vielen Jahren Sorge trägt.

Mein Dank gilt allen, deren Kritik und Ermutigungen meine Forschungen vorangebracht haben und in gleicher Weise all jenen, die mich vom Arbeiten abgehalten haben. Mit Josef Hochgerner und Anton Amann konnte ich meine Ideen in frühen Stadien ihrer Ausformulierung diskutieren. Von Johannes Weyer habe ich wichtige Unterstützung in Fragen der theoretischen Architektur der Arbeit erhalten. Helge Torgersen hat mich mit seinem Faible für den Konstruktivismus vor zu kurz greifenden Interpretationen biomedizinischer Kategorien bewahrt. Werner Schneider hat meine unglückliche Beziehung zum Ideologiebegriff aufgedeckt. Seine feste Überzeugung, dass eine Diskursanalyse viel weiter geführt hätte, habe ich konzeptionell nicht überprüfen können. Dies wäre die lohnende Aufgabe einer Folgestudie. Wenn in der Wissenschaft alles mit rechten Dingen zugehen würde, wäre Wolfgang Menz der Co-Autor dieses Buches. Wesentliche methodische Innovationen dieser Arbeit basieren auf seinen Ideen. Meine ehemaligen IHS-Kollegen Eduard Stöger und Peter Venner haben in hochinnovativer Weise Wellness-Elemente in den Wissenschaftsbetrieb integriert. Die Aufzeichnungen unserer gemeinsamen Darts-Partien am Institut haben die Stärke des Wiener Telefonbuchs. Wenn unsere soziologischen Analysen auch nur annähernd so präzise wären wie unsere Pfeilwürfe, hätten wir ausgesorgt. Martin Unger bleibt für die umstandslose Bereitstellung all jener Informationen zu danken, die nicht im Internet verfügbar sind. Tania Bednarcik ist diese Arbeit gewidmet, weil sie meinen Wissenschafts-Spleen toleriert, ohne ihn zu verstehen oder gar gutzuheißen.

Wien, März 2005

# Einleitung

Werden die Revolutionen der Zukunft die Revolutionen der Humangenetik sein? Visionäre wie Aldous Huxley haben das zu einer Zeit behauptet, als die Biologen von der Entschlüsselung des menschlichen Erbguts so weit entfernt waren wie das Himmelsfernrohr von der bemannten Raumfahrt. Nun werden seit der Geburt des ersten Retortenbabys im Jahre 1978 immer mehr Reservate des Natürlichen zu Bereichen individueller Entscheidung. Ob Gen-Tests an Vierzellern oder Kinderkriegen nach der Menopause, ob befruchtete Eizellen aus dem Eisschrank oder geklonte Stammzellen von Hybrid-Embryonen – fast alles, was am Menschen bisher natürlich war, wird im Triumphzug der Technik disponibel, veränder- und ersetzbar.

Der biomedizinische Durchgriff auf basale Lebensprozesse scheint den Menschen in ein radikal neues Verhältnis zu sich selbst zu setzen: Der Mensch wird zum Designer, der Mensch wird Menschenwerk. Die alte Hoffnung der Aufklärung, das Studium der Natur ermächtige den Menschen zum vollen Souverän, droht sich damit auf höchst ambivalente Weise zu erfüllen: Der Mensch selbst wird in unbegrenztem Ausmaß zum Entwurf menschlicher Planung und Manipulation. Eine solche Vision, die an Grundmotive der »Dialektik der Aufklärung« erinnert, liegt etwa Jürgen Habermas' (2001) viel beachteter Kritik der biotechnologischen Modernisierung zugrunde.

Habermas geht davon aus, dass eine eugenische Programmierung wünschenswerter Eigenschaften die Autonomie des Kindes in der Weise tangiere, dass das Kind sich nicht als Planungssouverän seines eigenen Lebens begreifen könne. Nur die natürliche »Reproduktionslotterie« ist demnach hinreichende Vorbedingung für die Stabilisierung des personalen Symmetrieverhältnisses. Um das kommunikative Fundament unseres moralischen Selbstverständnisses stabil zu halten versucht Habermas also, Kontingenz als moralischen Eigenwert gegen die Freiheit zum »Nachwuchsdesign« (z. B. durch das Klonen) stark zu machen. Eine derartige Kritik der liberalen Eugenik, die die Kontingenz als Vorbedingung personaler Autonomie begreift, ist in zweierlei Hinsicht problematisch. Erstens muss Habermas, um die Glaubwürdigkeit der unterstellten elterlichen Nachfrage nicht in Zweifel zu ziehen, zwangsläufig von der technischen Realisierbarkeit eugenischer Programmierung ausgehen. Damit gerät er in die Nähe eines genetischen Determinismus. Zweitens erscheint eine Position, die ihre Kriterien aus dem Autonomie-Postulat entwickelt, eigentümlich konventionell, wenn es um die Beurteilung breit akzeptierter Techniken wie der pränatalen Diagnostik geht. So ist Habermas zufolge zwar nicht die Züchtung von Wunschkindern, aber die biomedizinische Verhinderung »einvernehmlich indizierter Übel« (2001: 113) legitim, eben weil sie den individuellen Spielraum an Autonomie vergrößere. Eingriffe bzw. Manipulationen zur Korrektur oder Verhinderung bestimmter genetischer Defekte und Behinderungen gelten demnach – letztlich im Rekurs auf den common sense – als legitime Annäherung an eine mehrheitlich bestimmte Norm. Eine solche Abstraktion von der sozialen Ebene führt dazu, dass jene Normalitätsvorstellungen unkritisiert bleiben, die uns zum Beispiel eine vorsorgliche vorgeburtliche Selektion als Entscheidungsoption im besten Interesse der Betroffenen verstehen lassen.

# 1. Problemhorizont und Themenwahl

Diese hegemonialen Normalitätsvorstellungen werden im Folgenden am Beispiel des Expertendiskurses zu pränataler Diagnostik und genetischer Beratung in den Mittelpunkt gerückt. Ergänzend zu einer professionssoziologischen Perspektive, die die institutionellen Expertenpolitiken zur Durchsetzung professioneller Kompetenz- und Autoritätsansprüche analysiert (vgl. Pfadenhauer 2003), stehen jene Handlungsorientierungen und Normalitätsvorstellungen im Mittelpunkt, die die professionelle Autorität der Humangenetiker sichern. Eine solche Perspektive geht davon aus, dass die Institutionalisierung und Professionalisierung einer Expertenpraxis wie der pränatalen Diagnostik und Beratung einer Legitimationsgrundlage bedarf, die nicht ohne weiteres gegeben ist. Gleichzeitig wird davon ausgegangen, dass diese Technologie nicht unumstritten ist. Freilich offenbart sich diese Konfliktträchtigkeit heute in der öffentlichen Debatte eher auf vermittelte Weise.

Die pränatale Diagnostik erregt die Gemüter heute bei weitem nicht in der Weise, wie es das therapeutische Klonen oder die Stammzellenforschung tun. Als eine Technologie gehört die Pränataldiagnostik heute fast schon in ähnlicher Weise zum Alltag wie das Telefon oder die Eisenbahn. Aus der Schwangerenvorsorge ist sie nicht mehr wegzudenken. Mediziner verweisen auf eine mögliche Risikominimierung für die Frauen, ein verbessertes Geburtsmanagement und die (wenngleich sehr beschränkte) Möglichkeit der intrauterinen Therapie. Doch seitdem Embryonenforschung und Präimplantationsdiagnostik (PID) einen festen Platz auf der Themenliste von Parlamenten, nationalen Ethikräten, Massenmedien und Talkshows errungen haben, kommt auch die Pränataldiagnostik wieder ins Gespräch.[1] Und zwar unter ganz unterschiedlichen Vorzeichen. So konstruieren etwa die Befürworter der PID mit dem Verweis auf die unzweifelhafte Normalisierung der

1 Zur Erklärung der wichtigsten medizinischen Fachbegriffe findet sich im Anhang ein Glossar.

Pränataldiagnostik einen logischen Sachzwang für die Freigabe einer in die Petrischale vorverlegten Qualitätskontrolle des Embryos. Wie kann man die genetische Kontrolle des extrakorporal erzeugten Embryos vor dessen Einpflanzung in die Gebärmutter der Frau verbieten, so fragen die Befürworter, wenn die weit aufwändigere und risikoreichere Untersuchung des Fötus im Mutterleib erlaubt ist? Die Gegner setzen sich dagegen mit vorsichtigen Plädoyers für eine nachholende Regulierung der Pränataldiagnostik zur Wehr. So haben etwa jene Mitglieder des Nationalen Ethikrats, die eine auch eingeschränkte Freigabe der PID aus moralischen und gesellschaftspolitischen Gründen ablehnen, eine Neuregelung der so genannten Spätabtreibungen nach Pränataldiagnostik gefordert. Gleichzeitig wurde die ökonomische Mehrbelastung von Eltern behinderter Kinder kritisiert und damit der eminent politische Charakter der Pränataldiagnostik thematisiert, der heute jedoch in der Routine eines alltäglich gewordenen und massenhaft angewendeten Ultraschalls gar nicht mehr aufscheint (Nationaler Ethikrat 2003).

Die pränatale Diagnostik, in den frühen 1970er Jahren noch eine Nebenbeschäftigung für die Humangenetiker, hat sich in den letzten Jahrzehnten aus dem Fachgebiet der Humangenetik herausdifferenziert, erfolgreich institutionalisiert und ist als Teil der Gynäkologie heute längst ein selbstverständlicher und integraler Bestandteil der Schwangerenvorsorge.[2] Die pränatale Diagnostik ist mittlerweile längst zum Hauptbetätigungsfeld humangenetischer Aufklärung geworden, auch wenn im Rahmen der Pränataldiagnostik nicht nur DNA-Analysen durchgeführt werden, vielmehr das Gros der Untersuchungen auf den Ultraschall entfällt. Es gibt in Deutschland (und Österreich) keine speziellen gesetzlichen Regelungen, die festlegen, ob und unter welchen Voraussetzungen der Arzt eine Pränataldiagnostik durchführen darf. Jedoch ist die Pränataldiagnostik nunmehr seit Jahrzehnten eine rechtlich

2 1966 glückte erstmals die Kultivierung der im Fruchtwasser suspendierten fötalen Zellen, ein entscheidender Schritt zur vorgeburtlichen Diagnostik genetischer Anomalien des Fötus (Knörr 1987). 1968 wurde die erste pränatale Diagnostik eines Morbus Down durchgeführt. Die AFP-Bestimmung im mütterlichen Serum und im Fruchtwasser und die Bestimmung der Azetylcholinesterase im Fruchtwasser als zusätzliche Parameter zur Diagnostik von offenen Spaltbildungen des Neuralrohres forcierten die Erweiterung der Pränataldiagnostik zu Beginn der 70er Jahre. Insbesondere aber der hohe Standard der Ultraschall-Diagnostik, der die Risiken der Amniozentese verringern half, hat zur raschen Etablierung der Pränataldiagnostik in den 70er Jahren beigetragen. Diese Tendenz hielt in Deutschland in den 80er und verstärkt noch in den 90er Jahren an, wie die einschlägigen Studien belegen (vgl. Nippert 1991, 1999). Vgl. zur Etablierung und Professionalisierung der Pränataldiagnostik in Deutschland auch Waldschmidt (1996: 137 ff., 202 ff.), Riewenherm (2001).

anerkannte Form ärztlicher Tätigkeit und hat einen bemerkenswerten und kaum vorhersehbaren Aufschwung erfahren. Aktuelle Zahlen belegen dies: Als 1970 die ersten Pränataldiagnostik-Untersuchungen in Deutschland durchgeführt wurden, wurden ganze sechs Amniozentesen registriert. Wenig später wurde die Pränataldiagnostik in den Leistungskatalog der Gesetzlichen Krankenversicherung aufgenommen und bereits Mitte 8oer Jahre – zwischenzeitlich war die Chorionzottenbiopsie eingeführt worden – wurden über 30 000 Amniozentesen und 3000 Chorionzottenbiopsien registriert. Bis Ende der 90er Jahre hatte sich diese Zahl verdoppelt, und 1999 wurden dann bereits rund 70 000 invasive Untersuchungen gezählt (Nippert 1999). Wenn man diese Zahlen zur Anzahl der Schwangerschaften in Deutschland in Relation setzt, dann lässt sich die immense Bedeutung der Pränataldiagnostik etwas genauer ermessen. So betraf die invasive Diagnostik im Jahr 1999 praktisch jede zehnte Schwangerschaft. (In Österreich gibt es über die Anzahl dieser pränataldiagnostischen Untersuchungen keine vergleichbaren Zahlen, Experten gehen jedoch von ähnlichen Größenverhältnissen aus.)

Insbesondere in späten Schwangerschaften von Frauen über 35 Jahren spielt die Pränataldiagnostik inzwischen eine so große Rolle, dass längst von einer Routinemaßnahme gesprochen werden kann. Nahmen Anfang der 8oer Jahre rund ein Viertel der schwangeren Frauen über 35 Jahre die Amniozentese in Anspruch, so waren es Ende der Achtziger bereits etwas mehr als die Hälfte. Aktuell liegt die Inanspruchnahme der Pränataldiagnostik in Deutschland bei ca. 80 Prozent. Ein wichtiger Faktor in diesem Normalisierungsprozess war sicher die durch diverse gerichtliche Grundsatzurteile angestoßene Verpflichtung der Ärzte, Frauen ab 35 Jahren eindringlich auf die Möglichkeiten der Pränataldiagnostik hinzuweisen. Im Zuge dieser Verrechtlichung der genetischen Beratung hat diese Technologie den Status des Außergewöhnlichen und Besonderen verloren. Hennen et al. (1996: 78) sprechen davon, dass sich die Pränataldiagnostik »beinahe schon zur Standarduntersuchung bei der Schwangerschaftsvorsorge bei Frauen über 35 entwickelt.«

Gleichwohl ist die Pränataldiagnostik nach wie vor ethisch umstritten, ist doch im Fall einer diagnostizierten Auffälligkeit oder Anomalie die Abtreibung in der Regel die einzige »Therapiemöglichkeit«. Die schleichende Normalisierung dieser medizinischen Dienstleistung ist von feministischer Seite schon früh unter der Perspektive einer qualitativ neuen Instrumentalisierung und Enteignung des weiblichen Körpers durch die Humangenetik kritisiert worden (Katz-Rothman 1993). VertreterInnen der Behindertenbewegung haben schon frühzeitig das Argument stark gemacht, dass die Pränataldiagnostik als institutionalisierte Form der Qualitätskontrolle vorgeburtlichen Lebens im Wesentlichen eine modernisierte Form der Eugenik darstelle (Köbsell 1992).

## 2. Theoretische Prämissen und Fragestellungen

Biomedizin und Humangenetik stellen sich für die Soziologie als ein dynamisches technologisches Feld dar, das vermittels der Zirkulation von Expertenwissen nicht unbedingt nur ein höheres Maß an Kontrolle bedeutet, sondern vor allem auch neue Unsicherheiten und Gestaltungszwänge aufwirft. Unter dem Begriff der »Life-Politics« ist etwa von Giddens (1991) die Reproduktionsmedizin als ein Motor für eine Transformation der Identitätspraktiken und eine neue, aktive Politik des Körperlichen analysiert worden.

Im Folgenden werden diese neu entstehenden Gestaltungszwänge nicht auf der Ebene des Alltags und eines lebensweltlich normalisierten Umgangs mit neuen Technologien erörtert. Im Zentrum des Interesses steht vielmehr die Ebene des professionellen Handelns und Entscheidens. Gerade im Bereich der Pränataldiagnostik werden infolge des technologischen Fortschritts Horizonte geöffnet, in denen die Experten oft ohne den Rückgriff auf traditionell gesicherte Normen oder rechtlich sanktionierte Regeln entscheiden müssen. Es ergeben sich Überforderungen institutionalisierter Entscheidungskonventionen und damit neuartige Entscheidungs- und Gestaltungszwänge. Dies lässt sich mit Bezug auf die Theorie reflexiver Modernisierung unter dem Begriff der Entgrenzung verhandeln.[3] In unserem Fall bezieht sich dieser Begriff auf das Uneindeutigwerden kategorialer Unterscheidungen (Beck et al. 2004: 40 f.). Entgrenzung ist dabei nicht gleichbedeutend mit Entdifferenzierung, sondern bezieht sich auf einen Phänomenbereich unterhalb der Ebene funktionaler Teilsysteme. Vor diesem Hintergrund wird die Grenzarbeit der Experten als institutionelle Notwendigkeit und nicht lediglich als Legitimationsstrategie einer bestimmten Profession begreifbar.

Im Rahmen der vorliegenden Studie wird auf dem Feld pränataler Diagnostik und genetischer Beratung gleichsam eine »Mikroskopie« von Grenzpolitiken der Experten unternommen. Die Analyse bezieht sich konkret auf die Fragestellung, welche Grenzziehungen und Unterscheidungen von den Experten angesichts verschiedener Herausforderungen vorgenommen werden. In politischer Hinsicht beziehen sich

---

3 Von Entgrenzung ist in der Soziologie in ganz unterschiedlichen Zusammenhängen die Rede: im Zusammenhang mit Flexibilisierung und Eigenarbeit (Kratzer 2003, Minssen 2000), mit dem Diffuswerden von Unternehmensgrenzen (Powell 1991, Sauer/Döhl 1997), mit Globalisierung und Sub-Politisierung (Castells 1996, Beck 1993) oder – bezogen auf die Auflösung der Subjekt-Objekt-Differenz – mit Hybridisierung (Latour 1998).

diese Herausforderungen einmal auf Anfechtungen und Infragestellungen der Humangenetik, die in der öffentlichen Debatte eine gewisse Rolle spielen; die Humangenetik steht – wie erwähnt – aufgrund ihrer historischen Bürde unter Dauerbeobachtung. Auf wissenschaftlicher Ebene resultieren Herausforderungen aus Entgrenzungen, die mit neuen Einsichten der Genomforschung und der Umstellung der Medizin auf molekularbiologische Grundlagen zu tun haben (»Biomedizin«). In diesem Prozess werden neue Bereiche von Ungewissheit und Nichtwissen erschlossen, die die professionelle Autorität durchaus in Frage stellen können.

Gerade die aktuellen Konflikte um biotechnologische Anwendungen sind ein prominentes Beispiel dafür, dass im Fall der Anerkennung von wissenschaftlichem Nichtwissen längst nicht mehr automatisch die Wissenschaft als Problemlöserin zu Hilfe gerufen wird. Alternative Zurechnungen resultieren in anderen Ergebnissen. Und so kann Nichtwissen für die Wissenschaft eben heißen: mehr Forschung, mehr Geld, mehr Autonomie; in anderen Fällen aber auch: mehr Politik, mehr Öffentlichkeitsbeteiligung, mehr Rationalitäten. Im Fall des internationalen Konflikts um die Zulassung von gentechnisch veränderten Lebensmitteln wird das Spektrum der unterschiedlichen Zurechnungen und darauf bezogener (Gegen-)Strategien kenntlich. Während einflussreiche Kräfte in den USA bestehenden bzw. postulierten Unsicherheiten über gesundheitliche und/oder ökologische Gefahren mit einer Schließung der Debatte begegnen (»sound science«), sind in Europa dieselben Unsicherheiten bis zu einem gewissen Grad erfolgreich politisiert worden (»Vorsorgeprinzip«).

Die im Zuge der Genomforschung anwachsende Komplexität; die Entdeckung immer kleinerer Auffälligkeiten und Abweichungen, die sich der medizinischen Basisunterscheidung von gesund/krank entziehen; das kontinuierliche Unterlaufen gesicherter Leben/Tod-Unterscheidungen durch den Fortschritt der Neonatalmedizin, das die Pränataldiagnostiker im Fall von Spätabtreibungen zu neuen, informellen Grenzziehungen zwingt; die Generierung neuen, uneindeutigen Diagnose-Wissens – dies alles geht mit der Öffnung von Entscheidungsoptionen und Interpretationsspielräumen einher, die in der Praxis auf irgendeine Art und Weise reduziert, vereindeutigt, aufgelöst werden müssen. Die Frage ist natürlich: Wie und mit welchen Folgen?

Aus dieser Problemkonstellation resultiert eine Reihe von Fragestellungen:
– In welchen Zusammenhängen ergeben sich die angesprochenen Gestaltungszwänge in der Praxis? Handeln und entscheiden die Humangenetiker in jedem Fall nach medizinisch-naturwissenschaftlichen Prinzipien oder welche anderen Diskurse und Rationalitäten spielen hier eine Rolle? Welche professionellen Handlungsorientierungen

lassen sich aus den spezifischen Reaktionen auf Entscheidungszwänge in der Praxis rekonstruieren?

– Welche Bedeutung haben die langen Schatten des Eugenik-Diskurses für das professionelle Selbstverständnis der Humangenetiker? Wie werden wissenschaftliche Kompetenz- und Geltungsansprüche gegen Kontinuitätsannahmen verteidigt? Auf welche Weise werden Grenzen zwischen (historischer) »Erbgesundheitslehre« und (moderner) Humangenetik gezogen? Welche Rückschlüsse erlauben diese Grenzziehungen für den expertiellen Begriff von Wissenschaft, von Rationalität, von Norm und Natürlichkeit?

– Wo brechen innerhalb der professionellen Praxis Felder des Nichtwissens und der Ungewissheit auf und was bedeutet dies für die professionelle Autorität? Wird sie dadurch in Frage gestellt? Inwiefern werden die Experten zur Anerkennung von Nichtwissen und Unsicherheit gezwungen? Was bedeutet das moderne (non-direktive) Beratungsideal in diesem Zusammenhang? Und schließlich: Bildet sich in der Humangenetik, wo ethische Aspekte wie in keinem anderen medizinischen Bereich eine Rolle spielen, ein Typ reflexiver Expertenschaft heraus? Treten wir mit der Durchsetzung einer individualisierten, entstaatlichten Biopolitik in ein Zeitalter ein, das jede Expertenkritik erübrigt?

In theoretischer Hinsicht ergibt sich aus diesen Fragestellungen der Anspruch, zwei ganz unterschiedliche soziologische Diskurse, nämlich die modernisierungstheoretisch orientierte Thematisierung von Grenzpolitiken (Beck/Lau 2004) mit der konstruktivistischen Analyse von Nichtwissensproblematiken zu verbinden (Luhmann 1995), um eine wissenssoziologische Analyse der humangenetischen Expertenpraxis zu entwerfen. Dabei wird der Zuständigkeitsanspruch der Medizin, die für die die vorgeburtliche Auseinandersetzung mit dem Phänomen Behinderung maßgeblichen Begriffe und Konzepte bereit zu halten, kritisch reflektiert.[4]

## 3. Gliederung der Arbeit

Im ersten Teil (A) sind einleitende Bemerkungen zu jenem theoretischen Horizont gesammelt, der diese Studie begrenzt. Diese Analyse humangenetischer Expertenpraxis verortet sich in einem theoretischen Kontext, der von der Brüchigkeit industriegesellschaftlicher Ordnungs-

---

4 Vgl. zu einer frühen Kritik am Beispiel der Geburtshilfe Böhme (1980). Er zeigt, dass das Expertenwissen das Erfahrungswissen der Hebammen nicht einfach verbessert, sondern das Problem neu konfiguriert. Lebensweltliches Wissen wird auf diese Weise dysfunktional.

semantiken ausgeht. Institutionelle Ordnungen, zentrale Leitwerte und Basisprämissen der Moderne – so die These – werden im Verlauf der Modernisierung unscharf, widersprüchlich, problematisch. Dieser gesellschaftstheoretischen Annahme entspricht eine paradoxe Orientierung hin auf das Ephemere, Ausgeschlossene, »Nicht-Phänomenale«. Das heißt, Ordnung, Sicherheit und Kontrolle als Basiskoordinaten des »soziologischen Blicks« verlieren ihre Prägekraft. Dies beweist sich nicht zuletzt an einem Boom soziologischer Begrifflichkeiten wie Unsicherheit, Uneindeutigkeit, Nichtwissen, die mittlerweile an deren Stelle getreten sind. Gerade der Kategorie des Nichtwissens ist in letzter Zeit einige Beachtung zuteil geworden. Im Anschluss an die (nicht zuletzt risikosoziologisch informierte) Debatte um das Nichtwissen wird vorgeschlagen, die Routinen und das professionelle Selbstverständnis der Experten als Ergebnis eines spezifischen Umgangs mit Nichtwissen und Ungewissheit zu verstehen. Hinweise aus der Risiko- bzw. Nichtwissenssoziologie werden gewissermaßen zu einem sensibilisierenden Konzept verknüpft, das einerseits die Formulierung der Fragestellung beeinflusst, zum anderen damit aber auch die Auswertungsperspektive maßgeblich bestimmt.

Der zweite Teil (B) beschäftigt sich mit den methodologischen und methodischen Grundlagen der in dieser Studie verwendeten Methode der Datenproduktion, des Experteninterviews. Die Ausführlichkeit dieses Abschnitts verdankt sich zum einen der Vernachlässigung dieser forschungspraktisch bedeutsamen Methode in der einschlägigen Literatur. Denn es sind bestimmte Abgrenzungs- und Definitionsleistungen nötig, um zu einem konsistenten Profil des Experteninterviews als qualitativer Methode zu gelangen. Zweitens hat die praktische Beschäftigung mit dem Experteninterview zu der dann auch theoretisch entwickelten Einsicht geführt, dass sich Experteninterviews durch Interaktionskonstellationen auszeichnen, die bedeutsame Implikationen für die Auswertung haben. Weil der Interviewer vom jeweiligen Experten als Angehöriger einer bestimmten Disziplin, als Vertreter einer bestimmten Institution und daher spezifischen normativen Orientierungen und forschungspraktischen Interessen angesehen wird, findet jedes Experteninterview unter ganz bestimmten Vorzeichen statt. Erst die Reflexion der konkret realisierten Interaktionskonstellation im Interview hat in dieser Untersuchung zu einer Analyseperspektive geführt, die mit der Identifizierung eines bestimmten »Kernproblems« in den Ausführungen der Experten verbunden ist. Kurzum, erst die methodische Reflexion hat einen analytisch fruchtbaren Umgang mit den als Legitimationsdiskurs interpretierbaren Argumentationen der Experten erlaubt. Über diese methodischen Grundlagen hinaus werden in diesem Teil B allerdings auch wichtige konzeptionelle Diskussionen geführt, so etwa über die Begriffe des Experten bzw. des Expertenwissens.

Im dritten Teil (C) sind die Ergebnisse der empirischen Untersuchung gebündelt. Hier steht in vielfältiger Weise die Grenzpolitik der Experten im Mittelpunkt. Dabei wird zunächst jene Ebene von Diskursen ins Zentrum gerückt, in denen sich die moderne Humangenetik von bestimmten Prinzipien und Praktiken abgrenzt (z. B. Eugenik). Die Rekonstruktion dieser Grenzziehungsdiskurse soll dabei Aufschluss geben über spezifische Formen der Durchsetzung wissenschaftlicher Kompetenz- und Geltungsansprüche. Auf einer anderen Ebene sind jene Grenzziehungsdiskurse angesiedelt, die als Ausdruck einer Suche nach Neuorientierungen jenseits überkommener Leitdifferenzen und Unterscheidungen zu verstehen sind, und zwar anlässlich ganz bestimmter praktischer Probleme (z. B. Spätabtreibung). In jedem Fall werden die Grenzziehungen der Experten nicht als strategisches Handeln oder als individuelle Rechtfertigungsrhetorik gelesen, sondern ins Verhältnis gesetzt zu kollektiven Orientierungsmustern, die sich aus einer komplexen sozialen Praxis ergeben. Das heißt, es wird gezeigt, dass die Grenzziehungsdiskurse der Humangenetik Rückschlüsse zulassen auf die Strukturierung professioneller Handlungsorientierungen. Beide Ebenen treffen sich letztlich in der Fragestellung, welche Faktoren dazu beitragen, die professionelle Autorität einer historisch belasteten und umstrittenen Wissenschaft wie der Humangenetik zu sichern. Weitere Schwerpunkte dieses Teils behandeln zum einen die fortschreitende Verwissenschaftlichung der Pränataldiagnostik. Es wird offenbar, dass die Implementierung neuartiger Testverfahren mit einer Generalisierung des Risikoverdachts verbunden ist (und damit einer Reformulierung der Basisunterscheidung gesund/krank), die neuartige Rationalitätsansprüche formuliert und den schwangeren Frauen die Entwicklung von Risikokompetenzen abverlangt. Zum anderen werden in einem eigenen Kapitel die Folgen eines klientenorientierten Beratungsideals für Status und Selbstverständnis des Experten thematisiert. Eine detaillierte Darstellung der einzelnen (arabisch nummerierten) Abschnitte findet sich jeweils zu Beginn der übergeordneten Kapitel.

Im abschließenden Resümee werden unter Bezug auf wissenssoziologische und gesellschaftstheoretische Diskussionen einige Schlussfolgerungen gezogen. Mit Blick auf die in Teil C dargestellte Grenzziehungspolitik der Experten, die sich auf konkrete Entscheidungs- und Gestaltungszwänge bezieht, wird hier die Verknüpfung von Expertenwissen und gesellschaftlichen Diskursen herausgehoben. Auf diese Weise tritt nicht so sehr das Sonderwissen der Experten als vorrangige Legitimationsquelle professioneller Autorität in Erscheinung, vielmehr die gesellschaftliche Signatur des Expertenwissens. Anschließend wird unter Bezug auf Debatten um eine »zweite« Moderne resümiert, inwiefern Reflexionsleistungen der Experten – zum Beispiel in Form der Anerkennung von Ungewissheit und Uneindeutigkeit des Expertenwissens durch die Experten selbst – als empirische Indizien für ein »Reflexiv-Werden« der humangenetischen Praxis zu werten sind. Schließlich wird versucht, im Sinne eines Ausblicks, die Konsequenzen der in Teil C skizzierten Handlungsordnung auf politischer Ebene zu explorieren. Es wird ein Strukturwandel biopolitischer Regulierungspraktiken konstatiert, eine Ablösung staatlich gesteuerter, zentral verwalteter und hierarchisch strukturierter Praktiken durch individualisierte und autonomieorientierte (Life-Politics). Diese Darstellung verbindet sich mit dem Versuch, die Selbstgewissheit der modernen Humangenetik, dass eine Entstaatlichung und Individualisierung der Biopolitik gleichbedeutend sei mit einer reflexiven Praxis, zu irritieren. Eine kurze Diskussion um Nutzen und Grenzen der Analyse beschließt diese Arbeit.

# A
# Unsicherheit, Risiko, Nichtwissen:
## Theoretische Bezugspunkte der Interpretation

In diesem ersten Teil wird der begriffliche und konzeptionelle Horizont abgesteckt, innerhalb dessen die empirische Analyse entfaltet wird. Es sind die Begriffe des Risikos, der Unsicherheit und des Nichtwissens, allesamt einstmalige Residualkategorien der Soziologie, denen besondere Aufmerksamkeit geschenkt wird. Im ersten Kapitel wird der Versuch unternommen, die recht umfängliche sozialwissenschaftliche Literatur zum Thema Humangenetik nach einigen wichtigen thematischen Feldern und theoretischen Perspektiven zu systematisieren. Aus dieser Zusammenschau ergibt sich unter anderem der Anreiz zur theoretischen Präzisierung maßgeblicher Basiskonzepte. Im zweiten Kapitel wird der historische Ausgangspunkt der soziologischen Risikodebatte skizziert. Obwohl im angelsächsischen Raum die Risikothematik Mitte der 80er Jahre längst Einzug gefunden hatte in die sozial- bzw. kulturwissenschaftliche Debatte[1] und auch im deutschsprachigen Raum das Risiko zum analytischen Leitkonzept geworden war,[2] so war doch erst die *Risikogesellschaft* (Beck 1986) der Auftakt zu einer intensiveren Diskussion. Unterschiedliche Versuche, die modische Rede von der Risikogesellschaft in eine kategorial präzisierte Selbstbeobachtungsform der Gesellschaft zu überführen, werden daran anschließend referiert. Im dritten Kapitel wird die Forschungsprogrammatik einer »reflexiven Modernisierung« vorgestellt. Damit wird auf ein gesellschaftstheoretisches Konzept zurückgegriffen, das insbesondere auf wissenssoziologischer Ebene produktive Impulse setzt. Zur Vermeidung von Missverständnissen scheint es angebracht, insbesondere jene Begriffe näher zu charakterisieren, die relativ unscharf und besonders umstritten sind, aber wahrscheinlich gerade daraus ihren Reiz beziehen (»Reflexivität«).

---

1 Erinnert sei nur an die Studie von Douglas/Wildavsky (1983); vgl. auch Wynne (1980). Explizit zum Umgang mit technischen Großrisiken Lagadec (1981).

2 Zum Beispiel Wambach (1983), in dessen Sammelband die Konstitution eines »Risikosubjekts« durch die Präventionsdiskurse der Medizin und der Kriminologie im Zentrum steht. Eine frühe Einlassung zu den Risiken der modernen Industriegesellschaften stellt die versicherungswirtschaftlich orientierte Studie von Gross (1968) dar.

Im vierten Kapitel wird dann auf die Konzeptualisierung des Nichtwissens aus der Perspektive einflussreicher Großtheorien fokussiert. Diese Darstellung versteht sich einerseits als Sensibilisierung für die Differenziertheit, die dieser Begriff in der soziologischen Debatte mittlerweile erreicht hat; zum anderen dient die begriffliche Vorarbeit dem Zweck, den Nutzen unterschiedlicher Konzepte als »sensitizing concepts« (Blumer 1954) für die empirische Analyse zu prüfen.

# 1. Soziologie der Humangenetik

Pränatale Diagnostik und genetische Beratung sind auf vielfältige Weise zum Gegenstand sozialwissenschaftlicher Beobachtung geworden. Das Spektrum reicht von einschlägig theoretisch informierten Analysen über rein empirische Studien, die meist im Kontext der klinischen Praxis entstehen und das »Konsumentenverhalten« zum Thema haben,[3] bis hin zu den einschlägigen Sachstandsberichten aus der Technikfolgenabschätzung.[4]

Wir werden uns im Folgenden auf den engeren Kern theoretisch-systematisch angelegter Arbeiten konzentrieren, die sich auch konkret auf die Pränataldiagnostik beziehen. Dies ist angesichts der Fülle an sozialwissenschaftlicher Literatur zu Humangenetik und Biomedizin gar nicht anders möglich. Außerdem zielt die folgende Darstellung nicht auf eine umfassende Literaturübersicht, sondern es geht um die Skizzierung von konkreten Anknüpfungsmöglichkeiten und Differenzierungsnotwendigkeiten im Hinblick auf expertenwissenorientierte Analysen. In Anlehnung an Conrad/Gabe (1999) kann man fünf Themengebiete unterscheiden, die sich unter dem Schlagwort einer »Soziologie der Humangenetik« bündeln lassen.[5]

(1) Analysen zur genetischen Beratung haben die damit verbundenen Herausforderungen für die Berater-Klient-Beziehung in den Mittelpunkt gestellt. Ein wichtiger Schwerpunkt sind in diesem Zusammenhang die medizinischen Routinen und das professionelle Selbstverständnis der

---

3 Diese Studien, die meist mithilfe standardisierter Methoden der Frage nachgehen, warum Frauen die Angebote der Pränataldiagnostik annehmen oder verweigern bzw. ob die beratenen Frauen auch ausreichend informiert sind, sind oft im Bereich von Public Health angesiedelt; manchmal handelt es sich auch um statistische Auswertungen zu den genannten Aspekten der pränataldiagnostischen Praxis durch die praktizierenden Mediziner selbst. Ihren Erscheinungsort haben derartige Studien denn auch nicht selten in den einschlägigen medizinischen Fachzeitschriften. Vgl. Tymstra et al. (1991), Jorgensen (1995), Press/Browner (1997), Kornman et al. (1997), Santalahti et al. (1998), Gekas et al. (1999), Markens et al. (1999), Jallinoja et al. (1999).

4 Die wichtigsten deutschen Beiträge aus der Technikfolgenabschätzung sind die Berichte des Büros für Technikfolgen-Abschätzung beim Deutschen Bundestag (TAB) bzw. Arbeiten, die in dessen Auftrag entstanden sind. Vgl. Nippert/Horst (1994), Hennen et al. (1996, 2000); für Österreich Mikl/Wild/Torgersen (1996).

5 Conrad/Gabe (1999) vernachlässigen freilich die biographischen bzw. lebensführungstheoretischen Ansätze, die hier unter Punkt 2 gebündelt sind.

Berater. So thematisiert etwa Bosk (1992) auf der Basis teilnehmender Beobachtung bei genetischen Beratungs- und pränataldiagnostischen Aufklärungsgesprächen in einer Kinder-Klinik, die er bereits Ende der 70er Jahre durchführte, einige Dilemmata einer professionellen Praxis, die auf dem Selbstverständnis wertneutraler und nicht-direktiver Expertise gründet. Der Rekurs der beratenden Ärzte auf die formale und inhaltliche Korrektheit der übermittelten Information, so lassen sich seine Ausführungen zu den Grenzen der Expertise verstehen (ebd.: 113 ff.), erreiche letztlich nicht den Kern des Problems. Denn erst die impliziten Relevanzsetzungen der Mediziner konstituierten das, was sie dann als objektive Information verstehen. Ein konkretes Beispiel: Soll oder muss der genetische Berater der Vollständigkeit und Objektivität halber auch Informationen zu Verfahren und Untersuchungen mitteilen, von deren Wert er (und vielleicht viele seiner Kollegen) subjektiv gar nicht überzeugt ist? Kann er sie verschweigen oder sollte er besser seine Mitteilung mit einer Distanzierung verbinden? Was ist weniger »direktiv«? Die Vermutung einer systematischen Verfehlung der auch von den Berufsverbänden proklamierten Non-Direktivität in der Beratungspraxis liegt auch den Beiträgen des von Kettner (1998) herausgegebenen Sammelbandes zugrunde. In einer ähnlichen Weise, allerdings ausgehend von einem kommunikationstheoretischen Ansatz, wird hier die genetische Beratung unter der Perspektive versteckter Direktiven und möglicher Zwänge problematisiert. Aus einer feministischen Perspektive und auf Basis von qualitativen Interviews mit 31 Frauen spricht Gregg (1995) ebenfalls vom subtilen Zwang und der Illusion substanziell erweiterter Wahlmöglichkeiten für die Frauen im Zeitalter technisierter Schwangerschaft.

(2) Die Konsequenzen der pränatalen Diagnostik für das subjektive Erleben der Schwangerschaft sind in erster Linie von feministisch orientierten Autorinnen problematisiert worden. Katz-Rothmans Formulierung einer »Schwangerschaft auf Abruf« (1993) ist mittlerweile zum geflügelten Wort geworden. Auch in aktuellen Studien steht der Zusammenhang von Biographie und genetischer Beratung im Vordergrund.[6] In einer qualitativ-biographischen Studie ist Griese (1999) auf der Basis von mehr als 100 Interviews mit Frauen aus dem Freiburger und Rostocker Raum der Frage nachgegangen, welche Motivationen für oder gegen eine Nutzung pränataler Untersuchungen ausschlaggebend sind. Sie kommt dabei zu dem Schluss, dass sich jene Frauen, die in ihrer Le-

---

6 Untersuchungen zum Zusammenhang von Humangenetik und Biographie liefern etwa Bauer et al. (1991), Scholz (1995), White-van Mourik (1994), Nippert (1997). Eine breite Literaturübersicht zum Thema Entscheidungsfaktoren für die Inanspruchnahme pränataler Diagnostik hat Wiedebusch (1997) vorgelegt.

bensführung – aus welchen Gründen auch immer – nicht bruchlos dem gesellschaftlichen Steuerungsideal einer selbstverantwortlichen Planung folgen, eher jenen »mit der modernen Medizin transportierten Normen und Werten« (ebd.: 113) widersetzen. Den psychosozialen Ursachen für die wachsende Nachfrage und Bedeutung der Pränataldiagnostik in der Schwangerschaft ist eine Gruppe von Göttinger Medizinsoziologen nachgegangen (Friedrich et al. 1998). Anhand offener Interviews mit 30 Frauen (vor allem aus dem Akademikermilieu), die ein- oder mehrmals schwanger waren, illustrieren sie ihre These, dass die Pränataldiagnostik nicht nur technische Maßnahme, sondern in erster Linie ein technischer Ersatz für einen »Übergangsritus« ist, der in traditionalen Gesellschaften das individuelle Zurechtkommen mit biographischen Ungewissheiten einübte. Mit der Rationalisierung der Lebenswelten, die die traditionellen »Übergangsmentoren« (z. B. die eigene Mutter), die die Transition in eine neue Lebensphase in der sozial erwünschten Weise ermöglichte, durch eine Beratung auf wissenschaftlich-technischer Grundlage ersetzt, wird die Pränataldiagnostik zum Hoffnungsträger auch für emotionale Probleme und erlangt damit eine Bedeutung, der sie nicht gerecht werden kann (ebd.: 200). In dieser Perspektive erscheint die Pränataldiagnostik als ein modernes technisches Surrogat für soziale Mechanismen, die in traditionalen Gesellschaften die Unsicherheiten der Schwangerschaften individuell bewältigbar machten. Problematisiert wird damit in erster Linie die psychische Dimension der Pränataldiagnostik: ihre emotionale Überfrachtung, die über die Vorsorgeroutinen zementiert wird, sowie die Verunsicherung, die ihre interpretationsbedürftigen Ergebnisse provozieren. Die Autoren kommen zu dem Ergebnis, dass ein rationaler Umgang mit dieser Technik nur höchst unvollkommen durch ein Mehr an medizinischem Wissen auf Seiten der Schwangeren zu erzielen ist. Entscheidend sei dafür vielmehr, die Pränataldiagnostik »ihres uneingestandenen Bedeutungsüberschusses« (ebd.: 296) zu entkleiden.

(3) Einen deutlichen Perspektivenwechsel zu diesen ethnographisch bzw. biographisch-qualitativ orientierten Studien stellen die Analysen des öffentlichen Diskurses dar. Dies sind in der Regel diskursanalytisch verfahrende Rekonstruktionen der – vor allem massenmedialen – Darstellungen von Gentechnik und genetischem Wissen in der Popularkultur (Thompson 1994, Conrad 1997, Laurén et al. 2001). Das Erkenntnisinteresse dieser Diskursanalysen richtet sich in erster Linie auf die gesellschaftlichen Neuinterpretationen von (vormals) sozialen »Sachverhalten« unter dem Einfluss genetischen Wissens. Konstatiert wird in diesem Zusammenhang etwa ein »genetischer Reduktionismus« bzw. ein schleichender »process of ›geneticization‹« (Lippman 1994: 145), das heißt, im Zuge der Popularisierung genetischen Wissens werden individuelle Identitäten sowie soziale Problemlagen gleichermaßen als

Ausfluss genetischer Dispositionen und Determinationen gedeutet und werden darüber zu Projekten der Selbstverantwortung (Conrad 1997, Henderson/Kitzinger 1999). Insbesondere das herrschende Verständnis von Pränataldiagnostik als einer medizinischen Informations-Dienstleistung bedeute in Wirklichkeit die Durchsetzung eines biomedizinisch dominierten Verständnisses von Sicherheit, Kontrolle und Wahlfreiheit und damit letztlich die alternativlose Markierung von Behinderung als eines genetischen und daher pränataldiagnostisch zu lösenden Problems (Lippman 1994). Derartige Kritiken sind von der Absicht getragen, die Definition und Bewertung von Auffälligkeiten, Krankheiten oder Behinderungen nicht einer durch Expertenrelevanzen strukturierten Praxis zu überlassen.

(4) Eng verwandt mit solchen Analysen des öffentlichen Diskurses sind Untersuchungen über Differenzen in der Wahrnehmung, dem Verständnis und der Beurteilung von Humangenetik durch Laien und Experten. Dieser Perspektive wird insbesondere im englischsprachigen Raum große Beachtung geschenkt. Sofern diese Studien unter positivem Bezug auf partizipative Formen der Technikgestaltung durchgeführt werden, zielen sie gleichsam auf eine wissenschaftliche Anerkennung und Aufwertung alternativer Rationalitäten, wie sie sich etwa in der differierenden Perspektive der Laien auf die Humangenetik abbilden (vgl. Kerr et al. 1998, Stockdale 1999). Daneben existieren an einem traditionellen Konzept von »Public Understanding of Science«[7] orientierte Interpretationen. So vertritt etwa Richards (1996) die Auffassung, dass die Differenzen zwischen Laien und Experten in erster Linie Ergebnis des nicht durch die Mendelsche Vererbungslehre informierten Alltagswissens und somit Ausdruck eines Wissensdefizits auf Seiten der Öffentlichkeit seien. Eine politisch zugespitzte Variante dieser Studien zum Verhältnis von Laien- und Experten-Rationalitäten stellen die Arbeiten aus dem Bereich der »Disability Studies« dar. In diesem Ansatz wird – z. B. von Oliver (1996) – unter Rekurs auf sozialkonstruktivistische Ansätze (Behinderung als Resultante sozialer Beziehungen) die implizite Hierarchie zwischen Laien und Experten radikal umgekehrt: Nicht die für zuständig erklärten Ärzte können dieser Perspektive zufolge einen rechtmäßigen Anspruch auf den Expertenstatus anmelden (etwa in der genetischen Beratung), sondern nur die im Expertendiskurs zu Laien degradierten Menschen mit dem einschlägigen Erfahrungswissen. Konsequent werden daher die Einbeziehung von Betroffenen und Stakeholdern und damit eine breitere Wissensbasis für Regulationsfragen etwa im Bereich der Pränataldiagnostik gefordert (Shakespeare 1999).

(5) Ein breites Feld stellen schließlich jene Analysen sozialer Implikationen und Nebenfolgen der Humangenetik dar, deren Kritik sich unter

---

7 Vgl. dazu auch Durant/Hansen/Bauer (1996).

dem Schlagwort einer privatisierten Eugenik bzw. einer »eugenics by the back door« (Duster 1990) bündeln lässt. In diesem Zusammenhang richtet sich der Analysefokus auf jene Praktiken und Prozesse (wie etwa Screening-Programme), die die Eugenik als eine durch eine Vielzahl von individuell freien Wahlentscheidungen konstituierte Folge der Technisierung der Reproduktion begreifbar machen.[8] Kaum eine sozialwissenschaftliche Publikation im deutsprachigen Bereich, in der nicht dieser Aspekt einer »Nebenfolgen«-Eugenik zumindest Erwähnung fände.[9] Auch die vorliegende Arbeit nimmt – allerdings unter methodischen Vorzeichen – darauf Bezug (B.II.2.1).

Natürlich ist die vorstehende Systematisierung bis zu einem gewissen Grad willkürlich. Sie verschafft jedoch einen ersten Einblick in die Diversität theoretischer Ansprüche und Ansätze, methodischer Herangehensweisen sowie dominanter normativer Orientierungen auf dem unübersichtlichen Feld einer Soziologie der Humangenetik. Im Folgenden werden nun jene Arbeiten ausführlicher besprochen, die sich um eine Anbindung empirischer Befunde an die sozialwissenschaftliche Theorietradition bemühen, und die – wichtiger noch – aufgrund ihres Interesses für die Bedeutung von Expertenwissen und Expertendiskursen in diesem Feld zentrale Orientierungspunkte für die Entwicklung einer eigenen Analyseperspektive darstellen.

---

8 So etwa bei Duster (1990), der die Durchsetzung einer privatisierten Eugenik insbesondere im Zusammenhang mit der Implementation von Screening-Programmen beleuchtet, wie etwa die Reihenuntersuchung von schwangeren Frauen auf das Vorliegen von Neuralrohrdefekten beim Fötus durch den AFP-Test in Kalifornien 1986. Die Pränataldiagnostik als Inbegriff der neuen Eugenik wird darüber zur Emanation des eigentlichen Sinns der Genetik: »The elimination or prevention of the ›defective fetus‹ is the most likely consequence and ultimate meaning of a genetic screen« (ebd.: 128).

9 Nur eine kleine Auswahl: van den Daele (1985), Beck-Gernsheim (1991), Thom/Jennings (1996), mit Anbindung an die Theorie reflexiver Modernisierung auch Kerr/Cunningham-Burley (2000). Dabei finden auch letztere für den gegenläufigen »Anti-Eugenik«-Diskurs der Experten keine andere Erklärung als die Vermutung, es handele sich um Taktik und interessengeleitete Strategie. Wie viele andere auch interpretieren also Kerr/Cunningham-Burley die Diskrepanz zwischen neuer Eugenik als realer Handlungsfolge und der professionellen Distanzierung davon als eine strategische Rhetorik der Experten zur Selbstimmunisierung gegenüber öffentlicher Kritik. Zur genauen Differenzierung zwischen »alter« und »neuer« Eugenik vgl. Teil C, Fn. 5.

## 1. Subjektivierung und Selbstsorge: Anknüpfungen an Foucault

Aus einer an Foucault orientierten Perspektive ist der Risikodiskurs der modernen Humangenetik als Instrument einer Transformation der sozialen Kontrolle in den Blick geraten. An die Stelle einer auf Disziplinierung gerichteten staatlichen Bevölkerungspolitik – so die zentrale These – tritt unter den Schlagworten von Prävention und Lebensqualität eine Form individuellen Risiko-Managements, das sich als Bestandteil einer weiter reichenden »neoliberalen Gouvernmentalität« (Lemke 2000) lesen lässt.[10] Die klassisch eugenische Biopolitik wird von einer humangenetisch aufgeklärten und angeleiteten Selbstsorge abgelöst, die im Endeffekt eine gesellschaftlich funktionale »Selbstzurichtung« meint – die Individuen arbeiten unter dem Leitwert der Selbstbestimmung an der Optimierung des Lebens (ihres eigenen und – im Fall der Pränataldiagnostik – dem der Nachkommen). Das, was einmal per staatlichem Dekret als »lebenswertes« Leben qualifiziert wurde, konstituiert sich heute vermittels der wissensbasierten und an bestimmten kulturellen Leitwerten orientierten (Präventions-)Handlungen der Individuen. Vor dem Hintergrund des biomedizinischen Fortschritts bildet sich demnach der Imperativ einer individuellen Rationalisierung der Lebensführung gemäß dem verfügbaren Wissen um die diversen Risiken heraus. Unter den Schlagworten der »Verantwortungsinternalisierung« (Lösch 2001) oder der »Genetifizierung als Selbsttechnologie« (Lemke 2000: 230) wird damit also nicht weniger als ein Strukturwandel der Bio-Macht konstatiert – ein Strukturwandel, der als Ablösung von Sozialtechnologien durch »Selbsttechnologien« lesbar ist und den Foucault anhand des Sexualitätsdispositivs beschrieben hat. Nun mag sich – gerade mit Blick auf Autoren, die in Bezug auf den humangenetischen Diskurs schon früh den stummen Zwang zur Prävention und Verantwortungsübernahme thematisiert haben – die Frage stellen, ob sich diese machtkritischen Analysen zuweilen nicht eher durch die Demonstration theoretischer Anschlussfähigkeit auszeichnen als durch einen substanziellen, vermittels der Foucault-Rezeption generierten Erkenntniszuwachs oder die Weiterentwicklung der Kritik.[11]

10 »Gouvernement« bedeutet bei Foucault sowohl das »Anführen anderer« als auch das »Sich-Verhalten« (Foucault 1994: 255). Die Verbindung mit »mentalité« will darauf hinweisen, dass solche Handlungsweisen je spezifischen Rationalitäten unterliegen. Vgl. dazu weiterführend Sutter (2005).

11 Vgl. etwa Beiträge aus der Behindertenbewegung oder ihr nahe stehender AutorInnen (Degener/Köbsell 1992, Aurien 1990, Weß 1992) oder auch van den Daele (1989).

Eine solche machtanalytische – an den Konzepten von Neo-Eugenik und Bio-Macht orientierte – Perspektive teilt auch Anne Waldschmidt (1996). Sie stützt sich in ihrer Studie über den Formwandel der Subjektkonstitution im Rahmen der humangenetischen Beratung explizit auf eine Analyse von Expertendiskursen. Auf der Basis dreier von ihr als »Schlüsseltexte« eingestufter Schriften von Humangenetikern zur Konzeption von Beratung stellt sie die These auf, dass es zwischen 1945-1990 zu einer ambivalenten Modernisierung des Arzt-Patient-Verhältnisses gekommen sei.[12] Zwar sei das paternalistische und direktive Modell der Aufklärung von einem klientenzentrierten und kommunikationstheoretisch unterfütterten Modell abgelöst worden; doch diesen unzweifelhaften Zuwachs an Autonomie versteht die Autorin in erster Linie als eine raffiniertere Form der Verpflichtung auf biopolitische Zielsetzungen. Ihr historischer Durchgang durch die Abfolge unterschiedlicher Beratungskonzepte ist von der Annahme getragen, dass die Umstellung von Zwang bzw. Direktivität (dem ein ohnmächtiges Objekt der Beratung entspricht) auf Non-Direktivität (dem ein individualisiertes Subjekt entspricht) letztlich in einer Prolongierung bzw. Perfektionierung eugenischer Prävention resultiert.

Waldschmidts Studie ist insoweit instruktiv in unserem Zusammenhang, als Humangenetik und genetische Beratung auf der Ebene der Expertendiskurse analysiert wird. Die Experten werden auf eine Weise in den Mittelpunkt sozialwissenschaftlichen Interesses gerückt, die die Normalität von (vorgeburtlicher) genetischer Beratung als Ergebnis bestimmter, sich wandelnder Wertorientierungen und Strategien der Experten begreifbar macht. Damit geraten die Experten bei der Konstituierung einer bestimmten Praxis in den Mittelpunkt. Eine eugenische Praxis im Kontext humangenetischer Aufklärung wird – anders als in vielen anderen Arbeiten – nicht einfach vorausgesetzt, sondern als Ausfluss eines bestimmten professionellen Selbstverständnisses analysiert. Indem unterschiedliche und teilweise widersprüchliche Beratungsideale hinsichtlich ihrer Funktionalität für die Durchsetzung eugenischer Werthaltungen analysiert werden, wird der Versuch unternommen, den beinahe allgegenwärtigen Vorwurf der Eugenik an die Adresse der Humangenetik nicht zum politischen Schlagwort zu degradieren, sondern gewissermaßen empirisch zu fundieren.

Damit geraten freilich auch die problematischen Aspekte der Studie in den Blick. So ließe sich zunächst die Frage stellen, ob die analysierten drei großen Beratungskonzepte tatsächlich bruchlos Einzug gefunden

---

12 Dabei wird als paradigmatischer Text für den Zeitraum von 1945-1968 Fuhrmann/Vogel (1968) herangezogen, für den Zeitraum von 1969-1979 Wendt (1974), für 1980 bis 1990 Reif/Baitsch (1986).

haben in die Praxis der Beratungsstellen.[13] Auf diese Weise stände zur Diskussion, ob für die beschriebene Modernisierung der Eugenik bzw. des eugenisch-präventiven Diskurses tatsächlich der analysierte Expertendiskurs von großer Bedeutung war. Dies bleibt an dieser Stelle Spekulation. Man könnte jedoch auch anders herum fragen: Lassen sich die idealtypischen Konzeptualisierungen der Beratungspraxis nicht ebenso als Ausfluss bestimmter Transformationsprozesse in der Praxis begreifen, quasi als Elaborate eines sich wandelnden »Zeitgeistes«, deren soziale Ursachen es nun erst wieder zu analysieren gälte? Induzieren also, wie Waldschmidt nahe legt, professionelle Konzepte ein bestimmtes Verhalten oder stehen diese in einem Wechselverhältnis? Stellen die einzelnen Beratungskonzepte damit nicht auch Reaktionen der Experten auf einen Wandel der politisch-gesellschaftlichen und damit der alltäglichen Kommunikationsverhältnisse dar? In einer solchen Perspektive ließen sich die Konzepte der Experten als ein Ausdruck neuartiger Anforderungen an den Arzt verstehen, die mit veränderten Patientenerwartungen, mit den sich wandelnden institutionellen Rahmenbedingungen, aber auch mit dem wissenschaftlichen Fortschritt in Verbindung stehen. Andernfalls bliebe nur die Vermutung, dass der diagnostizierte Wandel des expertiellen Beratungsideals und damit auch des Arzt-Patient-Verhältnisses lediglich eine Strategie ist: eine Strategie der Experten, ihre eugenischen Zielvorstellungen unter den Bedingungen von gesteigerter Autonomie und moderner Expertenkritik durchsetzen zu können (vgl. Waldschmidt 1996: 245 ff.).

Wenn man auf diese Weise die Expertendiskurse als Mittel zur Durchsetzung bestimmter Interessen oder Ideale begreift, können auch explizite Abgrenzungen zur Eugenik nur als Ausdruck einer noch raffinierteren Strategie gelesen werden. Alle Modifikationen des humangenetischen Expertendiskurses erweisen sich so als funktional für die Perfektionierung der Eugenik. Ein solcher Ansatz, der den Expertendiskursen unterschiedliche Subjektivierungsweisen zurechnet, sie selbst aber als strategische Produkte voraussetzt, bleibt letztlich auf einer deskriptiven Ebene. Waldschmidt stellt zwar fest, dass der klientenorientierte Beratungsansatz mit der Geburt eines geständniswilligen Subjekts korrespondiert, das die positive Beachtung des genetischen Informations(an)gebots als eine Form selbstbestimmter Lebensführung begreift. Die Frage ist nun freilich, warum diese Subjekte überhaupt die Dienste dieser Experten

---

13 Auf das paternalistische und offen eugenisch-präventive Modell der 50er und 60er Jahre folgt in dieser Typisierung ein autoritär-pädagogisierendes Übergangsmodell, das sowohl Aspekte des überkommenen wie des zukünftigen Konzepts in sich vereint; dieses wird in den 80er Jahren durch das non-direktive und versteckt eugenisch-präventive Modell abgelöst.

in Anspruch nehmen. Auf welche Weise wird die Pränataldiagnostik zu einer ganz normalen medizinischen Dienstleistung und Routine, zu einer Institution, deren Autorität im Bereich der Schwangerenvorsorge mittlerweile unbestritten ist?

## 2. »Boundary-work«: die wissenschaftssoziologische Perspektive

Diese Frage nach der Geltungssicherung der Humangenetik haben Sarah Cunningham-Burley und Anne Kerr (1999) mit Bezug auf wissenschaftssoziologische Diskussionen um die Grenzarbeit von Experten aufgenommen. Die Thematik der Grenzziehungen kommt heute auf zwei Ebenen in den Fokus der soziologischen Debatte: einmal in modernisierungstheoretischer Perspektive, und hier – unter dem Postulat einer Entgrenzung von Institutionen und Basisunterscheidungen – insbesondere in der Theorie reflexiver Modernisierung (vgl. A.III.4); in der frühen wissenschaftssoziologischen Debatte ist die Grenzziehungsthematik vor allem unter der Perspektive der Legitimation professioneller Autorität verhandelt worden. Dieser zweite Diskussionsstrang soll im Folgenden kurz dargestellt werden.

Das Konzept des »boundary work« (Gieryn 1983) hat in der Wissenschaftsforschung für die Analyse der Durchsetzung wissenschaftlicher Kompetenz- und Geltungsansprüche einige Bedeutung erlangt. Dieses Konzept bezeichnet eine Form des politischen bzw. rhetorisch-strategischen Managements von symbolischen Grenzen, zum Beispiel zwischen »reiner« und »angewandter« Wissenschaft bzw. zwischen Wissen und Werten.[14] Mit dieser Form von Grenzarbeit verbindet sich für Gieryn (1995) der Versuch, sich die mit der privilegierten Position der Wissenschaft verbundenen Ressourcen anzueignen: Glaubwürdigkeit, Prestige und Macht. Aus Sicht der Wissenschaft geht es nicht zuletzt darum, die eigenen Autonomiespielräume zu behaupten und sich damit gegen Kontrolle von außen abzuschirmen, etwa durch die Abgrenzung gegenüber anderen Funktionssystemen wie zum Beispiel der Politik.[15] Die

14 Die Grenzziehungsarbeiten der Wissenschaftler charakterisiert Gieryn (1983: 782) als »ideological efforts«. Seine Formulierung der Kernfrage »What images of science do scientists present to promote their authority over designated domains of knowledge?« (ebd.: 783) deutet bereits an, dass er die Ideologie (eben von Wissenschaftlichkeit) als einen aktiv-strategischen Herstellungsprozess begreift.

15 Dieses Konzept ist besonders in der Analyse wissenschaftlicher Politikberatung einflussreich geworden. In diesem Zusammenhang hat es mittlerweile eine Ausdifferenzierung erfahren, die sich aus den bei Gieryn selbst angelegten Unschärfen ergibt. Einerseits ist die Grenzarbeit bei

Grenzarbeit der Experten wird hier nicht modernisierungstheoretisch als Ausdruck einer institutionellen Dynamik und damit als eine Notwendigkeit verstanden, sondern als ein strategisches Management von symbolischen Grenzen.

An diese zweite Debatte schließen Cunningham-Burley/Kerr (1999) an und stellen die Frage, auf welche Weise die professionelle Autorität einer historisch belasteten und umstrittenen Wissenschaft wie der Humangenetik heute gesichert wird. Anhand einer umfangreichen Dokumentenanalyse entwickeln sie die These, dass dies durch rhetorische Grenzziehungen der Experten geschieht, die ihre Wissenschaft als ein neutrales und von sozialen Aspekten freies Terrain zeichnen. Auf diese Weise werde eine Grenze zwischen Wissenschaft und Gesellschaft gezogen, die für die Humangenetik entlastend wirke. Diese These entwickeln die Autorinnen anhand der Rekonstruktion dreier Legitimationsstrategien:[16]

(1) Die kategorische Trennung zwischen Forschung und Anwendung begreifen die Autorinnen als eine (erste) Form, Wissenschaft aus ihrer Sozialität herauszulösen. Denn die Sozialität von Wissenschaft wird von den Experten nicht grundsätzlich bestritten. Selbstverständlich konzedieren sie, dass es soziale und ethische Aspekte der Humangenetik gibt. Doch das Soziale wird in einer für legitimatorische Zwecke funktionalen Weise konstituiert. Das Soziale kommt für die Experten dann herein, wenn Technik in die falschen Hände gerät, wenn falsche Informationen vermittelt werden, die die autonome Entscheidung behindern oder wenn Testverfahren kommerzialisiert werden. Kurz: Es gibt die von Interessen und hegemonialen Normalitätsvorstellungen freie Wissenschaft, und das Soziale tritt »von außen« (in Form der Missbrauchs-Gefahr) hinzu. Damit werden die sozialen Aspekte der Genetik in einer für das Expertentum funktionalen Weise konzeptualisiert: Mehr und besseres Expertenwissen werde demnach zu einer Lösung dieser sozialen Problemlagen beitragen.

ihm als ein »analytisch-wissenschaftskritisches« Konzept angelegt, doch ergeben sich auch Anschlussstellen für eine »normativ-instrumentelle« Lesart, die aus der Analyse der Interaktionsverhältnisse praktische Handlungsoptionen für einen produktiveren Austausch zwischen Wissenschaft und Politik ableiten will (vgl. Jasanoff 1990, Guston 2001, Pregernig 2005). Vgl. zu aktuellen Analysen wissenschaftlicher Politikberatung auch die Beiträge in Bogner/Torgersen (2005) sowie Bogner/Menz (2002).

16 Die analysierten Dokumente umfassen rund 100 Artikel aus medizinischen Fachzeitschriften der Jahren 1987 bis 1997, in denen sich einschlägige naturwissenschaftliche Experten zu der Frage geäußert haben, was relevante soziale Aspekte an der Humangenetik seien.

(2) Eine zweite Art und Weise, die Wissenschaft von sozialen und politischen Implikationen zu befreien, stellt die Grenzziehung zwischen »echter« und einer Pseudo-Wissenschaft, sprich: zwischen einer überkommenen, längst wissenschaftlich überholten Eugenik und der modernen Genetik dar. Indem die Experten die Frage historischer Kontinuitäten ausblenden, erscheint die Gefahr der Eugenik als exklusives Problem einer vergangenen Epoche.

(3) Eine dritte Form der Grenzziehung bezieht sich auf die Selbstdarstellung der Experten als neutrale Wissensverwalter (in Abgrenzung zum Anwender). Die Experten verstehen sich – solange sie nicht als Standespolitiker oder Politikberater in Erscheinung treten – als neutrale Fachleute, die lediglich die Laien aufklären, um eine moralisch verantwortbare Praxis zu gewährleisten. Damit bezieht sich die von den Experten selbst eingeforderte Reflexivität weniger auf gesellschaftlich relevante Aspekte, sondern vielmehr auf die Verantwortlichkeit gegenüber den eigenen Patienten, den als unwissend gezeichneten Laien.

Das Fazit von Cunningham-Burley/Kerr (1999: 161) lautet in Kurzform: »Distinctions were drawn between scientific knowledge and its application; good science and bad; genetics and eugenics; and professional expertise and public ignorance. These discursive boundaries protect scientists' cognitive authority by delineating their expertise and responsible practice from illegitimate forms of knowledge and application.« Mit ihrer Rekonstruktion expertieller Grenzziehungsstrategien zu Legitimationszwecken machen die Autorinnen deutlich, dass die kognitive Autorität der Humangenetik nicht von vornherein gesichert ist. Unter diesen Voraussetzungen gerät auch der Aspekt der Eugenik unter einem veränderten Blickwinkel in die Diskussion. Die Eugenik interessiert in diesem Zusammenhang nicht als ein Bewusstseinsinhalt der Akteure, sondern als eine historische Erfahrung, die die Profession in ihrer Definition und Darstellung von Wissenschaftlichkeit herausfordert.

Instruktiv ist dieser wissenschaftssoziologische Ansatz für unsere empirische Untersuchung aus mehreren Gründen. Einmal aufgrund der Annahme, dass die professionelle Autorität hergestellt und reproduziert werden muss. Das heißt, es wird die einfache Vorstellung aufgegeben, dass Autorität den Experten einfach aufgrund ihres Spezialwissens zufällt. Die Anerkennung dieser Autorität und die Geltung von Wissenschaft erscheinen als Produkte bestimmter Diskurse, wobei die Grenzarbeit der Experten eine wichtige Rolle spielt. Zweitens stehen hier wiederum – ähnlich wie bei Waldschmidt (1996) – Expertendiskurse im Zentrum des Interesses. Freilich werden diese nicht als unterschiedliche Strategien zur Realisierung einer biopolitischen Zielvorstellung verstanden sondern als Legitimationsrhetoriken. An dieser Stelle werden auch die Berührungspunkte zwischen den beiden Perspektiven deutlich. Auch bei Cunningham-Burley/Kerr hat der Diskurs der Experten letztlich einen zweckrationalen Charakter. Denn die Äußerungen der Experten verstehen sie als »rhetorical strategies« (1999: 149), die bestimmten professionellen Interessen zur Durchsetzung verhelfen sollen. Auch wenn also der Fokus nicht auf die Rekonstruktion einer zwar versteckten, aber zielgerichteten Eugenik vermittels der Beratungspraxis gerichtet ist, sondern auf die tiefer greifende Frage nach den Voraussetzungen der Normalisierung der Humangenetik, werden die Experten letztlich doch als zweckrational handelnde Akteure konzipiert. Ein solches Verständnis jedoch wirft – ganz abgesehen von der fundamentalen Unzulänglichkeit einer Anthropologie sozialen Handelns (vgl. Bourdieu 1987: 79 ff.) – das Problem auf, welche Optionen eigentlich eine solche Expertenkritik für eine Änderung der Praxis entwirft. Schließlich ist mit dem Nachweis, dass die Experten eine positivistische Wissenschaftsvorstellung und einen unterkomplexen Gesellschaftsbegriff haben, sprich: dass die Humangenetiker schlechte Soziologen sind, noch nicht sehr viel gewonnen. Eine solche Analyse, die die soziale Praxis als Resultat intentionaler und autonomer subjektiver Rationalität konzipiert, bleibt auf diese Weise letztlich doch wieder bei einer Kritik des expertiellen Bewusstseins stehen.

Erst wenn man Grenzziehungen, wie eingangs erwähnt, nicht einfach auf eine individuelle Rechtfertigungsrhetorik reduziert, sondern als Ergebnis von tradiertem Wissen und professioneller Normenbildung, also einer komplexen sozialen Praxis begreift, kommt man darüber hinaus. Auf diese Weise ändert sich der Modus der Interpretation: Man gelangt von einer individuellen auf eine kollektive Ebene und von einer intentionalen auf eine funktionale. Damit wird die Analyse von Grenzziehungen für die Rekonstruktion von professionellen Handlungsorientierungen aufschlussreich. Eine solche Perspektive wird in Teil C anhand des eigenen empirischen Materials ausgearbeitet werden.

## 3. Reflexive Experten: die professionssoziologische Perspektive

Die Frage nach der Durchsetzung und Legitimation professioneller Autorität und Autonomie bildet eine Schnittstelle wissenschafts- und professionssoziologischer Interessen. Aus einer professionssoziologischen Perspektive sind nicht in erster Linie die rhetorischen Grenzziehungen der Humangenetiker in den Blick geraten. Es sind hier vor allem die Strategien der Durchsetzung von Kompetenz- und Kontrollansprüchen, die als zentrale Komponenten der Herstellung und Sicherung von Professionalität von Bedeutung sind. In diesem Sinn hat Pfadenhauer (2003) die Professionspolitiken der Humangenetik zur Durchsetzung und Sicherung professioneller Autonomie auf zwei Ebenen analysiert.

Bezüglich der Grenzziehungen nach außen analysiert sie die Abwehr von Kontrollansprüchen von Staat, Justiz und Gesellschaft, also das, was sie die »›Außenpolitik‹ der Profession« (ebd.: 57) nennt. In diesen Kontext wird auch das Postulat der Non-Direktivität als ein (weniger formell denn informell zu kontrollierender) professioneller Standard der Beratung gestellt. Dieses Ideal kann insoweit als professionspolitisch funktional gelesen werden, als es sowohl staatliche Regulierungsansprüche als auch gesellschaftliche Anspruchserwartungen abzuwehren vermag – sofern die Profession glaubhaft vermitteln kann, dass eine verantwortungsvolle Praxis nur auf Basis einer klientenorientierten Beratung möglich ist.[17] Auf dem Gebiet der »Innenpolitik« geht es um die Etablierung der Humangenetik als eines anerkannten Spezialbereichs der Medizin. Die Naturwissenschaftler müssen Konkurrenz-, Standes- und Verteilungskämpfe mit den etablierten Medizinern ausfechten, um den Zuständigkeitsanspruch der Humangenetik (als ein Hybride aus Medizin und Genetik) durchsetzbar zu machen. Zwar sind Biologen und Genetiker für die Diagnostik von unmittelbarer Relevanz für die humangenetische Praxis; die Mediziner jedoch wollen aus dieser unzweifelhaften Relevanz natürlich nicht die Schlussfolgerung einer Gleichstellung dieser Professionen in Bezug auf Patientenversorgung und Verdienstmöglichkeiten ziehen. Professionelle Autonomie buchstabiert sich in dieser Perspektive als eine Kombination von erfolgreich durchgesetzter Selbstkontrolle (gegen Ansprüche von außen) und Zuständigkeit (gegen Konkurrenz von innen) aus.

In einem früheren Aufsatz haben Hitzler und Pfadenhauer (1999) professionssoziologische Fragestellungen mit gesellschaftstheoretischen Überlegungen verknüpft. Konkret werfen sie die Frage auf, inwiefern der gendiagnostische Fortschritt zur Herausbildung eines reflexiven Expertentypus führt. Ausgangspunkt ihrer Analyse ist die Tatsache, dass das Deutungssystem der Medizin, die dem professionellen Handeln Selbstverständlichkeit und Orientierung verleihende Dichotomie von gesund/krank, sich in Auflösung befindet – und zwar aufgrund nicht-intendierter Folgen des Wissensfortschritts. Vermittels der neuen und erweiterten Diagnosemöglichkeiten werden zum einen Krankheiten – noch lange bevor sie manifest werden – auf der Ebene ihrer genetischen Anlage identifiziert (mit der Folge der Produktion asymptomatischer »Krank-

---

17 Langfristig wird diese programmatische Klientennähe allerdings als dysfunktional eingeschätzt. Denn die Aufwertung des Klienten zum »Experten für das eigene Leben« – vermittels eigenständiger Aneignung und Interpretation der medizinischen Diagnose – stelle »die Expertenkompetenz von Humangenetikern zur Disposition.« (Pfadenhauer 2003: 124) Die Form der Expertise trägt demnach die Kritik des Expertentums in sich.

heitsträger«); zum anderen aber geraten Phänomene in den Fokus der Humangenetik, die in den traditionellen Kategorien von gesund/krank (bzw. normal/unnormal) nicht mehr zu fassen sind. Dies lesen die Autoren als einen empirischen Beleg für die Stichhaltigkeit der Beckschen These reflexiver Modernisierung (dazu im Detail A.III). Kurz: Aufgrund der Nebenfolgen des wissenschaftlichen Fortschritts verlieren traditionelle Basisunterscheidungen und Prämissen, fest gefügte Deutungs- und Denkmuster ihre Prägekraft. Als ein Spezialbereich innerhalb der Medizin transzendiere die Humangenetik mittels ihrer Diagnosetechniken die traditionellen Handlungsorientierungen einer kurativen Medizin. Die Humangenetik, schreiben Hitzler/Pfadenhauer (1999: 104), »problematisiert mit der (beiläufigen) Auflösung des Dualismus von ›Krankheit und Gesundheit‹ sozusagen dogmatische Elemente der Grundprinzipien modernen medizinischen Wissens (...)«.

Auf die Frage, wodurch sich denn nun der reflexive Experte auszeichne, erhält man zwei Antworten. Mit Beck und Bauman (1995) verweisen die Autoren darauf, dass es im Kontext der genetischen Beratung gegenwärtig zu einer Aufwertung von Laienwissen und -problemsichten komme, eine Abkehr von asymmetrischen Interaktionsverhältnissen zu beobachten sei und damit eine Anerkennung von Ambivalenz, das heißt, die Abkehr von einer Definitions-Expertokratie in Bezug auf medizinische Basisunterscheidungen. Im Lichte dieser noch recht allgemeinen Bestimmungen von Reflexivität wird zu fragen sein, wie sich in der Praxis die sich auflösenden Grundunterscheidungen neu konstituieren und inwiefern dies tatsächlich reflexiv geschieht. Auf welche Weise sich auflösende oder pluralisierende Basisunterscheidungen reformuliert werden und welche Folgen damit für die medizinische Deutungsmacht verbunden sind, stellen zentrale Fragen dar, auf die ich noch eingehen werde.

Eng an Hitzler und Pfadenhauer haben May/Holzinger (2003) angeschlossen. Sie gehen ebenfalls von der Annahme aus, dass der humangenetische Wissensfortschritt Nebenfolgen produziere, die »möglicherweise die institutionellen Koordinaten des medizinischen Deutungssystems und die mit ihm verbundenen Hegemonieansprüche zur Debatte stellen.« (ebd.: 14). Im Zuge des gendiagnostischen Fortschritts würden öffentlichkeitswirksam Ungewissheiten und normative Unsicherheiten offenbar, die für das medizinische Deutungsmonopol und den Expertenstatus letztlich dysfunktional werden. Gerade Ungewissheit begreifen die Autoren als ein neues »Schlüsselproblem« des professionellen Selbstverständnisses. Aufgrund der Tatsache, dass die Experten den Patienten nur mehr individuelle Risikowahrscheinlichkeiten anstelle definitiver Diagnosen mitteilen könnten und viele Fragen aufgrund verschiedener prognostischer Unsicherheiten offen bleiben müssten, würden die Experten zur Kommunikation von Ungewissheit gezwungen. In das Zentrum des professionellen Bemühens tritt damit die »Aufklärung des noch bestehenden Nicht-Wissens«, wie May/Holzinger (2003: 73) formulieren.[18]

Das Eingeständnis von Ungewissheit und Nichtwissen bewerten die Autoren hinsichtlich der professionellen Autorität und des Expertenstatus als dysfunktional. »Es ist eine Folge der Spezifik dieses Wissens (...) dass Humangenetiker(innen) traditionelle ärztliche Deutungsmonopole gegenüber ihren Patient(inn)en nicht mehr aufrechterhalten können« (ebd.: 104). Und noch einmal zugespitzt: »(...) das humangenetische Expertenwissen (fördert) nicht den Expertenstatus der Professionellen, sondern gefährdet ihn. (...) die Relevanz dieses Wissens (wird) für den Klienten fragwürdig« (ebd.: 105). In Bezug auf die professionelle Autonomie ergibt sich für die Humangenetik ein positiveres Bild. Hier führt die enge Anlehnung an Pfadenhauer (2003) die Autoren dazu, die neue Klientenorientierung der Experten vorsichtig auch als einen Konkurrenzvorteil zu deuten: Die Reflexivität der Experten, die sich im Wesentlichen auf die Kommunikation von Ungewissheit und Unsicherheit bezieht, führe zum einen zu Vertrauensgewinnen (bei einer kritischen Öffentlichkeit) sowie zum Erfolg der professionellen Zuständigkeitsbehauptungen (gegenüber der ärztlichen Konkurrenz aus der Gynäkologie und Labormedizin).

Im Ergebnis heißt dies, dass sich in Bezug auf die professionelle Autonomie aus dem spezifischen Umgang der Experten mit Ungewissheit und Unsicherheit potenziell Legitimationsgewinne ergeben. In Bezug auf die professionelle Autorität jedoch erweisen sich die kognitiven und institutionellen Folgen des humangenetischen Fortschritts als dysfunktional. Denn die eigene Konfrontation mit Ungewissheit und Nichtwissen und die daraus resultierenden erweiterten Autonomiespielräume der Klienten müssen – dieser Einschätzung zufolge – als tendenzielle Entmächtigung der Experten gelesen werden.

Instruktiv an der hier skizzierten professionssoziologischen Perspektive sind drei Punkte: Zunächst einmal wird daran erinnert, dass sich der Expertenstatus nicht (allein) qua Sonderwissen ergibt, sondern sich einem Herstellungsprozess verdankt. Der Expertenstatus ist immer auch ein Produkt professionspolitischer Strategien. Das, was als genuine Kompetenz der Experten erscheint, muss erstritten werden und gegen die Konkurrenz durchgesetzt werden. Die Professionssoziologie macht, zweitens, darauf aufmerksam, dass auf der institutionellen Ebene der Zusammenhang von Zuständigkeit und Kompetenz von großer Bedeu-

---

18 Es sei bereits an dieser Stelle darauf hingewiesen, dass Ungewissheit und Nichtwissen ganz offensichtlich kategorial nicht wirklich unterschieden werden. Damit entsteht der Eindruck, Ungewissheit sei nichts anderes als ein bestimmtes Maß an Nichtwissen und dieses damit eben auch immer prinzipiell auflösbar.

tung ist. Daher steht im Zentrum der Analyse die Durchsetzung und Sicherung von medizinischen Handlungs- und Deutungsmonopolen, und zwar auf der Ebene von bestimmten *Strategien und Maßnahmen*. Durch den Rekurs auf modernisierungskritische Überlegungen schärfen professionssoziologische Analysen der Humangenetik schließlich auch den Blick für veränderte Professionalisierungskontexte. Es ist der Eigenwert von Kategorien wie Ungewissheit, Nichtwissen und Unsicherheit, der hier für die Analyse der Durchsetzung und Sicherung von professioneller Autorität und Autonomie bedeutungsvoll wird.

Aus wissenssoziologischer Perspektive könnte eingewendet werden, dass die Ebene der Rationalitäten und gesellschaftlichen Normalitätsvorstellungen für die Analyse der erfolgreichen Durchsetzung professioneller Zuständigkeitsansprüche unberücksichtigt bleiben. Schließlich verhandeln die dargestellten professionssoziologischen Analysen die Phänomene der Normalisierung und Professionalisierung der Humangenetik vorwiegend als Ergebnis von Konflikten, Interessen, Strategien und Maßnahmen. Ein zweiter Einwand könnte sich – wie erwähnt – auf das spezifische Verständnis des Reflexivitätsbegriffs beziehen. An dieser Stelle ist über die Tragfähigkeit derartiger Einwände nicht zu entscheiden. Im Resümee dieser Arbeit (D.2) werde ich jedoch auf diese Fragen zurückkommen.

# 4. Strategische Diskurse: die risikosoziologische Perspektive

Während aus einer wissenschafts- und professionssoziologischen Perspektive die Frage der Legitimation professioneller Autorität im Vordergrund stand, stellt Elisabeth Beck-Gernsheim (1996) den Aspekt der institutionellen Etablierung und Normalisierung der Pränataldiagnostik ins Zentrum ihrer Analyse. Zu diesem Zweck untersucht sie die soziale Konstruktion des Risikos durch den Expertendiskurs. Ihr Interesse gilt der Frage, auf welche Weise die Anwendung einer umstrittenen Technologie wie der Pränataldiagnostik durchgesetzt wird, und sie gelangt zu dem Schluss, dass dies ganz wesentlich in Form eines Expertendiskurses geschieht, der die Risiken der Natur (Krankheit, Behinderung) als allgegenwärtige Bedrohung zeichnet und gleichzeitig unter dem Schlagwort der Prävention zu einer individuellen Bekämpfung dieser Risiken überreden, ja regelrecht verpflichten will.[19] Der Diskurs der Experten wird

19 Weil im Fall der Pränataldiagnostik eine Prävention von Behinderung, insbesondere dem Down-Syndrom, beim heutigen Stand der Therapie nichts anderes bedeuten kann als den Schwangerschaftsabbruch, bedarf es rhetorischer Verschleierungen, um diesem Sachverhalt eine kulturell

hier also unter dem Blickwinkel rekonstruiert, mithilfe welcher Rhetoriken ein individueller Nutzen der Pränataldiagnostik plausibilisiert und auf diese Weise ein Risikokollektiv konstruiert wird.

Drei verschiedene »Rhetoriken« werden nach Beck-Gernsheim von den Experten verwendet, um das Bild von der Pränataldiagnostik als einer akzeptablen oder vielmehr zwingend notwendigen Aufklärungs- und Kontrolltechnik zu zeichnen. Beck-Gernsheim konstatiert zunächst eine »Bedrohungsrhetorik« (1996: 285), die mithilfe drastischer Darstellungen von Krankheits- und Behinderungsrisiken für die potenzielle individuelle Betroffenheit der Frauen sensibilisieren soll. Auf der zweiten Stufe finde – entsprechend der Konstruktion des Risikos – die soziale Konstruktion des Auswegs statt. Eine »Rettungsrhetorik«, die plakativ auf Heilsaussichten der Humangenetik abstellt, appelliere an die Vernunft des Einzelnen, sich seiner Gesundheit per Gendiagnostik und vorsorglichem Handeln zu versichern. Dies bedeutet letztlich eine Individualisierung des Risikos – und im Fall der Pränataldiagnostik die implizite Forderung an die Eltern, fürsorglich und im besten Sinne ihres Kindes zu handeln (was die Abtreibung im Fall bestimmter Behinderungen mit einschließt). Während im Rahmen dieser »Rettungsrhetorik« eine individuelle Lösung des Risikos lediglich entworfen und angeboten werde, greife neuerdings – drittens – eine »Verantwortungsrhetorik«, die auf Prävention verpflichten wolle. Vor dem Hintergrund der Normalisierung der Pränataldiagnostik und positiv besetzter Leitwerte wie (Patienten-)Autonomie hätten jene Frauen, die die Pränataldiagnostik nicht in Anspruch nehmen, mit Schuldzuweisungen oder einem generalisierten Irrationalitätsverdacht zu rechnen. Die neue Verantwortungslast für die Frauen unter den Leitkonzepten von Aufklärung und Sicherheit wird als eine problematische Nebenfolge der Technisierung lesbar und damit letztlich zu einem neuen Risiko, das der Risikodiskurs der Experten generiert.

Elisabeth Beck-Gernsheim kommt zweifellos das Verdienst zu, die Humangenetik auf theoretisch anspruchsvolle Weise sowie empirisch anregend ins Blickfeld der Soziologie gerückt zu haben (vgl. Beck-Gernsheim 1993, 1994). Die Ambivalenz einer neuen Mündigkeit der Patientin; die naturalistischen und technizistischen Elemente im Expertendiskurs; Medikalisierung der Schwangerschaft als Nebenfolge humangenetischer Aufklärung – dies sind einige wichtige Einsichten, die man aus diesen Analysen gewinnen kann. Man mag im Detail einwenden, dass das methodische Vorgehen, auf das sich diese Konstruktion des Expertendiskurses als einer »Akzeptanzbeschaffungsrhetorik«

vertragliche Form zu geben. In Beck-Gernsheims Darstellung des Expertendiskurses erhält darum die Auflistung von Euphemismen, die diese Problematik verdecken sollen, breiten Raum (1996: 287 ff.).

gründet, recht freihändig ist: Um ihre These zu belegen, dass die Pränataldiagnostik eine den Frauen mithilfe bestimmter Bedrohungs- und
Versprechensszenarien angediente Dienstleistung ist, greift sie unter
anderem auf Zitate aus Wissenschaftler-Reden oder Stellungnahmen
von Berufsverbänden, auf Zeitungsartikel und Genetik-Lehrbücher
zurück. Aus diesen heterogenen Materialen formt sie ihre Argumentation im Wesentlichen als eine Montage von Zitaten – qualitative Sozialforschung, so könnte man schließen, in der die Daten als illustrative
Plausibilisierung eines vorgefassten Plots dienen. Doch dies führt uns
tiefer hinein in die Methodendebatte, die erst in Teil B aufgenommen
werden soll, und eine solche Methodenkritik kann außerdem den Wert
der Beck-Gernheimschen Analysen nicht wirklich schmälern.

Es soll jedoch ein ernsthafter Kritikpunkt nicht vernachlässigt werden, und der betrifft die Ebene der theoretischen Konzeptualisierung.
Die risikosoziologische Perspektive, in die Beck-Gernsheim ihre Arbeit einordnet, erweist sich bei näherem Hinsehen als eine lediglich
assoziativ bediente Programmatik. Schließlich wird – ausgehend vom
sozialwissenschaftlichen Wissen um die Risikobehaftetheit der Technik
– lediglich die Defizienz des naturwissenschaftlichen Risikodiskurses
veranschaulicht: Humangenetiker, so die zentrale Stoßrichtung dieser
Argumentation, reflektieren nur die Risiken der Natur, nicht aber jene
der Technisierung. Tatsächlich produziert ein fortschrittsoptimistisches
Konzept technischer Naturbeherrschung soziale Nebenfolgen, die die
impliziten Risiken der Technik ans Licht bringen. Demgegenüber kon-
zentriere sich aber die Humangenetiker-Elite darauf – quasi gegen alle
Einsichten der Soziologie –, die Risiken der Natur zu minimieren. Hier
erinnert Beck-Gernsheim eher an bewährte Einsichten der Technikso-
ziologie (vgl. Weingart 1989): dass nämlich Motive und Zielsetzungen
der Technik im Durchgang durch die Praxis zu Effekten führen, die die
soziokulturellen Voraussetzungen und das Anwendungsfeld der Technik
verändern; dass es also vermittels der Intervention des Sozialen zu einer
systematisch bedingten Differenz zwischen den normativen Zielvorga-
ben und den beobachtbaren Resultaten der Technisierung kommt.

Mit ihrer Analyse von Expertendiskursen, die die Allgegenwärtigkeit
des Risikos und den versteckten Zwang zur Risikoabwehr durch die
Humangenetik affirmieren, legt Beck-Gernsheim letztlich die Vermutung nahe, die umstrittene Technik werde eben von Seiten der Experten
mithilfe einer *strategischen* Rhetorik etabliert. Bei diesem Vorhaben
komme den Medizinern eine »Konsumentenhaltung« der Frauen entgegen, die sie an anderer Stelle als Konsequenz einer widerspruchsvollen
Individualisierung charakterisiert hat (vgl. Beck-Gernsheim 1995). Auf
der Basis verschiedener Rhetoriken, die im Ganzen eine erfolgreiche
»Akzeptanzrhetorik« darstellen, wird ein Risikokollektiv konstituiert,
das sich – zum Beispiel infolge eines aus haftungsrechtlichen Aspekten

erwachsenden Zwangs zur direktiven Beratung (vgl. C.V.5) – in der Praxis sukzessive vergrößere. Doch diese Konsequenzen oder Nebenfolgen blieben den Experten aufgrund eines restringierten Risikobegriffs verborgen. Mit Beck-Gernheims Analysen verbindet sich die Einsicht, dass Risiko und Unsicherheit zweifellos ganz zentrale Motive im humangenetischen Diskurs sind. Gleichzeitig bieten sie aufgrund der genannten Kritikpunkte einen guten Anlass, noch einmal zur soziologischen Risikotheorie zurückzukehren, um genauer zu prüfen, was diese in konzeptioneller Hinsicht für eine Analyse humangenetischer Expertendiskurse zu bieten hat.

# II. Soziologie der Unsicherheit

Der Risikobegriff lässt sich sowohl wissenssoziologisch und politik-
theoretisch ausbuchstabieren als auch für Analysen der Sozialstruktur
oder der gesellschaftlichen Naturverhältnisse nutzbringend anwenden.
Es wird sich allerdings herausstellen, dass für eine solche konzeptionelle Integration verschiedener Entgrenzungsprozesse der Begriff der
Unsicherheit besser geeignet ist. Von einer Soziologie der Unsicherheit
lässt sich einmal unter der Perspektive von Individualisierungsfolgen
sprechen. In diesem Fall lassen sich darunter die Analysen von Identitäten und sozialen Lagen jenseits von Normalarbeitsverhältnissen
und Normalbiographien bündeln, die von der Erwartung ausgehen,
dass diskontinuierliche, von Extremen geprägte Lebensläufe auf eine
»Sozialstruktur der Uneindeutigkeit« (Beck et al. 2001: 56) verweisen.
Auf diesen Aspekt werde ich nur am Rande eingehen. Im Folgenden
steht der wissenssoziologische Kern des Unsicherheitsbegriffs im Mittelpunkt. Ausgehend von Becks Konzeption der Risikogesellschaft als
eines paradoxen Resultats der Modernisierung in Form wachsender
Möglichkeiten und Unsicherheiten in ganz unterschiedlichen Feldern
der Gesellschaft folgen historische und systematische Bestimmungen
des Risikobegriffs, die verdeutlichen, dass mit der Durchsetzung des
Risikokonzepts ein neuartiges Welt- und Selbstverständnis einhergeht.
In Bezug auf das Entscheiden unter Risiko lässt sich festhalten, dass
traditionelle Rationalitätsideale unter Druck geraten, ohne für die Legitimation von Entscheidungen dysfunktional zu werden.

## 1. Die soziologische Aneignung des Risikos

In den Formal- und Verwaltungswissenschaften, in den Medien und
der Öffentlichkeit und – mit einiger Verspätung – dann auch in der
Soziologie hat es das Schlagwort vom Risiko zu einiger Prominenz
gebracht. Während eine interdisziplinär orientierte und organisierte
Risikoforschung bereits in den 70er Jahren expandierte, wurde erst
seit Mitte der 80er Jahre das Thema auch in den Sozialwissenschaften
heimisch.[20] Dies lässt sich zu einem guten Teil dem überwältigenden
medialen Echo auf Ulrich Becks Zeitdiagnose einer *Risikogesellschaft*
(1986) zuschreiben, die eine vor dem Hintergrund katastrophaler Unfäl-

---

20 Zu einem historischen Abriss der Risikoforschung und der Einordnung
   der Soziologie vgl. Banse (1996 a), Bechmann (1997 a), Japp (1996:
   8 ff.), Krücken (1994), Renn (1992). Einen Kurzabriss der soziologischen Risikoforschung bieten Krücken/Weyer (1999).

le mit Risikotechnologien (Sandoz, Bhopal, Harrisburg und nicht zuletzt Tschernobyl) sich verbreiternde diffuse Fortschrittsangst erfolgreich auf den Begriff brachte. In Becks Phänomenologie der Risikogesellschaft, die ein empirisch reichlich, aber auch heterogen unterfüttertes Panorama der Selbstauflösung der Moderne zeichnet, wurde offensichtlich eine gesellschaftliche Selbsterfahrung, die sich aus den Trümmern der zerschlagenen Erwartungen und Überzeugungen der Moderne konstituierte, auf eine einprägsame Formel gebracht.

Schon im Hinblick auf ein »explosionsartiges« Anwachsen der soziologischen Literatur zum Risikothema lässt sich konstatieren, dass das Etikett des Risikos eine »erstaunliche Karriere« (Bonß 1995: 9) gemacht hat.[21] Die *Risikogesellschaft* stellt aber auch insofern eine Zäsur in der Risikoforschung dar, als Risiko hier erstmals – und wie inkonsistent auch immer – als Basiskategorie der gesellschaftlichen Selbstwahrnehmung und Entwicklungsdynamik entworfen wurde. Diese Verknüpfung der Risikothematik mit der (krisenhaften) Modernisierungsdynamik bedeutete in paradigmatischer Hinsicht die Abkehr von einer Perspektive, die – unter den Prämissen von Beherrschbarkeit, Konsens und Kontrolle – von verschiedenen disziplinären Blickwinkeln aus auf die Rationalisierung des Risikos gerichtet war. Beck begreift das Risiko radikal als Krisenindikator der institutionellen Verfasstheit moderner Industriegesellschaften und erschließt mit dieser neuen »Großkategorie« einen Jungbrunnen der Gesellschaftstheorie. Sein Vorschlag, Risiko als das strukturbildende Moment der Moderne zu begreifen, hat dem technisch besetzten Terminus gesellschaftstheoretische Relevanz verliehen.[22]

Beck zeichnet die Risikogesellschaft als eine Entwicklungsstufe moderner Gesellschaften, in der die Nebenfolgen zur geschichtstreibenden Kraft werden. Mit dem verheerend erfolgreichen Versuch, per Wissenschaft und Technik das Problem materieller Not durch industrialisierte Naturausbeutung zu lösen, verwandelt sich die Klassengesellschaft in eine Gefahrengemeinschaft. Am Ende des gesellschaftlichen Rationalisierungsprozesses steht nicht die zwangsläufige Überwindung der gesellschaftlichen Arbeit, sondern eine unvermutete »Rückkehr der Natur« in Form von Großgefahren und Katastrophen. Mit der Anerkennung

---

21 Belege dieser auffallend dichten Publikationswelle sind die Sammelbände von Halfmann/Japp (1990), Krohn/Krücken (1993), Banse (1996b), Hiller/Krücken (1997), Bechmann (1997c), Banse/Bechmann (1998). – Zu Belegen für die Zäsur in der Risikodebatte durch Beck vgl. Bechmann (1997a: XVIII f.).

22 Die Nähe der Beckschen Argumentation zur Marxschen Denkfigur sozialen Wandels hat Brock (1991) näher herausgearbeitet. Vgl. zur Diskussion des gesellschaftstheoretischen Gehalts von Risiko Bechmann (1994), Wiesenthal (1994), Bechmann (1997b), Grundmann (1999).

dieser Risiken und Gefahren als ganz normaler Folge der Modernisierung steht die industriegesellschaftlich »halbierte« Steuerungs- und
Problemlösungsrationalität – quer durch alle Klassen, Schichten und
Gesellschaftsmodelle als Garant von Fortschritt und Wohlstand gehandelt – zur Disposition. Leitend für dieses Nebenfolgen-Konzept sozialen
Wandels ist die Annahme, dass der Übergang von einer industriellen zur
postindustriellen (Risiko-)Gesellschaft nicht durch krisenhaft vermittelte Antagonismen gleichsam »von außen« angestoßen ist, sondern »von
innen«, nämlich in Form der konsequenten und erfolgreichen Anwendung und Durchsetzung der industriegesellschaftlichen Prinzipien von
Leben, Arbeiten, Natur aneignen und Wissenschaft betreiben.

## 2. Dimensionen risikogesellschaftlicher Enttraditionalisierung

Auch wenn die Thematisierung der gesellschaftlichen Naturverhältnisse
(»Umweltkrise«) am meisten Aufmerksamkeit erregte, so lassen sich
doch zumindest drei weitere Dimensionen identifizieren, anhand deren
Beck (1986) seine Vorstellung eines aus den Prinzipien der Moderne
angestoßenen Erosionsprozesses der Industriegesellschaft durchspielt.
Dies sind die Bereiche Biographie und Familie (Individualisierung),
Wissenschaft (reflexive Verwissenschaftlichung) und Politik (Subpolitik
bzw. Life-Politics). Auf diesen Feldern konstatiert Beck eine Parallelisierung von wachsenden Möglichkeiten und der Zunahme an Unsicherheit. Es kommt in Wissenschaft und Politik, im Naturverhältnis und der
privaten Lebensgestaltung zu einer umfassenden Enttraditionalisierung
in dem Sinne, dass die dominanten kategorialen Koordinaten und
institutionellen Grenzen überwunden werden. Die konzeptuelle Integration dieser unterschiedlichen Dimensionen risikogesellschaftlicher
Enttraditionalisierung ist bei Beck noch sehr undeutlich. Unter dem
Dach der Industrie- und Modernisierungsrisiken findet sich daher viel
Heterogenes versammelt: giftige Pestizide und das Risiko, arbeitslos zu
werden, Chemiekatastrophen und die Beschwerlichkeiten des Familien-
lebens, die Borkenkäferplage und die Risiken der Zweierbeziehung. Die
Ausführungen zu den jeweiligen Bereichen leisten keine systematische
Anbindung an den Risikobegriff und bleiben daher relativ unvermittelt
nebeneinander stehen. Im Folgenden soll es jedoch weniger um eine
Kritik der Grundbegrifflichkeiten gehen, sondern vielmehr um eine materiale Explikation der Beckschen Denkfigur, nicht zuletzt aufgrund der
Bedeutung einiger Konzepte für die nachfolgende Diskussion.
Konstitutiv für die Diagnose einer »Risikogesellschaft« ist die Ana-
lyse der gesellschaftlichen Naturverhältnisse unter dem Theorem der
ökologischen Selbstgefährdung als einer nicht-intendierten Nebenfolge

der Modernisierung. Demzufolge liegt die Zäsur der Moderne in der radikalen Erfahrung der Sozialität der Natur begründet, die sich in der Gegenwart in erster Linie in der Freisetzung von Destruktivkräften bemerkbar macht. Risiken und Gefahren erscheinen in dieser Perspektive als bisher »unsichtbare«, verleugnete und erfolgreich verdrängte Produkte der industriegesellschaftlichen Produktivitätsmystik sowie als deren produktive Antithese – vorausgesetzt, Wissenschaft und Experten identifizieren bzw. interpretieren diese neuartigen Risiken als Resultat des »einfach«-modernen Rationalitätsideals, das von dem festen Glauben daran getragen war, dass man, wie bereits Max Weber mit distanziertem Unterton anmerkte, »alle Dinge – im Prinzip – durch *Berechnen beherrschen* könne« (1964: 317). Risiken, Beckscher Gradmesser des Gesellschaft-Natur-Verhältnisses, sind demnach sowohl soziales Konstrukt als auch Realität, das heißt, sie sind real und irreal zugleich: Risiken müssen »wahr« und »sichtbar« gemacht werden im Sinne ihrer sozialen Anerkennung als eine systematische Nebenfolge der Modernisierung. In der Folge kann Natur dann nicht länger als das »Andere« konzipiert werden, das außerhalb der Gesellschaft und für unbegrenzte Zu- bzw. Übergriffe Bereitliegende; Natur muss vielmehr als Komplement des industriegesellschaftlich hegemonialen Entwurfs von Entwicklung und Fortschritt verstanden werden. Kurz: In der Beckschen Lesart führt die Instrumentalisierung der Natur dazu, dass unter fortgesetzter Nutzung die Natur nicht weiter als Mittel zum Zweck, sondern zur Infragestellung des Zwecks tauglich wird.

Im Konzept der Individualisierung wird der Strukturwandel der Klassengesellschaft unter der Regie sozialstaatlich durchgesetzter Rahmenbedingungen analysiert. Individualisierung meint die Auflösung industriegesellschaftlicher Lebensformen und ihre Ablösung durch risikogesellschaftliche (Beck/Beck-Gernsheim 1994), den Übergang von stabilen, standardisierten Lebenslauf- und Biographiemustern zu einer Art Risikobiographie bzw. »Bastelexistenz« (Hitzler/Honer 1994), in der feste Ordnung nur noch auf Zeit hergestellt werden kann. Erst mit der Herausbildung wohlfahrtsstaatlich verfasster Industriegesellschaften, also im Zuge der Bändigung sozialer Risiken, können die Individualisierungsschübe, die ja in einem gewissem Sinn bereits mit dem Eintritt in die Moderne einsetzen, zur Auflösung jener kulturellen Lebenswelten führen, die als Sinnressource stets stabil blieben. Zentrale Institutionen wie Ehe und Familie verlieren in dem Maße, wie sie als Fixpunkte der individuellen Lebensentwürfe verblassen, an Bedeutung. »Klasse« wird als analytische Kategorie in dem Moment uninteressant, in dem sie für das Handeln der Menschen keine oder nur noch geringe Bedeutung hat. Individualisierung meint in diesem Sinne einen Bedeutungsverlust klassischer Sinngebungsinstanzen. Gleichzeitig ist klar, dass Individualisierung nicht mit einer ungeteilten Gestaltungsfreiheit des eigenen Lebens zu verwechseln ist. Schließlich realisiert sie sich in der Alternativlosigkeit des gesellschaftlichen Strukturwandels.

Seine vielleicht überzeugendste Darstellung hat das Denkmodell reflexiver Modernisierung in seiner wissenssoziologischen Variante erhalten. Analog zur Unterscheidung zweier Modernen unterscheidet Beck zwischen den Phasen »einfacher« und »reflexiver« Verwissenschaftlichung. Während in der Phase einfacher Verwissenschaftlichung sich die Wissenschaft gleichsam als Wahlverwandte von Religion und Metaphysik in autoritärer Abgrenzung nach außen als Hort der Wahrheit und Garant unbezweifelbarer Gewissheiten konstituiert, bezeichnet »reflexive Verwissenschaftlichung« den Anbruch jener Phase, in der die Methoden, Praktiken und Produkte der Wissenschaft selbst wissenschaftlicher Reflexion zugänglich gemacht werden, Wissenschaft »verwissenschaftlicht« wird. »Reflexiv« ist dieser Prozess insofern, als er gerade durch die erfolgreiche Verwissenschaftlichung angestoßen ist, die sukzessive zur Grenzauflösung zwischen zweckgerichteter Wissenschaft und zweckfreier Natur führt, das heißt zur Auflösung der Subjekt-Objekt-Konstruktion eines traditionellen Wissenschaftsverständnisses. Reflexive Verwissenschaftlichung meint also kurz gefasst: Selbstentzauberung der Wissenschaft im Prozess wissenschaftlicher Weltentzauberung. Insofern wird die reflexive Verwissenschaftlichung als Phase der Selbstanwendung wissenschaftlicher Prinzipien entworfen (vgl. auch Bonß/Hartmann 1985). Die im Zuge der Verwissenschaftlichung angewachsene Vielzahl von Risiken und Erkenntnisansprüchen, die Analyse wissenschaftlicher Wissens- und Wahrheitsproduktion als »soziale Ereignisse« (Knorr 1981: 238) durch eine konstruktivistische Wissenssoziologie und nicht zuletzt die Überzeugungskraft eines wissenschaftstheoretischen Relativismus erwirken einen radikalen Bruch in der Erfolgsgeschichte der wissenschaftlichen Rationalität als Selbstregulativ. Die zunächst nur wissenschaftsintern verhandelte Skepsis gegenüber den Geltungsansprüchen und der Selbstgewissheit der Wissenschaft wird nun auch öffentlich. Reflexive Verwissenschaftlichung meint also nicht hochvergeistigte oder selbstkritische Verwissenschaftlichung, sondern eher das Gegenteil: eine Verwissenschaftlichung, die ihre Antriebskraft aus der vernachlässigten Reflexion ihrer Problemstellungen und Praxiswirksamkeit erhält.

Der Zwang zur wissenschaftlichen Beschäftigung mit wissenschaftsinduzierten Problemen (Probleme 2. Ordnung) hat ambivalente Konsequenzen für die Wissenschaft. Diese können einerseits zu Säkularisierung und Sozialisierung von Wissenschaft führen, andererseits aber auch als Bedeutungszunahme und Remonopolisierung von Aufklärung und Erkenntnis instrumentalisiert werden.

Auf dem Feld des Politischen wird im Konzept von »Life-Politics« (Giddens) oder »Subpolitik« (Beck) eine Transformation oder Entgren-

zung von Politik konstatiert.[23] Mit dem Übergang zu einer »zweiten«
Moderne, so die Kernthese, ändern sich Begriff, Ort und Medien von
Politik (vgl. Beck 1993: 234 ff., Giddens 1997). Dies spiegelt sich in
der Verflüssigung jener Grenzen und Unterscheidungen, die die Politik
– verstanden als Institutionensystem – von den anderen Sozialsystemen
trennte. Der Bedeutungsverlust der traditionellen Institutionen zugunsten einer Alltagspolitik bedeutet in dieser Perspektive das Ende einer
traditionellen Politikkonstellation, die begrifflich in den Koordinaten
von links/rechts bzw. privat/öffentlich auf Dauer angelegt war. In dieser
Lesart ist zum Beispiel die neue Sorge um das Selbst nicht Ausdruck einer
Kultur des Narzissmus und Privatismus, sondern der Optionalität und
neuartiger Entscheidungszwänge und damit ein Indiz für die Politisierung eines Bereichs, der in der »ersten« Moderne als unpolitisch galt.
Schließlich ist der Körper heute – im Zeitalter von Fitnessparks, Vorsorgeroutinen und Ultraschall – nicht mehr nur einfach Physis, sondern eine
Form der Praxis, die unter maßgeblichem Einfluss von Expertenwissen
(Ratgeber, Beratung) abläuft. Life-Politics charakterisiert eine individualisierte Politik der Lebensplanung und Lebensführung, die den Tendenzen von Entstaatlichung und Privatisierung korrespondiert, und damit
eine Situation, in der öffentliche oder staatliche Steuerungsmomente
dramatisch an Legitimität und Einfluss verlieren. Dieser Strukturwandel
der Politik wird – analog zu den drei anderen Dimensionen – im Modell
der Reflexivität gedacht. Durch die Repolitisierung der Privatsphäre, die
dem naturwissenschaftlichen forcierten »Naturzerfall« parallel verläuft,
kommen Fragen der Moral, die durch die Institutionenpolitik ausgeblendet werden, quasi durch die »Hintertür« wieder herein. Gerade die
Fortschritte der Gendiagnostik oder der Medizintechnik machen dies
drastisch deutlich. Aufgrund neuartiger Entscheidungsoptionen, die
das eigene Leben und Sterben betreffen, müssen private Entscheidun-

---

23 Den Begriff »life politics« entwirft Giddens (1991: 210 ff.) in Abgrenzung zu einer klassischen Ära der »emancipatory politics«, in der die
Befreiung von Tradition, Religion und Herrschaft, die die Lebenschan-
cen beeinträchtigen, die bestimmenden Themen waren. Während also
»emancipatory politics« um die Herstellung von Chancengleichheit
kreisen, sind »life politics« um die Bereiche Identität und Selbstverwirk-
lichung zentriert. Bei Beck unterliegt der Begriff der Subpolitik einem
Bedeutungswandel, der sich als Annäherung an Giddens' Konzept lesen
lässt. In der Risikogesellschaft wurde die Subpolitik entworfen als eine
Form effektiver, an den politischen Legitimationsinstanzen sich vorbei
entwickelnder Elitepolitik, die als unkontrollierte Gestaltungsmacht vor
allem als Bedrohung gezeichnet wurde (1986: 304 f., 329 ff.). In den
neueren Veröffentlichungen wird dagegen der Akzent stärker auf die
Demokratisierungspotenziale durch politische Interventionen fernab
den abgenutzten Gleisen formaler Zuständigkeit gelegt (1993: 154 f.).

gen darüber getroffen werden, was gutes oder lebenswürdiges Leben heißen soll. Medial inszenierte und politisch instrumentalisierbare Kontroversen um das Schicksal von Wachkoma-Patienten machen darauf aufmerksam, dass im Kontext gesteigerter medizinischer Möglichkeiten der Lebenserhaltung der Druck steigt, das eigene Lebensende gemäß dem individuellen Lebensstilideal zu organisieren, zum Beispiel in Form einer Patientenverfügung.

## 3. Historische und systematische Bestimmungen des Risikos

Im Gegensatz zu Beck nähert sich Luhmann (1991) dem Phänomen des Risikos über eine historische und systematische Reflexion des Begriffs. Empirischer Ausgangspunkt seiner Überlegungen ist daher nicht das so unwahrscheinliche wie beängstigende Risikopotenzial der Hochrisikotechnologien, das in Form von Unfällen und Katastrophen die Öffentlichkeit beeindruckt. Weil Luhmann auf die Explikation des Risikos als Strukturkategorie moderner Gesellschaft abzielt, steht bei ihm das »ganz normale« und alltagsweltlich normalisierte Risiko im Zentrum der Aufmerksamkeit. Von diesem Ausgangspunkt her lässt sich der Luhmannsche Ansatz als nachholende Reflexion der zentralen Beckschen Kategorien lesen. Mit einer ähnlichen Intention verbindet Bonß seine Einlassungen über das Risiko. Er sieht es als einzulösende »Aufgabe, den theoretischen Gehalt der Konzepte von Risiko und Risikogesellschaft präziser herauszuarbeiten« (Bonß 1996: 165), mit dem Ziel, die Kategorie des Risikos bzw. der Unsicherheit als einen gesellschaftstheoretischen Grundbegriff zu entfalten. Wenn auch nicht theoretisch, so lassen sich doch in methodischer Hinsicht Konvergenzen zwischen diesen beiden Autoren finden, deren Beiträge für die deutschsprachige Diskussion prägend geworden sind. Denn beide unternehmen eine soziologische Pointierung des Risikokonzepts in systematischer und historischer Perspektive.

In historischer Perspektive steht der Begriff des Risikos in engem Zusammenhang mit einem Wandel des Rationalitätskonzepts.[24] Es sind neuartige gesellschaftliche Anforderungen an rationales Entscheiden, die den Begriff des Risikos etablieren. Der historische Modellfall ist hier

24 Vgl. zur Etymologie des Risikobegriffs Banse (1996a: 23 ff.), Bechmann (1997b: 241), Luhmann (1991: 16 ff., 1993: 132 f.); zu einer systematischen Entwicklung der sozialgeschichtlichen Voraussetzungen für einen Wandel der Unsicherheitsorientierungen vgl. Bonß (1995), insbesondere S. 121 ff. Der gesamte Komplex der komplementären Theoretisierung des Risikos über die Analyse von Sicherheitskonzepten und Versicherungsmodellen wird an dieser Stelle ausgespart. Vgl. dazu Ewald (1993), Evers/Nowotny (1987), Evers (1997), Kaufmann (1973).

die Seefahrt, insbesondere der Seehandel, aber auch der Landhandel. Angesichts der zu Wasser und zu Lande drohenden Gefahren für das Leben der Händler und die Güter der Kaufleute stellen diese Unternehmungen einen Fall dar, in dem mögliche Schäden bewusst in Kauf genommen werden, weil nur darüber die Realisierung eines Nutzens möglich ist. (In historischer Zeit war der Begriff des Risikos also durchaus positiv besetzt im Gegensatz zur heute geläufigen Entgegensetzung von Risiko und Chance.) In der Rede vom Risiko ist daher die Zuspitzung von rationalem zu kalkulierendem Handeln enthalten. Man spricht von Risiko, wenn jemand ein rational kontrollierbares Wagnis eingeht. Der Begriff des Rationalen bezieht sich dabei auf die Anwendung legitimer Verfahren zur Kalkulation des Ungewissen.

Durch diese Historisierung wird es möglich, Risiko – fernab von Industrialisierung und Großtechnologie – als einen Typ sozialen Handelns unter Unsicherheit zu begreifen, der bereits im Mittelalter entwickelt wird. Risiko wird unter dieser Perspektive als ein Unsicherheitstypus rekonstruiert, der sich im Kontext eines expandierenden Fernhandels schon ab dem 12./13. Jahrhundert herausbildete (Bonß 1991). Zu diesem Zeitpunkt nämlich wird in der Kaufmannschaft der oberitalienischen Städte ein Handlungskalkül beobachtbar, das eine grundlegend neue Einstellung gegenüber Unsicherheiten offenbarte. Die gravierenden Unsicherheiten des Seehandels (Unfälle, Überfälle) werden von diesen Kaufleuten nicht mehr im Sinne einer Naturlaune einer unbeeinflussbaren äußeren Macht begriffen, sondern als Herausforderungen an die eigenen Planungs- und Gestaltungsfähigkeiten. Es kommt zu einer aktiven Dispositionierung diesen Unsicherheiten gegenüber, die »sowohl ein verändertes Natur- als auch ein neuartiges Selbstverständnis voraussetzt« (Bonß 1991: 263). In dieser Zeit – unter den Bedingungen des frühen Fernhandels – schien es für den Unternehmer nur rational, ein gewisses Risiko in Kauf zu nehmen, um sich die Möglichkeit zu eröffnen, andernfalls nicht realisierbare Vorteile zu erhalten. Dazu bedurfte es eines Einstellungswandels, der das Experimentieren mit dem Zufall über die Sicherheit der Tradition stellte. Damit werden Unsicherheiten nicht länger als eine Fügung Gottes erlitten, sondern sie werden bezogen auf menschliches Handeln. Diese Entwicklung lässt sich handlungstheoretisch als ein Wandel von Unsicherheitstypen beschreiben; unter Rückgriff auf Luhmanns Unterscheidung: Mit der Kolonialisierung der Zukunft durch eine kalkulierende Vernunft wechseln Unsicherheiten vom Modus »Gefahr« in den Modus »Risiko«.

Der Unterscheidung von Risiko und Gefahr liegt demnach ein Zurechnungsvorgang zugrunde: Im Falle von Risiken werden etwaige Schäden (als Folge der Realisierung eines Erwartungsnutzens) auf die eigene Entscheidung zugerechnet. Im Falle von Gefahren werden Schäden dagegen auf fremde Entscheidungen zugerechnet; Gefahren sind gewissermaßen die Handlungszumutungen der Anderen. Für den Begriff des Risikos spielen die Art des Schadens, die Höhe der Wahrscheinlichkeit und die Art der Entscheidung keine Rolle. Wichtig ist nur, dass es sich um die entscheidungsabhängige Verursachung eines kontingenten, vermeidbaren Schadens handelt. Im Gegensatz zur Gefahr erscheint damit das Risiko als ein Wagnis mit einem nicht sicheren, aber – sei es durch Erfahrung, sei es durch die neuen Möglichkeiten der Mathematik (Statistik) – kalkulierbaren Ergebnisraum. Im Anschluss an Japp (1996) lässt sich Risiko daher definieren als Realisierung einer Entscheidung (oder Nicht-Entscheidung) mit ungewissen Folgen in der Zukunft, die zurechenbar sind auf ebendiese Entscheidung.

Diese kursorischen Bemerkungen machen mehrerlei deutlich. (1) Veränderungen im Umgang mit Unsicherheit sind Ausfluss eines sozialen Prozesses (Fernhandel, Frühkapitalismus). Als dominantes Muster des Umgangs mit Unsicherheit setzt sich das Konzept des Risikos erst in der Moderne durch. (2) Das Risiko als ein »evolutionär später Sonderfall von Unsicherheitshandeln« (Bonß 1995: 48) ist eine kulturell und sozial voraussetzungsreiche Konstruktion. Das heißt, es bedarf eines neuartigen Welt- und Selbstverständnisses, um einen kalkulierenden Umgang mit Unsicherheit zu ermöglichen. Die Umstellung von »Gefahr« auf »Risiko« setzt außerdem einen langwierigen Lernprozess voraus, gewissermaßen ein »Einüben« neuartiger Unsicherheitsstrategien. (3) Die Durchsetzung des Risikobegriffs verweist auf ein neues Zeitverständnis. Das Problem der Zukunftsungewissheit wird nicht länger in den Termini »magischer Rationalität« verhandelt, das heißt, überraschende Ereignisse werden nicht länger dem Schicksal, einem »Schöpfer«, dem Walten von Naturmächten usw. zugerechnet, sondern Ungewissheit wird jetzt säkularisiert. Bei aller Unbestimmtheit der Zukunft will man eine »sichere« Entscheidungsgrundlage schaffen. In dieser Hinsicht zeigt die Interpretation der individuellen Entscheidungsstruktur in der Kategorie des Risikos eine Verwissenschaftlichung der Zeitbindung an. (4) Schließlich bedarf es aber auch grundlegend gewandelter Werthaltungen und Deutungsmuster, um die Konzeptualisierung von Zukunft und Unsicherheit unter dem Modus des Risikos zu einer gesellschaftlich akzeptablen und durchsetzungsfähigen Form von Handlungsrationalität zu machen. Das heißt, mit der Umstellung auf Risiko sind Veränderungen auf der kognitiven Ebene verbunden, die eine Wandlung des Sicherheitskonzepts bedeuten. Denn unter der Voraussetzung der Sicherheit als eines basalen gesellschaftlichen Leitwerts ist das aktive Sich-einlassen auf Unsicherheiten voraussetzungsvoll. Es funktioniert nur dann, wenn der Verzicht auf Sicherheit durch den Glauben an deren Substituierbarkeit gedeckt ist, das heißt im Bewusstsein neuer »Sicherheitsgarantien« geschieht, wie sie durch das Prinzip rationalen Kalkulierens suggeriert werden. (5) Auf der sozialen Ebene lässt die Differenz von Risiko und Gefahr die Struktur von Risikokonflikten transparent werden. Das heißt, jene Konfliktlagen, die sich heute in erster Linie an Phänomenen des technischen Fortschritts entzünden, sind weder Ausdruck eines unterschiedlichen Informationsstands der Akteure noch einfach durch politisches Konsens-Management aufzulösen. Auch eine ethische Regulierung von Konflikten, die heute insbesondere im Bereich biomedizinischer Anwendungen aufbrechen, ist daher kaum aussichtsreich. Denn aufgrund der Betroffenheitsdifferenz ist eine konsensfähige Festlegung von normativen Prinzipien, die einen Ausgleich von Entscheider- und Betroffenenperspektive versuchen, wenig wahrscheinlich. Man kann folglich davon ausgehen, dass aufgrund der Differenz von Risiko und Gefahr die Ethik leer läuft. Luhmann (1997) beurteilt die Funktion von Ethikkommissionen dementsprechend eher skeptisch als eine Politisierungsinstitution des Risikodiskurses, die auf Probleme mit Ad hoc-Entscheidungen reagieren muss. (6) Risiken sind keine natürlichen Gegebenheiten, sondern das Ergebnis eines Modernisierungsprozesses, der eine neuartige Entscheidungssituation universalisiert. Risiken sind Luhmann zufolge Indizien einer kognitivistischen Wirklichkeitskonstruktion, eine mit fortgesetzter Verwissenschaftlichung hegemonial gewordene Form der handlungsorientierten Interpretation und Aneignung von Zukunft. Das Risiko ist in dieser Perspektive als ein spezifisch moderner Fall einer nicht erfüllbaren Rationalitätszumutung zu verstehen – man muss entscheiden, ohne die »richtige« Lösung zu kennen bzw. in der Gewissheit, dass es die eine beste Lösung gar nicht geben wird.

## 4. Grenzen der Rationalität

Diese Einsichten haben gravierende Konsequenzen für ein nachtraditionales Verständnis von Sicherheit. Offensichtlich ist Sicherheit heute aufgrund der Komplexität der Zukunft längst eine Fiktion. Schon der historisch entwickelte Begriff des Risikos hat nicht zuletzt die unauflösliche Interdependenz von Sicherheit und Unsicherheit vorgeführt. Auch in systematischer Hinsicht greift die Profilierung des Risikobegriffs über die Abgrenzung von Sicherheit zu kurz. Die Öffnung der Zukunft in die Entscheidung der Einzelnen unterläuft die Möglichkeitsbedingung »echter« Sicherheit, weil die Zukunft eben prinzipiell unbestimmt ist. Es gibt keine Entscheidung außerhalb des Risikos.

Dennoch erscheint uns die rastlose Suche nach Sicherheit selbstverständlich, nachgerade etwas Natürliches zu sein. Dies resultiert nicht zuletzt aus einer Sichtweise, die Sicherheit als idealen Endpunkt einer als linear begriffenen Rationalisierung entwirft. In diesem Verständnis ist Sicherheit ein unbeschädigtes Ideal und die Erwartung, dass sich

Sicherheit auf lange Sicht proportional zu den Wissenszuwächsen über die Zusammenhänge in der Natur perfektioniert wird, stabil.[25] Unter dem Aspekt ihrer kontinuierlichen Enttäuschung ist die Stabilität der modernen Sicherheitsfiktion freilich auch paradox. Gerade die Überforderungen der Individualisierung oder die Gefahren sicherheitsoptimierender Großtechnologien charakterisieren einen modernen Erfahrungshorizont, der die Einsicht nahe legt, dass Sicherheitsstreben und Unsicherheit keine sich ausschließenden Alternativen sind.

Nun stellt sich – mit Blick auf das alltägliche Scheitern moderner Sicherheitsgewissheiten – die Frage: Was ist denn ein rationaler Umgang mit Unsicherheiten? Oder genauer: Wie lässt sich das Ideal rationalen Entscheidens unter dem Druck des Risikos überhaupt aufrechterhalten?

Die Beschreibung des Risikos als ein »Phänomen mehrfacher Kontingenz« (Luhmann 1991: 25) legt nahe, dass die Versuche wissenschaftlicher Objektivierung des Risikos fehlschlagen müssen, weil all diesen Versuchen der Bestimmung und Bewertung von Risiken bestimmte Prämissen zugrunde liegen, die man teilen kann oder nicht. Alle Kennziffern, Grenzwerte, Statistiken oder auch Ethik-Prinzipien informieren nur über die Legitimität politischer Entscheidungsverfahren zur gesellschaftlichen Anerkennung von Unsicherheiten, nicht aber über die Größe, den Wert oder die Bedeutung des konkreten Risikoobjekts. So wenig wie ein natürliches gibt es ein objektives oder richtiges und damit für andere vertretbares Risiko. Dennoch wird im täglichen Leben entschieden, mit allen Folgen, und es fragt sich, welchen Begriff von Rationalität dies impliziert. Im Folgenden soll daher im Anschluss an Luhmann der Zusammenhang von Risiko und Rationalität beleuchtet werden.

Die Luhmannsche Kritik der rationalistischen Tradition entzündet sich an der kurzschlüssigen Reduktion des Risikos auf ein Problem rationalen Abwägens. Eine solche Sichtweise impliziert, dass die Herstellung von Sicherheit prinzipiell möglich sei; um der Realisierung eines spezifischen Vorteils willen sei es jedoch gelegentlich nötig, diese ein Stück weit aufzugeben. Damit wird erstens suggeriert, dass die Vermeidung eines Risikos möglich ist, man könnte schließlich auf den potenziellen

---

25 Als zentrale Basis der modernen Sicherheitsfiktion hat Bonß (1990) – im Durchgang durch die Geschichte des naturwissenschaftlichen Experiments – das moderne Naturverständnis charakterisiert. Die spezifisch moderne Naturkonzeption der Naturwissenschaften trage zur Illusion sicherer Naturerkenntnis und – darauf aufbauend – technisch realisierbarer Sicherheitsgarantien bei. Der moderne Sicherheitsoptimismus basiert damit letztlich auf der systematischen Ausblendung von Unsicherheiten.

Vorteil verzichten. Außerdem wird hier das Risiko beschränkt auf Phänomene rationaler Kalkulation. Das Festhalten an einem traditionalistischen Rationalitätsbegriff, der die Möglichkeit privilegierter Erkenntnis in Sachen Risiko unterstellt, ist an einen Objektivismus gebunden, der letztlich eine Interpretationsunabhängigkeit der Wirklichkeit voraussetzt. Traditionell-rationalistisch ist diese Position, weil das Risiko lediglich als eine weitere Herausforderung der Vernunft aber nicht als deren strukturell dilemmatische Krisensymptomatik verstanden wird. Die Unsicherheit bleibt der Rationalität gewissermaßen äußerlich.

Zu einer detaillierten Analyse von Risiko und Entscheidungsrationalität lässt sich hier unter anderem an systemtheoretisch fundierte Befunde aus der Organisationssoziologie anschließen. Japp (1990) hat dargelegt, dass unter Risikobedingungen die Rationalität im Sinne einer kausallogischen Entscheidungsrationalität selbst zum Risiko wird. So zeigt die Analyse von großtechnischen Risikosystemen, dass die technische Rationalität Risikopotenziale produziert, die nicht mehr rational zu kontrollieren sind. Die traditionelle Kontrollrationalität führt zum Beispiel im Fall von Atomkraftwerken zu einer technischen Systemstruktur, die durch komplexe Interaktion und feste Verkoppelung gekennzeichnet ist (Perrow 1987). Im Einzelfall – etwa bei Störfällen in Atomkraftwerken – ergeben sich daraus uneinlösbare Anforderungen an die Entscheidungsrationalität. Die Komplexität der Situation überfordert die kausalrationalen Analysemechanismen und führt im Ergebnis zu einem extremen Zeitdruck. In der Folge wird aufgrund dieses Zeitdrucks nur mehr entsprechend eines »impressionistischen Modus« gehandelt und dieses Handeln nachträglich rationalisiert (Japp 1990: 45). Die Funktion der Rationalität in Risikosystemen besteht gleichsam nur noch darin, jenen Zeitdruck zu erzeugen, der die impressionistische Handlung legitimierbar macht. Das heißt, die Rationalität großtechnischer Systeme führt dazu, dass Rationalität nicht zur »Lösung« (rationalem Umgang) von Risiken dient, sondern zur Legitimation eines situationsspezifischen, impressionistischen Handelns und Entscheidens (das allerdings nicht mit irrationalem Handeln gleichgesetzt werden kann, schließlich geht es um die Vermeidung größerer Risiken). Damit besteht das zentrale Problem bei Hochrisikosystemen in der Konstitution einer spontan mobilisierten Alternativ- oder Vor-Rationalität durch die Rationalität der Systeme.

In ähnlicher Weise geht Bonß (1991) davon aus, dass das Risiko auf einem Rationalitätskonzept fußt, das in der Praxis kaum oder selten realisiert wird. Denn die zweckrationale Kalkulation von Wahrscheinlichkeiten ist keineswegs – wie dies im Rahmen eines traditionellen Risk Assessments vermutet bzw. vorausgesetzt wird – die Grundlage des Risikohandelns. Vielmehr ist dies ein Sonderfall, der normalerweise nicht realisiert wird und unter den strengen Voraussetzungen einer vollständigen Risikoüberprüfung auch gar nicht realisiert werden kann (dafür wäre die Kenntnis aller Risikofaktoren und deren Interaktion bzw. der Risikokontexte notwendig). Insofern ist das Prinzip der Kalkulierbarkeit von Entscheidungen unter Unsicherheit ein soziales Konstrukt, das in der Realität in erster Linie der Legitimation des Risikos dient. Wenn nicht im Allgemeinen davon ausgegangen würde, dass bei Risiken gemäß den idealen Kriterien rationaler Kalkulation entschieden werden kann, wären viele umstrittene Projekte im Bereich technologischer Innovation politisch gar nicht zu vertreten. Nur das Vertrauen, dass diese Risiken ex ante kalkuliert und Schäden vermieden werden können bzw. dass möglicherweise auftretende Komplikationen an Komplexität nicht grundsätzlich die Logik der Risikorationalität transzendieren, macht »high risks« verantwortbar – und damit im präzisen Sinne des Begriffs zu Risiken (andernfalls würden sie als Gefahren verhandelt werden).

Aus diesen Beobachtungen lässt sich schließen, dass die Rationalität unter den Bedingungen des Risikos funktionalisiert wird. Entscheidungen werden nicht unbedingt nach den als rational geltenden Kriterien oder Verfahrensprinzipien getroffen, sondern Entscheidungen werden dadurch rational, dass sie vor dem Hintergrund stabiler Rationalitätserwartungen stattfinden. Den strengen politischen Vorsatz oder das ethische Gebot, mit Risiken rational umzugehen, darf man vor diesem Hintergrund als Normalitätssuggestion verstehen. Denn diese Ansprüche legen nahe, dass die Risiken kein wirklich neuer Problemtyp sind, sondern mit herkömmlichen Mitteln gelöst werden können. Sie tragen dazu bei, dass der hegemoniale Begriff von Rationalität unangetastet bleibt.

## 5. Soziologie der Unsicherheit als Vernunftkritik

Mit der Konzeption des Risikos als einer historisch spezifischen Form des Umgangs mit Unsicherheit, sind die Voraussetzungen für einen soziologisch gehaltvollen Begriff von Risikogesellschaft geschaffen. Denn damit ist jene Engführung von Risiko und Technik aufgebrochen, die die Reduzierung von Risiken auf deren destruktiven Gehalt bedeutete und damit die kategoriale Integration unterschiedlicher »Risikophänomene« behinderte. Der Begriff der Unsicherheit erscheint nunmehr als ein konstitutives Merkmal der Moderne, weil er den Modus der generalisierten Handlungsbedingungen in vielen Teilbereichen der Gesellschaft bezeichnet und damit die Klammer bildet, unter der disparate Phänomene von Auflösung, Uneindeutigkeit und Pluralisierung verhandelt werden können. Unsicherheit ist demnach nicht ein Defizit der Modernisierung, das in deren weiterem Verlauf behoben werden könnte oder müsste. Unsicherheit ist keine Anomalie, schon gar keine technisch normalisierbare. Unsicherheit ist vielmehr Ausdruck der erweiterten Handlungsmöglichkeiten in der Moderne – so problematisch sie im Einzelnen sich erweisen mögen. Das traditionelle Sicherheitsideal wird vor diesem Hintergrund als eine Fiktion kenntlich, das seinen nachhaltigen Glanz der Ausblendung von Unsicherheitspotenzialen verdankt. Als einen tragenden Stützpfeiler dieser Sicherheitsideologie, die die Dialektik von Sicherheit und Unsicherheit ausblendet, hat Bonß die naturwissenschaftliche Erkenntnislogik identifiziert. Damit liefert eine Soziologie der Unsicherheit gewissermaßen eine materiale Kritik des Szientismus am Beispiel des Risikodiskurses. Über den Umweg der Risiken und Unsicherheiten wird die verdrängte Gesellschaftlichkeit der wissenschaftlichen Rationalität ans Licht geholt – und damit die Tatsache, dass diese Rationalität nur unter der Bedingung ihrer Universalisierung zum »Königsweg« im Umgang mit Risiken werden konnte.

Der Soziologie der Unsicherheit geht es also insbesondere darum, das wissenschaftliche und gesellschaftliche Selbstverständnis evolutionärer Entwicklung im Sinne der – als zunehmende Beherrschbarkeit der inneren und äußeren Natur interpretierten – okzidentalen Rationalisierung mithilfe der Kategorien von Risiko und Unsicherheit zu erschüttern. Unsicherheit – so die Kernthese – ist nicht ein ephemeres oder temporäres Phänomen im Zeitlauf der Modernisierung, sondern ein konstitutiver Bestandteil und zentraler Bezugspunkt sozialen Handelns in der Moderne (Luhmann 1993, Bonß 1991). In ihrem Beharren auf der Kategorie der Unsicherheit zielt diese Risikosoziologie insbesondere auf die Entmystifizierung einer Aufklärung, die das Projekt einer technischen Substitution traditioneller Sicherheitsgewissheit verfolgt. Damit werden auch jene Hoffnungen enttäuscht, die auf eine technisch oder sozialtechnologisch herstellbare Sicherheit abstellen.

Die normativen Implikationen dieser Analysen lassen sich auf die Art und Weise der soziologischen Beobachtung selbst beziehen. Denn erst eine radikale Vernunftkritik, die sich nicht zuletzt auch als Selbstkritik der Soziologie materialisiert, liefert die Voraussetzung für eine Neubestimmung der gesellschaftlichen Risikoverhältnisse. Dass auch den Sozialwissenschaften die Anerkennung der Unsicherheit und des Nichtwissens als »Eigenwerte« lange Zeit so schwer gefallen ist, liegt nicht zuletzt an der Dominanz des Ordnungs- und Kontrollparadigmas. Auch die Soziologie hat die Deutung der Unsicherheit als Pathologie gestützt (Bonß 1996).[26] Die Soziologie der Unsicherheit fordert hier

26 Sofern Risiken und Unsicherheiten von der Soziologie überhaupt wahrgenommen wurden, wurden sie als ein Ordnungsproblem konzeptualisiert und blieben darum unterbelichtet. Diese Ordnungsoptik kommt im Selbstverständnis der frühen Soziologie des 19. Jahrhunderts als einer »physique sociale« prägnant zum Ausdruck. In dieser traditionellen Soziologie stellte sich das Thema Unsicherheit unter Aspekten von Anomie, Chaos und Nicht-Ordnung.

einen grundlegenden Perspektivenwechsel ein. Bei reiner Vernunftkritik kann sie es freilich nicht bewenden lassen. Sie muss die Frage aufnehmen, welche Handlungsorientierungen, welche Verarbeitungsmuster, welche Rationalitäten sich angesichts der Herausforderung von ungesicherten Handlungsalternativen herausbilden. Dies steht im Zentrum der eingangs erwähnten Forschungsprogrammatik, die unter dem Titel »Reflexive Modernisierung« auf die Analyse eines diskontinuierlichen Institutionenwandels und neuer Uneindeutigkeiten zielt.

# III. Modernisierung und Institutionenkrise

Die Diskussionen um den analytischen Gehalt und die theoretische Bedeutung der Risikogesellschaft werden heute unter veränderten historischen und politischen Vorzeichen in den Konzepten von reflexiver Modernisierung und einer »zweiten« Moderne weitergeführt. Damit verbindet man in erster Linie die einschlägigen Arbeiten aus dem Umkreis einer modernisierungskritischen Risikosoziologie.[27] Aus diesem Grund wird zunächst dargestellt, was die wesentlichen Grundannahmen der Theorie reflexiver Modernisierung sind. In einem kleinen Exkurs werden noch einmal wesentliche Aspekte einer Soziologie der Unsicherheit aufgenommen und auf ihre Bedeutung hinsichtlich der These eines Übergangs von einer »ersten« zur »zweiten« Moderne untersucht. Gerade aus systemtheoretischer Perspektive, so die These, lassen sich eine Reihe von guten Gründen für die Annahme eines Epochenwandels formulieren. In einem gesonderten Abschnitt wird auf den vielschichtigen und missverständlichen Begriff der Reflexivität eingegangen. Für unseren Zusammenhang ist der wissenssoziologische Aspekt der Theorie reflexiver Modernisierung, die Diskussion um Status und Geltung handlungsleitender Grenzziehungen von besonderem Interesse. Abschließend wird daher kurz auf die empirische Bedeutung der Grenzziehungsthematik hingewiesen.

## 1. Modernisierung als Selbstaufklärung der Moderne

Die Becksche Theorie reflexiver Modernisierung geht davon aus, dass sich aktuell ein Epochenwandel vollzieht. Der Epochenbruch resultiere aus einer »Radikalisierung der seit dem 18. Jahrhundert stattfindenden Modernisierungsprozesse (...). Die schon von Max Weber beschriebene ›Entzauberung‹ der Welt scheint zunehmend auf die Grundlagen der Moderne selbst überzugreifen und jene Momente in Frage zu stellen, die lange Zeit als ›natürliche‹ Basis und selbstverständlicher Bestandteil der Moderne begriffen wurden.« (Beck et al. 2004: 20). Verschiedene Prozesse (Globalisierung, Individualisierung, Krise des Wohlfahrtsstaats, ökologische Krise) werden sowohl als Indiz für fundamentale Erschütterungen des gesellschaftlichen Erwartungshorizonts und Selbstverständ-

---

27 Vgl. zur kontroversen Standortbestimmung dieser Theorie Beck/ Giddens/Lash (1996) sowie zum Überblick über Themenstellungen und empirische Forschungen des Beckschen Forschungszusammenhangs Beck/Lau (2004), Beck/Bonß/Lau (2001). Eine frühere Sammlung empirischer Fallstudien unterschiedlichen theoretischen Anspruchs findet sich in Beck/Hajer/Kesselring (1999).

nisses gewertet wie auch als Herausforderung für die Restrukturierung des sozialwissenschaftlichen Begriffsapparats. Denn diese Prozesse griffen im Ergebnis auf institutionelle und kategoriale Strukturen in einer Weise durch, die diese selbst zur Disposition stellten. Damit wird nicht behauptet, dass die erste Moderne der letzten 200 Jahre keine Umbrüche, Krisen und Konflikte kannte. Nur: Sie hätten sich eben nicht auf die Basisprämissen und Leitwerte der Moderne selbst bezogen.

Damit bekommt die reflexive Modernisierung den Stellenwert eines sozialen Gesamtphänomens: Die vormodernen Grundlagen der ersten, nationalstaatlich verfassten, halbdemokratischen, naturalistisch verkürzten Industriemoderne werden rationalisiert. Im Zuge der evolutionären Dynamik der Moderne, eines mit den Leitideen der Moderne freigesetzten permanenten gesellschaftlichen Wandels, wandeln sich die Rahmenbedingungen dieses Wandels und setzen die verschütteten Potenziale der Moderne frei. Eine Denkfigur, die an die Psychoanalyse erinnert: Die Modernisierung funktioniert als ein unfreiwilliges therapeutisches Setting, das im Laufe der Zeit den Zugriff auf irrationale Tiefenschichten der Moderne erlaubt. Diese Tiefenschichten sind in diesem Bild die zu Basisinstitutionen wie Nationalstaat, Kleinfamilie oder Fordismus geronnenen Rationalitäten einer ersten Moderne. Dahinter steht die Vorstellung, dass vermittels der Modernisierung zentrale Leitbilder und Basisprämissen der Moderne in Frage gestellt werden können, die ansonsten – im rationalen Diskurs – nicht erreichbar sind.

In diesem Modell sozialen Wandels ist der Epochenbruch, der »qualitative Sprung«, nicht Folge der bewussten Aneignung von Geschichte und Schicksal, ein quasi berechenbarer Kulminationspunkt von Krisentendenzen, sondern unreflektierte, unerwünschte Nebenfolge fortgesetzter Modernisierung. Trug bei Marx die Moderne als Kapitalismus einen Antagonismus in sich, der im Verlauf der Geschichte über die Bewusstseinsleistung der sozialen Akteure produktiv freigesetzt werden musste und damit – zumindest langfristig – die Überwindung des Kapitalismus unausweichlich machte, so birgt nun die »erste« Moderne als Moderne den »Totengräber« in sich selbst. Das heißt, reflexive Modernisierung bedeutet eine Revolutionierung aus sich selbst, aus den Prinzipien der Moderne heraus, einen subjektlosen Wandel des sozialen Wandels. Denn dieser Wandel vollzieht sich unabhängig von kollektivem Willen und Reflexion, ohne klare und dauerhafte Konflikte und ohne einen privilegierten Gegenspieler, der sich als personifizierter Ausdruck eines geschichtlichen Auftrags begreifen könnte; im Sinne einer zwangsläufigen Erosion traditionell-moderner Leitbilder im evolutionären Verlauf wohnt diesem Prozess eine logische Notwendigkeit inne. In diesen linearen Rationalisierungsprozess ist nun eine Schleife eingebaut, die die Theorie von einem platten Automatismus distanziert, aber auch ein Stück weit gegen empirische Einwände immunisiert. Denn die logische Notwendigkeit auf der Prozessebene (Modernisierung) impliziert keine logische Notwendigkeit auf der Ergebnisebene; reflexive Modernisierung kennt kein logisches Ziel (die Vollendung der Moderne, eine reflexive Modernität usw.). Wenn auch reflexive Modernisierung perspektivisch auf die Neuverhandelbarkeit der Moderne zuläuft, so muss dieser Prozess nicht in eine Situation einmünden, in der – nach Marx – die Menschen fortan ihre Geschichte aus eigenen Stücken machen. Er kann unterbrochen, abgebrochen oder umgekehrt werden – oder aber auch (mangels interpretativer Aneignung) schlicht bedeutungslos bleiben. Die »zweite« Moderne ist somit nur eine Entwicklungsalternative unter mehreren. Es ist der schillernde Begriff der Reflexivität, der die diese beiden Ebenen zusammenbindet. Darauf komme ich zurück.

Die Behauptung eines Epochenbruchs lässt eine normative Orientierung erkennen, die einerseits gegen den geschichtsphilosophischen Pessimismus Frankfurter Prägung, zum anderen gegen den scheinbaren Irrationalismus der Postmodernisten gerichtet ist. So wird etwa gegen die Postmodernisten betont, dass die Moderne sich nicht in Nichts, in Beliebigkeit, in ein post-soziales Zeitalter auflöse, sondern neue Strukturen, Leitideen, Spielregeln im Entstehen seien (Beck et al. 2001). Die Angestrengtheit der Grenzziehung zu einer als Ästhetizismus und alternativlose Dekonstruktion verstandenen Postmoderne versteht sich nicht zuletzt als politische Intervention aus der Vermutung heraus, mit der Postmoderne werde ein intellektualisierter Irrationalismus hegemonial, dem die Versagen und Katastrophen der Moderne zum Anlass eines Totalabschieds von Aufklärung und Rationalität werden. Unklar bleibt freilich, gegen welche Autoren sich diese Kritik überhaupt richtet. Auch noch in aktuellen Einlassungen bleibt die Postmoderne eine diffuse und fast beliebige Hintergrundfolie, gegen die das eigene Konzept Gestalt erhalten soll (vgl. Beck/Bonß/Lau 2001: 40 ff.). Wer solchermaßen gegen die Postmoderne opponiert, die insbesondere auf der Fragmentierung des Sozialen, der Auflösung der Geschichte als teleologischer Einheit und der Generalisierung epistemologischer Unsicherheit insistiert (Hinweise, deren Bedeutung längst über den unmittelbaren Theoriezusammenhang einer »Postmoderne« hinausgehen), erscheint leicht als Vertreter eines naiven Rationalismus, der das Festhalten am Aufklärungsideal für problemlos hält.

Die Theorie reflexiver Modernisierung ist mit einigen gravierenden Problemen behaftet. Zum einen bleibt sie der Logik eines linearen historischen Rationalisierungsprozesses verbunden – die wissenschaftlich-technische Rationalisierung schlägt auf die Grundlagen der Moderne selbst durch (Viehöver 2005). Zum anderen lädt sich Beck mit der starken Lesart eines Epochenbruchs die empirische Nachweispflicht auf. Giddens (1995) hat demgegenüber – wiewohl einer ähnlichen Perspektive verpflichtet – lediglich die Turbulenzen betont, in die eine fortgeschrittene Moderne gerät, wenn sie mit den Konsequenzen ihrer institutionellen und kognitiven Grundlagen konfrontiert wird. Er betont vor allem den beschleunigten und radikalisierten institutionellen Wandel, der ganz zentral mit der Globalisierung und Bedeutungszunahme von Expertenwissen in Verbindung steht. Die sich daraus ergebende Erfahrung der Diskontinuität wird von ihm nicht zu einem Epochenbruch verabsolutiert. Auch Latour (1998) teilt mit der These einer zunehmenden Uneindeutigkeit kategorialer Unterscheidungen (z. B. Natur/ Gesellschaft) zwar eine grundlegende Annahme der Theorie reflexiver Modernisierung; er geht jedoch nicht von einer Abfolge der Modernen auf der Ebene sozialer Praxis aus. Schließlich begreift er die Moderne und ihr auf Ordnung und Eindeutigkeit beruhendes Selbstverständnis als so etwas wie ein kollektives Denkmuster, das zwar einflussreich geworden ist, aber niemals der Realität entsprochen habe. Daher spricht Latour davon, dass wir noch gar nicht in der Moderne angekommen seien, die sozialen Voraussetzungen unserer Denkgewohnheiten noch gar nicht durchschaut hätten. Im Anschluss an die Latoursche Sichtweise würde die Bedeutung der Theorie reflexiver Modernisierung dann weniger in der schlüssigen Darlegung eines neuen Vergesellschaftungsmodus liegen. Ihre Bedeutung würde eher darin liegen, aufgrund einer starken These für die Ambivalenzen der Moderne sensibilisiert zu haben, das heißt für die Tatsache, dass wir es über weite Zeiträume auf der Ebene der kollektiven Denkmuster und Lebensformen mit einer Mixtur von vormodernen mit modernen Elementen zu tun gehabt haben.

## 2. Luhmann und die »zweite« Moderne

Luhmann hat die Risikogesellschaft leichthin als »Modebegriff« (1993: 139) abgetan, und es mag auf den ersten Blick nicht besonders ergiebig erscheinen, die These einer »zweiten« Moderne aus dem Blickwinkel Luhmanns zu diskutieren. Aber interessant: Letztlich lassen sich gerade auch aus systemtheoretischer Perspektive gute Gründe für die Annahme eines Epochenwandels formulieren. Im Folgenden sollen – eher skizzenhaft – einige Überlegungen dazu vorgestellt werden.

Ein solcher Epochenwandel wäre aus systemtheoretischer Perspektive durch die Ausweitung der Kommunikation unter dem Metacode des Risikos in sämtliche Funktionssysteme der Gesellschaft zu charakterisieren, die der Universalisierung einer Entscheidungssituation unter »Kontingenzdruck« (Japp 1992: 38) korrespondiert. Die Rede von einer anderen Moderne legitimierte sich demnach nicht durch das quantitative Anwachsen von Risiken, sondern durch einen generalisierten Entscheidungszwang, der in der Moderne durch die Transformation von Gefahren in Risiken entsteht. Daraus erwachsen neue Handlungsorientierungen, Zeit- und Rationalitätsbegriffe, die im Ganzen den Abschied vom modernen »Machbarkeitsmythos« markieren, der die Welt als einen geronnenen Kausalmechanismus zeichnete.

Als konkrete Kriterien für einen Übergang in eine »zweite« Moderne lassen sich bei Luhmann insbesondere drei Beobachtungen lesen. (1) Er geht davon aus, dass die Umwelt in zunehmendem Maße in die Wirkungskette der Schädigung einbezogen wird. Es kommt tendenziell zur Unabschließbarkeit von Risikofolgen und damit zu einer Entdifferenzierung von Entscheidern und Betroffenen. Das heißt aber auf Systemebene letztlich nichts anderes, als dass die Unterscheidung von Gesellschaft und Natur unscharf wird. (2) Luhmann hat auf der Basis einer grundbegrifflichen Präzisierung überzeugend deutlich gemacht, dass es sich im Fall des Risikos um einen neuen Problemtypus handelt. Das Risiko bedingt ein Konzept der Bewältigung sozialer Konsequenzen der Zeitbindung, das traditionelle Regulierungsmodelle (Norm, Knappheit) sprengt. In den traditionellen Gesellschaften waren Recht und Wirtschaft die zwei herausragenden Modelle, in denen die sozialen Folgen zukunftsorientierten Handelns reguliert bzw. bewältigt werden konnten. Im Fall von Risiko greift meist weder das Prinzip der ökonomischen Entschädigung noch die rechtliche Normierung, weil im Regelfall weder eindeutige Kausalitäten noch klar abgrenzbare Schadensradien postuliert werden können (Luhmann 1993: 143 f.). Insofern bedeutet die Thematisierung relevanter Problemstellungen unter dem Begriff des Risikos eine Krise der Institutionenlogik, die als Indiz für den Übergang in eine »zweite« Moderne gewertet werden kann. (3) Infolge der Interpretation vielfältiger Situationen unter dem Modus des Risikos kommt es zu einer paradoxen Restrukturierung der Zeit. So reicht einerseits die Zukunft verstärkt in die Gegenwart hinein, weil mit der Freisetzung von Entscheidungsalternativen der Druck zur Antizipation möglicher Handlungsfolgen zunimmt. Die Zukunft dominiert insofern die Gegenwart, weil traditionelle Festlegungen, unter denen die Zukunft als verlängerte Gegenwart erscheinen würde, sich auflösen und diese Sicherheit auch nicht durch Wissen substituierbar ist. Andererseits bringt es das spezifische Rationalitätsprofil des Risikos mit sich, dass sich gleichzeitig die Differenz zwischen Gegenwart und Zukunft »vergrößert«. Denn natürlich wird im Regelfall rational entschieden, obwohl nicht ausgemacht ist, dass die getroffene Entscheidung auch die gewünschten Konsequenzen haben wird. Dies bedeutet eine verstärkte Entkopplung von antizipierter Zukunft und zukünftiger Gegenwart, die zu Rationalitätsanpassungen in der Gegenwart drängt. Das heißt, in Summe können eine komplexe und vielschichtige Rationalitätskrise, die zunehmende Unschärfe kategorialer Unterscheidungen und die paradoxe Restrukturierung der Zeit als Indikatoren für einen tief greifenden Strukturwandel gelten. Luhmanns Risikotheorie lässt sich als

(Selbst-)Kritik der technizistisch-rationalistischen Tradition lesen, die – trotz des differierenden methodischen Zugangs und des gravierenden Unterschieds in der normativen Orientierung – nicht so weit von der Beckschen Konzeption entfernt ist, wie der Fußnotenkrieg zwischen den beiden Autoren oft glauben machen will.

## 3. Reizbegriff Reflexivität

Die Theorie reflexiver Modernisierung ist auch deshalb Vorbehalten ausgesetzt, weil ihr Leitbegriff der Reflexivität nicht selten mit Modernisierung im Modus der Reflexion gleichgesetzt wird. Reflexive Modernisierung, so der Vorwurf, führe nicht aus der (Logik der) Industriemoderne heraus, weil auf unerwünschte Nebenfolgen der Modernisierung auch in der Industriegesellschaft »reflexiv«, nämlich mit entsprechenden Reformen, reagiert wurde und wird (vgl. van den Daele 1995). Das heißt, auch für die Industriegesellschaft sei mitunter die lineare Modernisierung (Differenzierung) zum Problem geworden, worauf gewissermaßen Schübe reflexiver Modernisierung eingesetzt hätten. Der Sozialstaat müsste in dieser Perspektive als ein Beispiel reflexiver Modernisierung gelten, weil er eine (nachhaltige) Form korrigierender Intervention bezüglich krisenhafter Erscheinungen in der kapitalistischen Entwicklungsdynamik darstellt. Dies vorausgesetzt, muss der Terminus reflexive Modernisierung »leer« erscheinen bzw. als nicht geeignet, empirische Phänomene theoretisch derart zu kondensieren, dass begründet von einem Epochenwandel gesprochen werden kann. Und tatsächlich würde der Begriff in diesem Sinne nicht viel mehr bezeichnen als einen epochenübergreifenden Sonderfall von »Modernisierungsschleifen«, von spezifisch modernen, aber eben nicht speziell risikomodernen Anpassungsreaktionen der Gesellschaft auf selbsterzeugte Probleme. Dieser Auffassung liegt eine implizite Parallelisierung von sozialer Frage des 19. Jahrhunderts und ökologischer Krise der Gegenwart zugrunde, die der Vielschichtigkeit des Begriffs der Reflexivität nicht gerecht wird.

Im Begriff der Reflexivität ist das eigentümliche Verhältnis von Reflex und Reflexion in der Moderne angelegt (vgl. Beck 1993: 14 f.). Im ersten Fall diagnostiziert Reflexivität schlicht die Selbstzersetzung der Moderne, was aber nicht notwendig mit einer Reflexion dieses Prozesses verbunden sein muss. In Abgrenzung zu Giddens und Lash, die die reflexive Modernisierung als globalisierte Wissensmoderne entwerfen, betont Beck denn auch den Nichtwissens-Aspekt der Nebenfolgen als Modernisierungsfaktor. Im zweiten Sinn meint Reflexivität nicht Selbstaufhebung, sondern Selbstanwendung: die – zumindest langfristig – destruktiv wirkenden Potenziale der Industriemoderne werden auf den Begriff gebracht. Damit werden die institutionellen Grundlagen des sozialen Wandels immerhin perspektivisch verhandel- und gestaltbar. Freilich kennt Reflexivität keinen Automatismus: ob die Auflösung des Alten zur Reflexion führt, ist offen.[28] Im Begriff der Reflexivität, der den Spannungszustand zwischen Modernisierung als Tradition und Modernisierung als Reflexion bezeichnet, fallen also eine empirisch-analytische und eine normative Dimension zusammen.[29] Die *empirisch-analytische* Dimension dieses Begriffs soll die Tatsache bezeichnen, dass die Moderne in ihren eigenen Grundlagen »zum Thema und zum Problem« geworden ist (Beck/Bonß/Lau 2001: 11). Mit anderen Worten: Diese Dimension von Reflexivität bezieht sich auf einen unbemerkten Wandel der Modernisierungsgrundlagen vermittels der durch den technischen Fortschritt ausgelösten Nebenfolgen (z. B. ökologische Schäden). Die bewusste Aneignung und Reflexion dieses Prozesses (einschließlich entsprechender Folgen wie Politisierung oder Fundamentalisierung

28 An dieser Stelle lässt sich leicht nachvollziehen, dass der Begriff der Reflexivität in seiner Komplexität nur analytisch differenziert werden kann. Die Triebkräfte des gesellschaftlichen Wandels, so die Theorie, sind bewusst und unbewusst zugleich. Um jedoch die Problemdimensionen reflexhafter Modernisierung theoretisch problematisieren zu können, bedarf es einer privilegierten Erkenntnissituation, die sich nur vollendeter Reflexion – sei es aus eigener Kraft oder (eher) vermittels der realen gesellschaftlichen Entwicklungstendenzen (soziale Bewegungen) – verdanken kann. Kurz: Reflexivität muss zumindest in der Theorie immer schon mit Reflexion legiert sein. Insofern lässt sich nur konzedieren, dass die Theorie reflexiver Modernisierung von ihrem Typus her einen Glücksfall darstellt: Mit dem thesenhaften Vorgriff auf das gesellschaftlich Mögliche sichert sie sich das Privileg, als Theorie erstmals reflexiv zu sein.

29 Gill (1999) hat vorgeschlagen, einerseits naturale und soziale Reflexivität und davon Reflexion zu unterscheiden. Naturale Reflexivität meint bei ihm das Stadium eines Nicht-Wissen-Wollens, in dem den Vermutungen von gesellschaftlichen Selbstgefährdungen kein weiteres Interesse geschenkt wird. Soziale Reflexivität bezeichnet die Phase der Thematisierung und Problematisierung der Nebenfolgen, letztlich also Reflexivität im Modus der Reflexion. Reflexion, die er aus dem Konzept von Reflexivität auskoppelt, meint Problemlösung. Was bei dieser Differenzierung unter den Tisch fällt, ist Reflexivität als eine Form der Reflexion, die zwar eine rationale Auseinandersetzung mit Nebenfolgen darstellt, jedoch daraus keine Konsequenzen für das eigene Verständnis von Rationalität zieht. Bei dieser (sozialen?) Reflexivität handelt es sich um Formen »ideologischer« Thematisierung von Gefährdungen, die diese nicht als Rationalitätsproblem, sondern z. B. als willkürlichen Unfall oder vorübergehende Störung, in jedem Fall als ein mit den bekannten Mitteln zu behebendes Problem begreift.

bzw. soziale Schließung) muss als *normative* Dimension von Reflexivität verstanden werden. Inwiefern jedoch die Beschreibung eines solch paradoxen Modernisierungsprozesses ohne Bezug auf den normativen Aspekt auskommen kann, ist unklar. So ist es evident, dass die Auswahl und die Wahrnehmung genau dieser und nicht anderer Schäden (z. B. Naturkatastrophen) auf einen normativen Standpunkt hinweist. Ohne den Bezug auf seine normative Dimension bleibt der Begriff eigenartig stumpf. Gleichwohl ist die Aufspannung des Begriffs der Reflexivität zwischen Reflex und Reflexion mehr als ein Wortspiel: Nicht die traditionelle Rationalität schlägt mit fortschreitender Modernisierung quasi automatisch um in reflexives Expertenwissen, sondern Reflexivität stellt sich erst vermittels der Intervention des Nichtwissens her. Damit bekommt der Begriff des Nichtwissens eine zentrale Bedeutung – nicht nur innerhalb der Theorie reflexiver Modernisierung. Mittlerweile ist die Nichtwissens-Thematik von der Soziologie aus ganz unterschiedlichen theoretischen Perspektiven aufgegriffen worden. Es bietet sich daher an, auf dieses Thema näher einzugehen (A.IV.).

# 4. Grenzkonstruktionen: die wissenssoziologische Perspektive

Die Thematik der Grenzziehungen wird für die Theorie reflexiver Modernisierung nicht zuletzt dadurch interessant, weil diese aufgrund ihrer starken These eines Epochenbruchs auf Kriterien zur empirischen Überprüfung angewiesen ist. Ein zentrales Argument lautet, dass die Moderne in jenem Moment reflexiv wird, wo es infolge wissenschaftlich-technischer Entwicklungen zu einer Auflösung gewohnter Denkkoordinaten und Grenzziehungen kommt. Solche Grenzziehungen, die fundamental für das Selbstverständnis der Moderne sind, weil sie sowohl Handlungs- und Entscheidungsressourcen als auch Mechanismen der Verantwortungszuschreibung darstellen, sind zum Beispiel die Differenz zwischen Natur/Gesellschaft, Leben/Tod oder gesund/krank. Eine für die Theorie reflexiver Modernisierung ganz zentrale Frage lautet dementsprechend, ob sich im Kontext der Auflösung gewohnter Leitdifferenzen sowie ihrer notwendigen Reformulierung Tendenzen der Anerkennung von Pluralität, Ambivalenz und Dissens abzeichnen.

Grenzpolitik ist in der Beckschen Modernisierungstheorie also ganz wesentlich auf das Postulat einer Entgrenzung von Institutionen und Leitdifferenzierungen bezogen. Entgrenzungen, das heißt die Auflösung oder Pluralisierung kategorialer Unterscheidungen (Viehöver et al. 2004), gelten in dieser Perspektive als ein Indiz für die Herausbildung einer »zweiten« Moderne. Infolge ungesehener oder auch verdrängter Konsequenzen der Modernisierung beginnen die Grundlagen einer vormodernen Moderne brüchig zu werden, was sich in dem Spannungsverhältnis zwischen ihren Basisprinzipien (Ordnung, Wachstum, Sicherheit usw.) und dazu gehörigen Basisinstitutionen (positivistische Wissenschaft, Fordismus, Nationalstaat) ausdrückt (Beck et al. 2004: 20 ff.). Die wissenssoziologische Lesart der Entgrenzungsmetapher bezieht sich dementsprechend auf das Unscharfwerden kategorialer Unterscheidungen. Infolge wissenschaftlich-technischer Entwicklungen kommt es zu einer nicht-intentionalen Auflösung bzw. Pluralisierung etablierter und handlungsorientierender Grenzziehungen.

Für die Analyse von Entgrenzungsphänomenen ist die Humangenetik ein ergiebiges Feld. Im Fall von Chorea Huntington, einer monogenetischen Erbkrankheit, kommt das Basisprinzip von gesund/krank aufgrund der Differenz zwischen frühzeitig möglichem Diagnosezeitpunkt und spätem Einsetzen der Symptome in Bewegung. Ist derjenige, der noch keine Symptome zeigt, gesund – oder krank, weil er ja die genetische Disposition hat, die unausweichlich zum Ausbruch der Krankheit führen wird (Scholz 1995: 48)? Beispiel Brustkrebs: Zwar wird dieser Krankheit eine genetische Komponente zugeschrieben, ein strenger Kausalzusammenhang zwischen spezifischer DNA-Sequenz und Phänotyp ist jedoch nicht herstellbar.[30] Es ist also lediglich ein Erkrankungsrisiko prognostizierbar, dessen Größe weithin unklar ist (Lemke 2004: 71). Die Unterscheidung gesund/krank wird damit unscharf auf der Ebene der Ätiologie. Oder Beispiel Stammzellforschung: In dem ethischen Dauerstreit, der sich auf die Zerstörung von Embryonen als zwangsläufiger Folge der Züchtung von embryonalen Stammzelllinien bezieht, ist deutlich geworden, dass eine naturwissenschaftliche Bestimmung des Lebensbeginns nicht möglich ist. In den bioethischen Diskussionen hat man es in der Folge mit einer Pluralisierung der Leben/Tod-Differenz zu tun (Viehöver 2005).

Es erscheint recht plausibel, von einem Essentialismus der Grenzziehungen über weite Zeiträume und in vielen Handlungszusammenhängen auszugehen. Das heißt, die handlungs- und bewusstseinsrelevanten Grenzziehungen konnten im einfach-modernen Selbstverständnis als real erlebt werden. Schließlich waren bzw. sind verschiedene Vorstellungen – insbesondere die Idee der Vernunft oder das Bild von einer äußeren, abbildbaren Natur – konstitutive Bestandteile für die Herausbildung eines modernen Selbstverständnisses. Foucaults historisch orientierte Studien haben gezeigt, wie sich die Entwicklung und Selbstbehauptung von zentralen Institutionen der Moderne gerade über Abgrenzungsleistungen konstituierte. So bildete sich der Begriff einer (okzidentalen)

---

30 Man geht derzeit davon aus, dass Mutationen der beiden Gene BRCA1 und BRCA2 (»breast cancer«), die dem Schutz vor Tumorbildungen dienen, zum Ausbruch von Brustkrebs beitragen.

Rationalität ganz zentral über die Konstitution eines Krankheitsbildes »Wahnsinn« heraus (Foucault 1973). Auf dem biopolitischen Feld funktionierte die Rationalisierung des Codesystems von gesund/krank auf dem Hintergrund der *Geburt der Klinik* (Foucault 1988). In ähnlicher Weise konstituierte sich »Gesellschaft« als Vorstellung eines gestaltbaren Zusammenhangs über die Entgegensetzung zur Natur. Es handelte sich in dieser Phase der Selbstkonstituierung eines wissenschaftlichen Begriffsuniversums also um echte Fiktionen, die ihre Authentizität und Überzeugungskraft in dem Maße verloren, wie sie zum Gegenstand »archäologischer« Forschung in den Sozialwissenschaften wurden, wie sie im Zuge der Ideologiekritik oder einer konstruktivistisch informierten Wissenssoziologie als interessengeleitete bzw. einem verdinglichten Weltzugang entspringende Strukturbildungen analysiert wurden.

Vor diesem Hintergrund wird unter anderem die empirische Frage relevant, ob bzw. auf welche Weise die Vorstellung von »echten« Grenzen, von nicht-reflektierten Fiktionen, überhaupt noch aufrechterhalten werden kann. Nach Latour (2003) sind Grenzziehungen als Ontologisierungen immer schon Fiktionen gewesen, die allerdings aufgrund der Stabilität der kognitiven Grundlagen nicht als solche erkennbar wurden. Doch waren und sind derartige Unterscheidungen für Handlungssysteme, die funktional darauf verwiesen sind, zur Aufrechterhaltung von Routinen und des professionellen Selbstverständnisses zentral, da sie einerseits Abgrenzungen bzw. Hierarchien stabil halten, andererseits Wissensbestände »immunisieren«. Daher ist es der Theorie reflexiver Modernisierung zufolge naiv, in differenzierten Gesellschaften von einer Auflösung der Unterscheidungen in Beliebigkeit auszugehen. Es wird immer Arbeitskonstrukte für derartige Leitorientierungen geben.

Diese wissenssoziologischen Hinweise sensibilisieren für die handlungsleitende Bedeutung von Grenzziehungen in institutionellen Feldern wie der Medizin. Gerade der humangenetische Fortschritt fordert etablierte Grenzziehungen der Medizin heraus und lässt empirische Untersuchungen der Expertenpraxis mit Blick auf deren Grenzpolitik relevant erscheinen. In unserem Zusammenhang ergibt sich damit etwa die Frage, auf welche Weise neue Grenzen und Unterscheidungen etabliert werden, um professionelle Routinen auszubilden bzw. aufrechterhalten zu können. Außerdem stellt sich die Frage, in welchem Maße und mit welchen Konsequenzen den Experten die Künstlichkeit der Grenzziehungen – Grundlage ihrer Profession, ihres Status, ihrer kognitiven Autorität – bewusst ist.

# IV. Soziologie des Nichtwissens

Dem Begriff des Nichtwissens ist in den letzten Jahren aus unterschiedlichen gesellschaftstheoretischen Perspektiven eine gesteigerte Aufmerksamkeit zuteil geworden. So hat sich Beck (1996) im Zuge seines Versuchs, dem Konzept der reflexiven Modernisierung ein schärferes Profil zu verleihen, explizit auf die zunehmende Bedeutung des Nichtwissens in all seinen Facetten bezogen. Zuvor hatte bereits Luhmann (1992) auf der Basis einer konstruktivistischen Erkenntnistheorie dem Nichtwissen einen systematischen Ort in der Wissensproduktion zugewiesen. Gemeinsam ist daher beiden Autoren, dass sie das Nichtwissen zum expliziten Beobachtungsobjekt der Soziologie gemacht und darüber zur Emanzipation der vormaligen Residualkategorie Nichtwissen beigetragen haben. Das überrascht nicht so sehr, wenn man die oben referierte Debatte um Ungewissheit und die Überforderungen der Rationalität berücksichtigt (A.II. und III.)

Die folgenden Hinweise auf die soziologische Debatte um die Bedeutung des Nichtwissens erheben keinen systematischen Anspruch. Es handelt sich weder um einen umfassenden Literaturbericht, noch um einen kritischen Vergleich konkurrierender Ansätze zur Deutung dieses Phänomens. Es soll lediglich transparent gemacht werden, inwiefern die aktuelle soziologische Debatte um das Nichtwissen produktive Hinweise für die Präzisierung maßgeblicher Kategorien der empirischen Analyse gibt. In einem ersten Schritt wird dargestellt, dass die Aufwertung des Nichtwissens gerade im Kontext der Wissensgesellschafts-Debatte kein Zufall oder Widerspruch ist. In einem zweiten Schritt werden anhand zweier »Großtheorien« unterschiedliche Konzeptionen des Nichtwissens vorgestellt. Es handelt sich um Ulrich Becks Theorie reflexiver Modernisierung sowie die von Niklas Luhmann vertretene konstruktivistische Systemtheorie.

## 1. Nichtwissen in der Wissensgesellschaft

Die These einer zunehmenden Fragilität moderner Gesellschaften, wie Nico Stehr (2000) sie formuliert hat, macht uns vor allem eines klar: dass in Wissensgesellschaften gerade aufgrund der wachsenden Bedeutung von Wissen in allen Lebensbereichen und Institutionen gesellschaftliche Unsicherheiten und Nichtwissen immer stärker ins Blickfeld rücken. Wissensgesellschaften sind durch eine fundamentale Krise des Wissens charakterisiert; Wissen wird in modernen Gesellschaften nicht nur zu einem dominanten Produktionsmerkmal, sondern gleichzeitig zum Ausgangspunkt vieler Probleme. Die Kategorie des Nichtwissens erhält darum in aktuellen Konzepten der Wissensgesellschaft eine fundamentale Bedeutung.

Helmut Willke (2002) zufolge konstituiert sich Wissen in der Wissensgesellschaft – angesichts unbeherrschbarer Systemrisiken und globaler Vernetzung – gerade durch Expertise im Umgang mit Nichtwissen.[31] Dabei charakterisiert das Nichtwissen nicht einen vorläufigen Mangel an Wissen, sondern »eine prinzipiell nicht aufhebbare Ungewissheit« (ebd.: 11). Wenn Willke also von einer »Krisis« des Wissens spricht, meint er damit mehr als nur einen Glaubwürdigkeitsverlust oder eine Defizienz des Wissens. »Eine Krisis des Wissens entsteht deshalb im Kern dadurch, dass sich niemand auf das vorhandene Wissen verlassen kann, solange das komplementäre Nichtwissen nicht in gleicher Weise zur Kenntnis genommen und handhabbar gemacht ist wie das Wissen selbst. Die Krisis des Wissens bezeichnet die Unfähigkeit, mit Nichtwissen kompetent umzugehen.« (ebd.: 18)

Auch in wissenschaftssoziologischen Studien hat die Kategorie des Nichtwissens einen systematischen Ort bekommen. So hat Karin Knorr Cetina (1999) am Beispiel der Hochenergiephysik einen Wandel der naturwissenschaftlichen Erkenntnislogik beschrieben. Nachdem die Objekte der Beobachtung aufgrund ihrer physikalischen Eigenschaften virtuelle Gegenstände geworden sind und damit gewissermaßen zu Produkten der experimentellen Maschinerie, rekurrieren die Wissenschaftler notgedrungen auf verschiedene Formen des Selbstverstehens und der Selbstbeschreibung. Erkenntniswiderstände, Unschärfen, also die Grenzen des Wissens werden ins Zentrum der Analyse gerückt. Indem die Physik die vielfältigen Ursachen systematischer Verkennungen in die Reflexion integriert, »high energy experimental physics has *forged a coalition* with the evil that bars knowledge, by turning these barriers into a principle of knowledge« (ebd.: 64). An die Stelle einer »einfachen« Wissensgenerierung treten verschiedene Prozesse einer Spezifizierung von Nichtwissen. Damit wird das Tor für die Produktion von positivem Wissen aufgehalten.

Die Wissensgesellschaft präsentiert sich als eine Gesellschaft, die nicht einfach auf »Wissen« umgestellt hat, sondern – systemtheoretisch gesprochen – auf die »Form« des Wissens, das heißt auf eine (der Bezeichnung von etwas Bestimmtem vorausgesetzte) Unterscheidung, die gleichermaßen das Nichtwissen mitführt.[32] Wissensgesellschaften sind demnach zentral charakterisiert durch den akuten Bedeutungszuwachs

---

31 Systemrisiken sind neue, nicht mehr lokalisierbare oder personell zurechenbare Risiken, die aus »Risikovernetzungen« entstehen und im Regelfall zu Systemdestabilisierungen führen. Als Beispiele nennt Willke hier das Weltfinanzsystem oder das Internet.

32 Vgl. zum Begriff der Form Luhmann (1991: 23, 59 f.).

von Nichtwissen: Einmal in Form der systematischen Erzeugung von Nichtwissen und zweitens durch die Erzwingung eines aktiven »gesellschaftlichen Umgangs mit Nichtwissen« (Bechmann/Stehr 2000).[33]

Auch wenn die Kategorie des Nichtwissens erst in letzter Zeit zum Gegenstand systematischer Überlegungen und begrifflicher Präzisierungen geworden ist (vgl. Japp 1997, Wehling 2003b), lässt sich doch ein Interesse der Soziologie an diesem Thema bis zu dem Punkt zurückverfolgen, an dem Risikokontroversen und ökologische Krisenkommunikation die Grenzen wissenschaftlichen Wissens in den Mittelpunkt gerückt haben. Es ist daher nur folgerichtig, dass anfängliche begriffliche Spezifizierungen in engem Bezug auf die Begriffe von Risiko und Ungewissheit standen (Collingridge 1980, Wynne 1992, Funtowicz/Ravetz 1993). In thematischer Hinsicht hat sich dieser Bezug erhalten. Noch heute sind es in erster Linie Risiko- und Technikkonflikte im Zusammenhang mit schweren ökologischen und/oder gesundheitlichen Schädigungen, die zu empirischen Analysen der Nichtwissensthematik angeregt haben.[34] Obwohl diese Analysen auf zum Teil stark divergierenden theoretischen Basisprämissen basieren, ist ihnen eines gemeinsam: Sie gehen nicht mehr voraussetzungslos von der Funktionalität des Nichtwissens für den wissenschaftlichen Fortschritt aus. Die traditionelle Basisannahme, Nichtwissen führe mittel- oder langfristig, aber mehr oder weniger zwangsläufig zu neuem Wissen, gerät unter Druck.[35] Das Nichtwissen tritt damit nicht in erster Linie als Vorstufe zur Problemlösung in den Blick – eine Perspektive, die etwa Robert Merton (1987) mit seinem Begriff des »spezifizierten Nichtwissens« (»specified ignorance«) eingenommen hat. Mit der Fokussierung auf die Notwendigkeit einer Spezifizierung des Nichtwissens zur Generierung neuen Wissens rückte Mer-

---

33 Technikfolgenabschätzung (TA) lässt sich in dieser Perspektive als früher Versuch institutionalisierter Folgenantizipation verstehen, allerdings unter steuerungsoptimistischen Annahmen. Damit ist – wie etwa im Fall des WZB-Verfahrens über transgene herbizidresistente Pflanzen – die Annahme verbunden, dass die Experten die alleinigen Experten für Nichtwissen sind (vgl. van den Daele 1996). Die Grenzziehung zwischen Wissen und Nichtwissen erscheint in diesem Fall als ein kognitiver Prozess. Die Entwicklung einer partizipativen TA (Joss/Bellucci 2002, Abels/Bora 2004) lässt sich vor diesem Hintergrund als Versuch verstehen, die Grenzziehung zwischen Wissen und Nichtwissen nicht mehr allein den Experten zu überlassen, ein Prozess, den Funtowicz und Ravetz (1992: 273) als »democratization of knowledge« beschreiben.

34 Vgl. zum Fall der Chemikalienpolitik Böschen (2000), zur »Rinderseuche« BSE Dressel (2002), Japp (2002a), Tacke (2000).

35 In diesem Sinn bereits Douglas/Wildavsky (1983: 64): »(...) better measurement opens more possibilities, more research brings more ignorance to the light of day.«

ton vor allem das für weitere Forschungsbemühungen anschlussfähige
Nichtwissen in den Blick. Dauerhaftes, unüberwindliches Nichtwissen
blieb damit ausgeblendet.

Im Folgenden soll nun die Konzeptionalisierung des Nichtwissens in
jenen beiden »Großtheorien« thematisiert werden, in denen sie explizite
Berücksichtigung und eine bestimmte Präzisierung gefunden hat: in der
modernisierungskritischen Perspektive Beckscher Bauart einerseits und
der konstruktivistischen Perspektive Luhmannscher Prägung andererseits.

## 2. Nichtwissen und Reflexivität: die modernisierungskritische Perspektive

Auf den Begriff des Nichtwissens hat Beck (1996) rekurriert, um sein
Modell reflexiver Modernisierung von konkurrierenden Perspektiven
abzugrenzen (vgl. Giddens 1996, Lash 1996). Reflexiv wird die Moderne, so Beck, nicht aufgrund der Akkumulation und Globalisierung von
Wissen, sondern aufgrund der Anerkennung von Nichtwissen. Im Zuge
der Modernisierung entstehen Risiken und Gefahren, die – im Sinne
der Erhaltung des Status quo – nicht als systematisch erzeugte Moder-
nisierungsfolgen erscheinen dürfen. Für politische Reformen wird daher
der Kampf um die Definitionsverhältnisse entscheidend und damit die
Frage, wo die Grenze zwischen Wissen und Nichtwissen verläuft.

Bei Giddens ist dies etwas anders gelagert. Denn er bindet die Reflexivität der Moderne eng an die Diffusion und Zirkularität von Expertenwissen. Nicht das Nichtwissen ist hier der Motor reflexiver Modernisierung, sondern verschiedene Mechanismen, die ganz allgemein als
Globalisierung und Institutionalisierung des Wissens unter den Bedingungen zeit-räumlicher Entbettung zu fassen sind (vgl. Giddens 1995:
28 ff.). Damit erscheint Reflexivität als ein durchgängiges Merkmal der
Moderne. Mit der Ausbildung einer »institutionellen Reflexivität« wird
die Moderne schließlich von jenen radikalen Konsequenzen erfasst, die
als Tendenz in ihr angelegt sind. Giddens – anders als Beck – postuliert
damit genau genommen nicht einen strukturellen Bruch innerhalb der
Moderne. Dies erspart ihm die Mühe des empirischen Nachweises eines
solchen Übergangs in die »zweite« Moderne. Auf der anderen Seite tritt
in seinem linearen Wissensmodell reflexiver Modernisierung die endo-
gene Krisenhaftigkeit der Rationalität nicht ähnlich profiliert hervor
wie bei Beck.

Reflexivität stellt sich nach Beck erst über den Umweg eines Wissens
über Nichtwissen her, wobei dieser Bereich des Nichtwissens als ein
statischer und objektiv »vorliegender« erscheint. In ähnlicher Weise wie
bei ihm Risiken als objektive, noch vor aller Diskursivierung vorliegen-

de Bedrohungen durch Großtechnologien erscheinen (Beck 1986), so erscheint nun der komplementäre Bereich des Nichtwissens als jener Bereich, der ungeachtet aller Wissenskonflikte immer schon existent ist, dessen Ausmaß jedoch abhängig ist von aktuell durchgesetzten Wissensbehauptungen.[36] Unüberwindliches und unvorhersehbares Nichtwissen – ein »Nicht-Wissen-Können« nach Beck (1996: 302) – findet in dieser Perspektive keinen systematischen Ort, und die Ursachen und Prozesse der Konstitution dieses Nichtwissens sind auch von nachrangigem Interesse. Ausgehend von der Prämisse eines gewissermaßen objektiv wissbaren Nichtwissens-Bereichs muss sich die Analyse vielmehr auf das Verdrängen und Ausblenden von Nichtwissen richten (»Nicht-Wissen-Wollen«). Dies impliziert die Gefahr einer intentionalistischen Verkürzung der Nichtwissensproblematik.

In seinem Versuch, die Beckschen Kategorien einer Differenzierung zu unterwerfen, die die genannten Probleme vermeidet, unterscheidet Wehling (2003b: 124 ff.) drei Dimensionen des Nichtwissens. Zunächst unterscheidet er gewusstes von nicht gewusstem Nichtwissen (Kriterium Wissen). Gewusstes Nichtwissen umfasst dabei jene vorläufigen Wissenslücken und Uneindeutigkeiten, über deren defizitären Charakter man schon sehr viel weiß. Nicht gewusstes Nichtwissen bezeichnet jene Phänomene, bei denen noch nicht einmal klar ist, was bzw. dass man nicht weiß. Auf einer zweiten Dimension ist die Unterscheidung zwischen temporärem und dauerhaftem Nichtwissen angesiedelt (Kriterium Zeit). Es ist, wie Wehling (2004: 73) anmerkt, nicht zuletzt für die Akzeptanz und Förderung von Forschung folgenreich, ob Nichtwissen als unüberwindlich oder als auflösbar, das heißt als im Mertonschen Sinne »spezifizierbar« und damit für weitere Forschung anschlussfähig erscheint. Die dritte Dimension des Nichtwissens bezieht sich auf das Kriterium der Intentionalität. Diese Unterscheidung zwischen bewusstem und unbewusstem (quasi unvermeidlichen) Nichtwissen macht die Becksche handlungstheoretische Perspektive stark. Nichtwissen wird als Konsequenz des Handelns und Entscheidens von Akteuren in den Vordergrund gerückt (was hat der Beschuldigte wissen können? was hätte er wissen müssen?) und damit in eine Perspektive, in der auch moralische Kategorien eine Rolle spielen.[37]

Instruktiv bei Wehling ist zweifellos der Versuch, den empirisch noch wenig angereicherten Begriff des Nichtwissens in systematisierender

36 Dieser erkenntnistheoretische Realismus, der letztlich doch von der »Erreichbarkeit« der Realität durch Beobachtung ausgeht, wird bei ihm auch durch die Argumentation unterstrichen, dass gerade das Ignorieren und Abstreiten des Wissens um industrielle Selbstgefährdungen zu einem Anwachsen der realen Gefahren führe (Beck 1996: 311).

37 So spricht Wehling (2003 b: 126) etwa von »fahrlässig aufrecht erhaltenem Nichtwissen«.

Absicht zu diskutieren. Seine relativ weit reichende Differenzierung des Begriffs richtet sich gegen die sparsame Typologie systemtheoretischer Prägung (vgl. A.IV.3) und zielt auf die Entwicklung eines umfassenden Forschungsprogramms. Es geht darum, den Entstehungs-, Kommunikations- und Verarbeitungsprozess von Nichtwissen analysieren zu können. Mithilfe dieser Begrifflichkeiten wird eine wissenssoziologische Reformulierung von Risikokontroversen möglich, und es wird sich anhand von empirischen Fallstudien zeigen, inwiefern dies weiter reichende Beschreibungsmöglichkeiten liefert (als ein erster Schritt Böschen 2002).

Gleichzeitig zeigt Wehlings Konzept Spuren des Beckschen Erbes. Das heißt, Nichtwissen wird einerseits als Konstruktions- und Zuschreibungsleistung begriffen; gleichzeitig bezieht sich das Nichtwissen auch auf quasi objektiv wissbare und damit vor allem Diskurs existierende Phänomene. Deutlich wird dies an Wehlings Beschreibung der Entdeckung des »Ozonlochs« (2004: 75 ff.), in dem Transformationen des Nichtwissens im Hinblick auf eine nachholende Erkenntnis von bereits eingetretenen Folgen untersucht werden (Auslöser: FCKW). Ein impliziter Rekurs auf den Beckschen Gefahrenrealismus bedingt die Gefahr, dass das Nichtwissen prinzipiell als ein überwindungsbedürftiges Defizit erscheint. Denn erst mithilfe des Wissens können Gefährdungen gebannt werden, die ohne dieses Wissen nur umso gefährlicher werden. Wenn Nichtwissen auf eine letztlich essentialistische Weise auf Wissensdefizite oder »Wissenslücken« bezogen bleibt (Wehling 2004: 69), gerät tendenziell aus dem Blick, dass es sich bei (Nicht-)Wissen um kontingente Konstruktionsleistungen handelt, die immer auch anders möglich sind – und zwar unabhängig von einem realen Wissensfortschritt.

## 3. Nichtwissen und der »unmarked space«: die konstruktivistische Perspektive

Luhmanns Analyse des Nichtwissens (1992) findet ihren Ausgangspunkt zwar auch in der Ökologieproblematik, zielt aber nicht auf Institutionenkritik. Ihre Radikalität erhält diese Analyse aus dem erkenntnistheoretischen Ansatz. Dieser postuliert eine radikale Differenz zwischen Beobachtung und Realität. Weil Beobachtungen (und Beschreibungen) auf Unterscheidungen basieren müssen, um Signifikanz zu erzeugen, wird die eine Seite der Unterscheidung fokussiert und damit zum Ausgangspunkt für weitere Operationen gemacht – die andere Seite bleibt notwendigerweise ausgeblendet. »Die Welt wird in einen markierten und einen unmarkierten Bereich eingeteilt« (Luhmann 1992: 155). Hinter diese Aporie kann der Beobachter nicht zurück: Indem er beobachtet, konstruiert er einen »unmarked space«, »weil er sich selbst nicht als Moment seiner eigenen Unterscheidung, als eine ihrer Seiten wieder finden kann« (ebd.). Der Beobachter produziert mit jedem Beobachtungsprozess eine ihm selbst nicht zugängliche Welt. In der Perspektive einer beobachtungsnotwendigen, weil signifikanzstiftenden Produktion eines »unmarked space« wird das Nichtwissen somit zu einem konstitutiven Bestandteil der Wissensproduktion. »Wissensakkumulation kann dann nur zu einer progressiven Reproduktion von Nichtwissen führen, nicht jedoch zu einer allmählichen Umwandlung von Nichtwissen in Wissen« (Luhmann 1995: 177).[38]

In dieser konstruktivistischen Perspektive wird jene für die klassische Wissenssoziologie prägende Differenz von Wissen und Interesse umgestellt auf die Unterscheidung von Wissen und Nichtwissen.[39] Das Nichtwissen bleibt damit nicht länger eine Residualkategorie der Soziologie. Vor diesem Hintergrund wird dann auch die Frage latent, wie die Gesellschaft, wie Institutionen oder Organisationen mit Nichtwissen umgehen, eine Frage, der Luhmann im Bereich der organisationssoziologischen Forschung nachgegangen ist (vgl. Luhmann 1992: 204 ff.).

An diese Konzeptualisierung des Nichtwissens, die dessen »Eigenwert« systematisch entwickelt und dessen Bedeutung für die modernen Selbstbeschreibungsformen der Gesellschaft (»Risikogesellschaft«) untersucht, hat Japp (1997) angeschlossen. Sein Bemühen gilt insbesondere einer Differenzierung und empirischen Anreicherung des – auch noch bei Luhmann – schillernden Begriffs des Nichtwissens.[40] Dabei unterscheidet er zwischen spezifischem Nichtwissen und unspezifischem Nichtwissen.

Spezifisches Nichtwissen entspricht terminologisch dem Beckschen »Noch-Nicht-Wissen«. Anders als Beck betont Japp (2002 a: 43 ff.) je-

---

38  Neben der konstruktivistischen Beschreibung des Nichtwissens lassen sich bei Systemtheoretikern allerdings auch »realistische« Bezugspunkte finden. Das Nichtwissen wird in dieser Perspektive als ein Produkt von Komplexität begriffen und damit gewissermaßen auf einer sachlichen Ebene angesiedelt. Dies wird bei Willke (2002) deutlich (vgl. Fn. 31), und gilt auch für Luhmann.

39  Unter der Voraussetzung einer repräsentationalen Funktion des Wissens und damit der Möglichkeit »richtigen« Wissens musste sich die wissenssoziologische Analyse auf das Interesse (die »Verzerrungen«) richten. Dieses Interesse lässt sich dann z. B. noch einmal nach dem Grad ihrer reflexiven Verfügbarkeit nach Strategie (»Machterhalt«) oder Ideologie (»Alltags- bzw. »Standpunkt«-Wissen) unterscheiden.

40  Zwar findet sich bereits bei Luhmann (1995) die Unterscheidung zwischen einem spezifizierten (»markierten«) und einem unspezifizierten Nichtwissen. Der soziologisch relevanten Frage, unter welchen Bedingungen auf welche der beiden Formen von Nichtwissen rekurriert wird und mit welchen Folgen, geht Luhmann jedoch nicht weiter nach.

doch die systematische Differenz zwischen Sachverhalt und Wissensform. Deren Überwindung bleibt stets eine vom Beobachterstandpunkt abhängige Konstruktionsleistung und schiebt damit die Frage der Anschlussfähigkeit in den Vordergrund: Die Uneindeutigkeit bestimmter Sachlagen kann erstens unter Rekurs auf bestimmte Normen und Bewertungen in einer Weise entschärft werden, die das Nichtwissen als ein kognitives Problem, nicht aber unbedingt als Anlass für einen politischen Konflikt kennzeichnet. In diesem Sinne ist spezifisches Nichtwissen ein Nichtwissen, das mittelfristig normalisiert, in »sicheres« Wissen übersetzt werden kann – auch wenn über die Art und Weise dieser Transformation ein erheblicher Dissens innerhalb der Experten bestehen kann. Andererseits ergibt sich im Fall des spezifischen Nichtwissens – einer Wissensform, die auf Vergleiche oder Wahrscheinlichkeiten rekurriert – die Möglichkeit, die Unsicherheiten herauszustellen und Risikoabwägungen einzufordern. Das spezifizierbare Nichtwissen »(ist) eine Grenze zwischen einer Option auf Erkenntnis oder einer Option auf Risiko (...), also ›derselbe Sachverhalt‹ kann im Kontext probabilistischer Erkenntnischancen oder aber im Kontext possibilistischer Risikobelastungen lokalisiert werden.« (Japp 1997: 305) Wenn man zur Verdeutlichung dieser Verzweigung den Begriff spezifisches Nichtwissen selbst heranzieht, könnte man sagen: die einen betonen die *Spezifität* des Nichtwissens, die anderen das *Nichtwissen* – je nach Unsicherheitsakzeptanz und dem Vertrauen in Wissenschaft und Technik.

Unspezifisches Nichtwissen ist eine Konstruktion, die die Geltungsansprüche sowohl von (Experten-)Wissen wie auch von spezifischem Nichtwissen zurückweist. Unspezifisches Nichtwissen ist eine Form gesellschaftlicher Selbstbeschreibung, in der die Unsicherheit als potenziell katastrophal markiert wird. Mit dem Hinweis auf nicht begrenzbare Schadensmöglichkeiten verknüpft sich die Forderung nach einem Vermeidungsverhalten, nach Unterlassung bestimmter (technischer) Optionen. Unspezifisches Nichtwissen als ein eigentlich anschlussloses Nichtwissen (wie soll man über etwas reden, über das man schlicht nichts weiß?) wird erst über die Kommunikation der »Katastrophe« (als Sinnbild des jeweils zu Vermeidenden) »sinnhaft zur Geltung« gebracht (Japp 2002 b: 436). Dies ist insbesondere dann der Fall, wenn neue, unbekannte Phänomene oder Entwicklungen als nicht auf wissenschaftliches Wissen rückführbar bzw. spezifizierbar gelten; wenn sie die Deutungsmöglichkeiten wissenschaftlichen Wissens prinzipiell transzendieren und damit als nicht durch die Wissenschaft berechenbar und beherrschbar gelten und darüber zur potenziellen Bedrohung werden bzw. gemacht werden können. Dieser Zurechnungsprozess stellt gewissermaßen eine *Entgrenzung von Nichtwissen* dar.

Die politischen Folgen dieser Entgrenzung im Fall von Wissens- und Technikkonflikten sind bekannt. Die Zurechnung auf unspezifisches

Nichtwissen schließt die Gefahr ein, dass die Laien – wie Helga Nowotny mit Blick auf die Autoritätsverluste der Experten konstatiert – ihre Loyalität gegenüber den Experten aufkündigen und die Exit-Option in Betracht ziehen. »Sie könnten sich aus dem Gespräch mit den Experten verabschieden und sozusagen in das politische System hinüber wechseln. In diesem könnten sie dann mit den Mitteln von Initiativen, Behördeneingaben, aber auch durch Demonstrationen, ihre Ansprüche an die Wissenschaft stellen und so Einfluss auf die Gesetzgebung und damit auf die Regulierung der Forschung nehmen.« (Nowotny 2005: 41 f.)

Eine Stärke der konstruktivistischen Position besteht sicher darin, das Nichtwissen als Koproduktionsphänomen und damit als logische Notwendigkeit begreifbar gemacht zu haben. Die soziologisch maßgebliche Frage ist dann freilich, wie Anerkennungsprozesse von (Nicht-)Wissen verlaufen, auf welche Weise (Nicht-)Wissensbehauptungen zu (Nicht-)Wissen werden. Mit großen Teilen der Wissenschaftsforschung kann man dann fragen, auf welche Weise eine Repräsentationsbeziehung zwischen »gereinigten«, dekontextualisierten Laborobjekten und der Natur-Realität hergestellt wird (z. B. Latour 2000: 36 ff.). Diese Prozesse wird man womöglich mit Wehlings differenzierterer Begrifflichkeit besser erfassen können.

Gerade Japps strenger Konstruktivismus vermag dagegen das – bei Wehling enge – Symmetrieverhältnis zwischen Wissen und Nichtwissen zu überwinden (das heißt, Wissenszuwächse erscheinen als Reduktion von Nichtwissen). Die Art und Weise der Zurechnung auf (Nicht-)Wissen ist letztlich eine Wertentscheidung, weil es die privilegierte Beobachterposition nicht gibt. Nichtwissen stellt demnach eine Konstruktionen mit allen politischen Optionen dar. Es gibt Fälle, wo die Akzeptanzschwelle für Nichtwissen so gering ist, dass sich die Warner und Kritiker reibungslos durchsetzen werden. In anderen Fällen jedoch, so lässt sich aus diesem Ansatz schließen, ist die Anerkennungsschwelle von Nichtwissen so hoch, dass dieses Nichtwissen nicht als Nichtwissen, sondern eher als unsicheres Wissen, vielleicht sogar als Wissen gilt – und zwar ganz unabhängig von einem Wissensfortschritt.

Schließlich rückt eine solche Perspektive das Nichtwissen nicht so sehr als kognitives Phänomen in den Vordergrund, sondern als soziales: Eine bestimmte Kommunikation, im Fall unspezifischen Nichtwissens »häufig mit (aggressiven) Betroffenenansprüchen verbunden« (Japp 1999: 30, Fn. 11), gilt hier als Indiz für eine bestimmte Nichtwissens-Zuschreibung. Damit werden auch jene Konflikte für die Kategorie des Nichtwissens zugänglich, in deren Mittelpunkt nicht unbedingt ökologische Risiken oder Gesundheitsgefahren stehen – eine Perspektive, die sich gerade diese Studie zur Humangenetik zunutze macht. Bevor nun im Anschluss an diese Überlegungen näher auf tragende Kategorien der empirischen Analyse eingegangen wird, sollen – im Vorlauf zur

Darstellung der Auswertungsergebnisse der Experteninterviews – einige methodische Fragen der Datenproduktion diskutiert werden. Eine solche Diskussion zielt darauf, die Nachvollziehbarkeit qualitativer Forschungsarbeit zu steigern.

# B
# Das Experteninterview:
## Methodologische und methodische Überlegungen zur Datenproduktion

Die vorliegende empirische Studie basiert auf teilstrukturierten Experteninterviews. Da dem Experteninterview immer noch der Ruf anhaftet, oft praktiziert, doch selten reflektiert zu werden, sind einige Vorbemerkungen zu dieser Erhebungsmethode angebracht. Mit den folgenden Ausführungen zu Methodologie und Methodik des Experteninterviews sind mehrere Ziele verbunden. Zunächst einmal soll – angesichts der dürftigen Literatur zum Experteninterview – der Nachweis geführt werden, dass das Experteninterview durchaus ein eigenständiges Verfahren rekonstruktiver Sozialforschung darstellt (Kapitel I). Zweitens soll auf Basis einer Kritik an gängigen Konzepten erfolgreicher Interviewführung die Bedeutung der Interaktionskonstellation im Interview herausgearbeitet werden. Gerade weil es den »one best way« der Gesprächsführung nicht geben kann und die Interaktionskonstellation variabel ist, muss die jeweils konkret realisierte Interaktionssituation hinsichtlich der Auswertung reflektiert werden. Die Rekonstruktion der in der Praxis realisierten Interaktionstypen ist darum ein wichtiger Schritt (Kapitel II). Diese methodische Reflexion ist die Basis einer plausiblen Interpretation. Das heißt, die Reflexion der Interaktionssituation ist die geeignete Strategie, um einen Begriff davon zu bekommen, worum es in den Interviews überhaupt »geht«, wovon die Gespräche handeln, was die Experten vermitteln wollen. Mit anderen Worten: Auf diese Weise wird methodisch der »Fluchtpunkt« festgelegt, von dem aus sich die Analyse entfalten lässt. (Kapitel III).

# I. Das Experteninterview als Instrument der Theoriegenerierung

Für den Nachweis, dass das Experteninterview durchaus als eine eigenständige qualitative Methode begründet werden kann, gilt es zunächst einmal, verschiedene Formen des Experteninterviews zu unterscheiden. Anschließend wird die weit verbreitete Vorstellung, es gebe eine (und nur eine) Idealform der Interviewführung, kritisiert. Ausgehend von der Kritik des wissenssoziologischen und der Entwicklung eines alternativen Expertenbegriffs lautet die Forderung, das »archäologische Modell« der Datenproduktion (das das Expertenwissen als einen »kontaminationsfrei« zu bergenden »Schatz« konzipiert) zugunsten eines Interaktionsmodells aufzugeben. Dahinter steht die Überzeugung, dass der Interviewer im Gespräch stets auf eine bestimmte Weise vom Experten wahrgenommen wird. In Abhängigkeit von diesen spezifischen Wahrnehmungen sind unterschiedliche Rollenverteilungen und Gesprächsverläufe möglich. Die Antizipation dieser potenziellen Vielfalt von Interaktionskonstellationen verhindert die methodisch kontraproduktive Hypostasierung eines bestimmten Interviewer-Ideals.

## 1. Experteninterviews – zwischen qualitativem und quantitativem Paradigma

### 1.1 Der methodologische Streit um das Experteninterview

Wer sich im Rahmen einer empirischen Studie die Aufgabe stellt, Experteninterviews auf eine methodisch reflektierte Art durchzuführen, sieht sich mit einem eigenartigen Phänomen konfrontiert. Denn obwohl die Bedeutung von Expertenwissen bei der reflexiven Umgestaltung moderner Industriegesellschaften kaum umstritten ist (vgl. Beck 1986, Giddens 1995, Bauman 1995: 239 ff.), die Literatur zu Expertenbegriff und Expertenstatus in den verschiedenen Teilarenen sozialwissenschaftlicher Forschung stetig anwächst[1] und das Experteninterview als Methode der Datenproduktion ohnehin längst eine prominente Rolle spielt, etwa im Rahmen industrie- und bildungssoziologischer, aber auch politologischer und pädagogischer Fragestellungen,[2] wird die methodische Reflexion

---

1 Vgl. etwa die Aufsatzbände von Hitzler/Honer/Maeder (1994) oder – aus interdisziplinärer Perspektive – von Schulz (1998).

2 Vgl. zusammenfassend Abels/Behrens (1998: 79 f.); Meuser/Nagel (1991: 441, 1997: 481 f.). Speziell zum Experteninterview in der Parteienforschung vgl. Schmid (1995), zu diesem Verfahren in der Sozialberichts-

auch heute nicht zu den vordringlichen Aufgaben gerechnet. Zwar wurden in den letzten Jahren einzelne aus der jeweiligen Forschungspraxis angeregte Aufsätze mit unterschiedlichen Stoßrichtungen und Systematisierungsinteressen publiziert.[3] Eingang in Methodenlehrbücher haben derartige Überlegungen bisher jedoch nicht gefunden. Lehrbücher oder Leitfäden zum Experteninterview sind Mangelware.[4]

All dies mag Anlass zu vertiefender und systematisierender Diskussion der methodischen Probleme und des Stellenwerts von Experteninterviews geben. Nach wie vor stehen hier konträre Positionen nebeneinander. Meuser und Nagel (1991) etwa haben für eine genuin im qualitativen Paradigma beheimatete Form des Experteninterviews plädiert. Die unterentwickelte Methodenreflexion erklärt sich aus ihrer Perspektive mit der mangelnden Anerkennung der spezifischen Stärke dieser Interviewform und der Persistenz einer Forschungstradition, die dem Experteninterview meist nur eine explorative Funktion zugesteht. Gegen diese Position ist eingewendet worden, dass es ein kodifiziertes Leitbild »des« Experteninterviews nicht gibt und nicht geben kann – oder wenn doch, dann müsse sich diese Kanonisierung in der methodologischen Überhöhung fallspezifischer Erfahrungen erschöpfen (Deeke 1995). Funktionsvielfalt und Kontextspezifität des Experteninterviews, die sich aus der flexiblen Handhabbarkeit dieses Erhebungsinstruments und der besonderen (und besonders störanfälligen) Gesprächssituation erklären (Trinczek 2005, Vogel 1995), scheinen aus dieser Perspektive jeden Versuch systematisch zu unterlaufen, der schillernden Physiognomie des Experteninterviews feste, unverwechselbare Konturen zu verleihen.

Zudem sind Expertenbefragungen weder auf qualitative Interviews beschränkt, noch dürfen sie – als teilstrukturierte Interviews durchgeführt – als genuine Repräsentanten des qualitativen Paradigmas gelten.

erstattung vgl. Meuser/Nagel (2005); zum Experteninterview in der öffentlichen Verwaltung vgl. Hägele (1995).

3 Vgl. insbesondere Brinkmann/Deeke/Völkel (1995). Vgl. zu forschungspraktischen Erfahrungen Voelzkow (1995), Meuser/Nagel (1994), sowie die Beiträge in Bogner/Littig/Menz (2005).

4 In Lehrbüchern, die sich dem quantitativen Paradigma zurechnen lassen, finden Experteninterviews allenfalls im Sinne ihrer explorativen, »ergänzenden« Funktion Erwähnung; vgl. z. B. Schnell/Hill/Esser (1999: 300). Derartige Qualifizierungen rekurrieren implizit auf die frühen Versuche einer methodologischen Konsolidierung des Interviews als eines »Beweismittels«; vgl. etwa Scheuch (1967) oder Koolwijk (1974). Aber auch bei Lehrbüchern zu qualitativen Forschungsmethoden sieht die Situation nicht grundlegend anders aus. Eine Ausnahme stellt Flick (1995) dar, der sich allerdings auf eine äußerst knappe Darstellung des frühen Aufsatzes von Meuser/Nagel (1991) beschränkt. Vgl. zu einer ausführlicheren Zusammenschau des Literaturstandes Bogner/Menz (2005 b).

Einerseits aufgrund fehlender Standardisierung und Quantifizierung der Daten mangelnder methodischer Kontrolle und eher impressionistischer Aussagekraft verdächtigt, erscheint das Experteninterview andererseits wegen der aktiven und zuweilen interventionistischen Gesprächsführung als zu enges Korsett, um die Relevanzstrukturen der Befragten »rein« zum Vorschein zu bringen. Ein Methoden-Hybride, der – trotz aller Hinweise auf die akut nachlassende forschungspraktische Relevanz von Paradigmenstreitigkeiten (vgl. Kelle/Erzberger 1999) – offensichtlich das Problem hat, beiden Welten anzugehören.

Im Folgenden werden daher drei dominante Formen von Experteninterviews herausgearbeitet. Dies vermag den je spezifischen Anspruch und Stellenwert des Experteninterviews, die in der Methodendebatte oft nur implizit verhandelt werden, deutlich zu machen. Dabei wird ersichtlich, dass methodische Generalisierungen nur für explizit im »interpretativen Paradigma« (Wilson 1973) angesiedelte Experteninterviews sinnvoll sind. Entsprechend dieser methodologischen Auffassung verstehen wir den Forschungsgegenstand nicht als einen sozialen Tatbestand und das Wissen darüber nicht als Resultat einer objektiven Erfassung bzw. passiven Perzeption von gegebenen Tatsachen (vgl. in diesem Sinne Durkheim (1961: 138 ff.)). Vielmehr korrespondiert dieser Forschungshaltung eine wissenssoziologische Perspektive, die die soziale Realität als durch Interpretationshandlungen hergestellte Konstruktion von Wirklichkeit begreift (Berger/Luckmann 1980), und wissenschaftliche Forschung, die die soziale Ordnung auf der Grundlage von Bedeutungen und Relevanzen analysiert, als aktiv-konstruktiven Herstellungsprozess (Schütz 1971). Derartige sozialkonstruktivistisch orientierte Basisannahmen (vgl. Knorr Cetina 1989) sind zentrale Bezugspunkte der anschließenden Diskussionen um Wesen und Wissen des Experten sowie die adäquaten Interaktionsstrategien im Interview.

## 1.2 Zu einer Typologie des Experteninterviews

Die in der Methodenliteratur zum Experteninterview zugrunde gelegten Begriffe des Experteninterviews variieren beträchtlich. Meuser und Nagels (1991) Zuordnung des Experteninterviews zum Paradigma interpretativer Sozialforschung, die aufgrund ihrer forschungspraktischen Orientierung nur folgerichtig war, wurde von Teilen der Kritik als vorschnelle Vereinnahmung eines methodologisch »neutralen« Erhebungsinstruments gewertet (vgl. Deeke 1995). Es ist offensichtlich, dass dieser Kritik ein konkurrierender Begriff von Experteninterview zugrunde liegt, der aber nicht systematisch expliziert wird.[5] Im Fol-

---

5 Deeke (1995) schlägt vor, den Begriff des Experteninterviews ausschließ-

genden wird daher eine Differenzierung der in der Methodendebatte dominanten Formen von Experteninterviews in Abhängigkeit von ihrer erkenntnisleitenden Funktion vorgeschlagen. Wir unterscheiden das »explorative«, das »systematisierende« und das »theoriegenerierende« Experteninterview.

(1) Das explorative Experteninterview dient sowohl in quantitativ wie auch in qualitativ orientierten Forschungsvorhaben zur Herstellung einer ersten Orientierung in einem neuen oder unübersichtlichen Feld, zur Schärfung des Problembewusstseins des Forschers oder auch als Vorlauf zur Erstellung eines abschließenden Leitfadens. Explorative Interviews dienen in diesem Sinne der thematischen Strukturierung des Untersuchungsgebiets und der Hypothesengenerierung. Explorative Experteninterviews sollten möglichst offen geführt werden, doch empfiehlt es sich schon aus Gründen demonstrativer Kompetenz, zumindest zentrale Dimensionen des Gesprächsablaufs vorab in einem Leitfaden zu strukturieren. Im Gegensatz zu den beiden anderen Typen des Experteninterviews wird hier nicht auf Vergleichbarkeit und Vollständigkeit der Daten abgestellt. Andererseits tragen auch jene in den »Kernbereichen« der Forschung angesiedelten Experteninterviews mitunter explorativen Charakter, wenn beispielsweise einleitende Bemerkungen und Rückfragen zum Untersuchungsgegenstand dazu dienen, eine angenehme Gesprächsatmosphäre zu schaffen oder aber Vorannahmen aus der Recherche zu überprüfen. Insofern verbindet sich die Typologie nicht mit einer bestimmten Gesprächsdramaturgie.

(2) Das systematisierende Experteninterview ist – darin dem explorativen verwandt – auf die Teilhabe an exklusivem Expertenwissen orientiert. Im Vordergrund steht hier das aus der Praxis gewonnene, reflexiv verfügbare und spontan kommunizierbare Handlungs- und Erfahrungswissen. Diese Form des Experteninterviews zielt auf systematische und lückenlose Informationsgewinnung. Der Experte klärt auf über »objektive« Tatbestände, erläutert seine Sicht der Dinge zu einem bestimmten Themenausschnitt usw. Der Experte wird hier also in erster Linie als »Ratgeber« gesehen, als jemand, der über ein bestimmtes, dem Forscher nicht zugängliches Fachwissen verfügt. Dieses wird unter Zuhilfenahme eines relativ ausdifferenzierten Leitfadens erhoben.[6] Freilich muss es sich bei systematisierenden Interviews nicht unbedingt um offene, qualitative Interviews handeln. Auch standardisierte Befragungen – wie

lich für jene Form von Befragung zu reservieren, die den Experten als Ratgeber und Quelle »objektiver« Information nutzt.

6 Um theoretische und praktische Aspekte des Leitfadens eingehender zu erörtern ist hier nicht der Platz. Vgl. hierzu aber Helfferich (2004: 158 ff.). Vgl. zu einer frühen Warnung vor einer schematischen, direktiven Anwendung des Leitfadens Hopf (1978).

sie zum Beispiel in der Delphi-Methode Anwendung finden – sind hier denkbar. Schließlich steht beim systematisierenden Experteninterview – anders als beim explorativen – die thematische Vergleichbarkeit der Daten im Vordergrund.

(3) »Theoriegenerierend« nennen wir jene Form des Experteninterviews, wie sie methodisch-methodologisch von Meuser und Nagel begründet worden ist.[7] In diesem Fall dient der Experte nicht mehr nur als Katalysator des Forschungsprozesses bzw. zur Gewinnung sachdienlicher Information und Aufklärung. *Das theoriegenerierende Interview zielt im Wesentlichen auf die kommunikative Erschließung und analytische Rekonstruktion der »subjektiven Dimension« des Expertenwissens.* Subjektive Handlungsorientierungen und implizite Entscheidungsmaximen der Experten aus einem bestimmten fachlichen Funktionsbereich bezeichnen hier den Ausgangspunkt der Theoriebildung.[8] Ausgehend von der Vergleichbarkeit der Expertenäußerungen, die methodisch im Leitfaden und empirisch durch die gemeinsame organisatorisch-institutionelle Anbindung der Experten gesichert ist, wird eine theoretisch gehaltvolle Konzeptualisierung von (impliziten) Wissensbeständen, Weltbildern, Routinen angestrebt, welche die Experten in ihrer Tätigkeit entwickeln und die konstitutiv sind für das Funktionieren von sozialen Systemen.

Dieses Verfahren zielt idealerweise auf Theoriegenerierung über die interpretative Generalisierung einer Typologie – in Alternative zum statistischen Repräsentativschluss der standardisierten Verfahren. Qualitative Forschung wird über das theoretische Sampling und die komparative Analyse als Prozess induktiver Theoriebildung entworfen, an dessen Endpunkt im Sinne von Glaser und Strauss (1998) die Formulierung einer »formalen« Theorie steht. Daher muss das theoriegenerierende Experteninterview dem an den Grundsätzen der interpretativen Soziologie orientierten Methodenkanon zugerechnet werden.

Damit ist nun zwar über dessen paradigmatisches Schicksal entschieden, es bleibt jedoch die Frage offen, inwiefern das theoriegenerierende Experteninterview eine spezifische, von paradigmatisch verwandten Interviewformen abgrenzbare Methode darstellt.[9] Der Einwand liegt

7 Vgl. zu einer ausführlichen Begründung des theoriegenerierenden Experteninterviews als einer spezifisch qualitativen Methode Bogner/Menz (2005a).

8 Dies schließt den Fall ein, dass die Eruierung der subjektiven Sinndimension analytisch auf die Rekonstruktion kollektiver Orientierungen und Deutungsmuster sowie sozialer Zugehörigkeiten abzielt.

9 Während die Abgrenzung zum fokussierten Interview (Merton/Kendall 1993) aufgrund dessen – der deduktiven Orientierung geschuldeten – Nähe zur quantitativen Methodologie noch verhältnismäßig leicht scheint, ist in der Erkenntnislogik des problemzentrierten Interviews (Witzel 1985) eine

nahe, Experteninterviews seien in unzulässiger Weise über den Forschungsgegenstand definiert und daher keine eigenständige Methode (vgl. Kassner/Wassermann 2005) – genauso wenig wie etwa »Laieninterviews« oder »Beamteninterviews«. Mit der anschließenden Diskussion des Expertenbegriffs soll deutlich gemacht werden, dass dieser Einwand zu kurz greift.

## 2. Wer ist ein Experte?

### 2.1 Der Expertenbegriff in der Methodendiskussion

In der Debatte um die methodologische Grundlegung des Experteninterviews lassen sich drei Zugänge zur Bestimmung des Experten identifizieren, die sich unterschiedlichen analytischen und normativen Perspektiven verdanken. Diese werden im Folgenden als voluntaristischer, konstruktivistischer und wissenssoziologischer Expertenbegriff bezeichnet. Dem Aufweis von methodischen Unzulänglichkeiten und inhaltlichen Widersprüchen einer ausschließlich auf die Wissensdimension des Expertentums kaprizierten Definition folgt zum Abschluss dieses Kapitels der Entwurf eines eigenen Expertenbegriffs, der sich an modernisierungstheoretische Überlegungen zur Anerkennungskrise des Experten anlehnt.

(1) Der *voluntaristische Expertenbegriff* hebt auf die Evidenz ab, dass jeder Mensch mit besonderen Informationen, Fähigkeiten usw. für die Bewältigung des eigenen Alltagslebens ausgestattet ist, so dass man im weiten Sinn von einem spezifischen Wissensvorsprung bezüglich privater Arrangements sprechen kann. Demnach wären prinzipiell alle Menschen zugleich Experten und zwar Experten ihres eigenen Lebens bzw. – wie Mayring (1999: 49) es in methodologischer Perspektive formuliert hat – »Experten für ihre eigenen Bedeutungsgehalte«. Dieser an eine unspezifische Wissensasymmetrie gebundene Expertenbegriff ist aus methodischer Perspektive kritisiert worden (vgl. Meuser/Nagel 1997: 484): Das Alltagswissen von Menschen, die in ihrer Gesamtperson von Interesse sind, könne auch durch narrative oder problemzentrierte Interviews abgefragt werden. Und auch aus Gründen

Kombination aus Induktion und Deduktion angelegt, die der des leitfadenstrukturierten Experteninterviews vergleichbar ist. Weil der Schwerpunkt des problemzentrierten Interviews auf der Rekonstruktion sozialisatorischer Prozesse liegt, macht sich die Differenz der Verfahren letztlich wohl an der durch die spezifischen Erkenntnisinteressen festgelegten Rolle der Befragten im Gespräch fest – und damit weniger anhand methodischer Kriterien als durch forschungspraktische Erfordernisse.

analytischer Differenzierung ist eine derartige Ausweitung des Expertenbegriffs nicht angezeigt.

(2) Die *konstruktivistische Definition*, die ihre übergreifende Charakteristik im Fokus auf die Mechanismen der Zuschreibung der Expertenrolle findet, lässt sich in einen methodisch-relationalen und einen sozial-repräsentationalen Ansatz unterscheiden.

Die methodisch-relationale Bestimmung des Experten reflektiert die Tatsache, dass bis zu einem gewissen Grad jeder Experte auch das Konstrukt eines Forscherinteresses ist, insofern man innerhalb einer Untersuchung begründet davon ausgehen kann, der ausgewählte Experte hätte relevantes Wissen über einen bestimmten Sachverhalt (Meuser/ Nagel 1997). »Experte-Sein« funktioniert in dieser Perspektive über die Zuschreibung der Rolle seitens der Akteure, die an Aufklärung und Informationen, an »objektivem« Faktenwissen interessiert sind.[10]

Die methodisch-relationale Definition erinnert daran, dass das Expertentum keine personale Eigenschaft oder Fähigkeit ist. Andererseits ist dem methodischen Konstrukt gewissermaßen ein »materieller Subtext« unterlegt, denn der Forscher ist in seiner Auswahl des Experten ja nicht völlig frei. Er greift in der Regel auf jene Leute zurück, die sich zum einschlägigen Thema in der Fachliteratur einen Namen gemacht haben, die in entsprechenden Verbänden und Organisationen arbeiten und mit prestigeträchtigen Positionen und Titeln dekoriert sind, weil damit eine gewisse Gewähr verbunden ist, dass es diese Experten sind, die »wirklich« entscheiden bzw. einen forschungsrelevanten Wissensbestand haben. Diese sozialen Ingredienzien verweisen auf die Verschränkung des relationalen mit dem sozial-repräsentationalen Ansatz.

Diesem sozial-repräsentationalen Ansatz zufolge ist Experte, wer gesellschaftlich zum Experten gemacht wird, das heißt, in der sozialen Realität als Experte angesehen wird. Der Experte lässt sich in dieser Perspektive als Exponent eines einflussreichen »Fachmenschentums« (Weber 1980: 576) beschreiben bzw. als Angehöriger der »Funktionselite« (Meuser/Nagel 1994: 181). Der sozial-repräsentationale Ansatz reflektiert zwar die komplexen und voraussetzungsreichen Definitionsleistungen, die dem »Experten-Sein« zugrunde liegen. Mit dem ausschließlichen Rekurs auf die gesellschaftlichen Parameter des Expertentums läuft er freilich Gefahr, einen elitaristisch aufgeladenen Expertenbegriff unkritisch zu übernehmen.

Wer (der gesuchte) Experte ist, definiert sich immer über das spezifi

10 Als forschungspraktische Konsequenz ergibt sich aus dem methodisch-relationalen Ansatz der Hinweis, dass sich innerhalb von Organisationen auch auf niederen Hierarchieebenen erfolgreich nach Experten suchen lässt. Nicht immer (oder sogar selten) sind Leitende in repräsentativer Position auch die gesuchten Experten.

sche Forschungsinteresse und die soziale Repräsentativität des Experten zugleich. In der Praxis bleibt der Konstruktivismus somit auf die Spezifizierung und Lokalisierung von forschungspraktisch relevanten Wissensbeständen verwiesen.

(3) Die *wissenssoziologische Fokussierung* des Experten ist in der Methodendebatte sehr einflussreich geworden. Das heißt freilich nicht, dass hier ein konsistenter Expertenbegriff vorläge. Ihre Einigkeit finden diese Ansätze jedoch daran, den Experten über die spezifische Struktur seines Wissens zu profilieren – sei es im Begriff eines als sicher, eindeutig und jederzeit reflexiv verfügbar verstandenen Spezialwissens wie bei Schütz (1972) oder in der Form eines komplex integrierten und konstitutiv auf die Ausübung eines Berufs bezogenen »Sonderwissens« (Sprondel 1979).[11]

Kritisiert worden ist sowohl die berufsförmige Verengung des Expertenbegriffs – mit Blick auf die Ehrenamtlichkeit außerparlamentarischen Engagements von Experten in sozialen Bewegungen – (Meuser/Nagel 1997) als auch die Vorstellung, Expertenwissen zeichne sich durch seine reflexive Präsenz und Explizitheit aus. Gerade die grundlegenden Relevanzen des Experten, das implizite Wissen, sind nicht unmittelbar verfügbar. In methodischer Hinsicht bedeutet dies, dass die impliziten Regeln des Routinehandelns, die Gewohnheiten und Entscheidungsmaximen nicht direkt abfragbar sind, sondern rekonstruiert werden müssen. In theoretischer Hinsicht bedeutet dies eine Ergänzung, nicht aber eine grundlegende Korrektur einer Expertendefinition, die im Wesentlichen über die Spezifizierung von Wissensformen geleistet wird.

Der Rekurs auf eine besondere Wissensstruktur oder Wissensform des Experten ist jedoch weder theoretisch befriedigend noch methodisch fruchtbar. Erstens erscheint ein Experte, der als *Besitzer* eines spezifischen (Mehr-)Wissens konzeptualisiert wird, als losgelöst von den gesellschaftlichen Bedingungen seiner Anerkennung. Weil diese von sozialen Parametern abhängt, die ihrerseits wandelbar sind, sollten nicht vorrangig real existierende Kompetenzdifferenzen den (gesuchten) Experten charakterisieren, sondern die *soziale Relevanz* seines Wissens. Darauf komme ich zurück.

Zweitens werden durch die Konzeption des Expertenwissens als eines »homogenen«, wenn auch implizit vorliegenden, »Wissenskörpers« die als Äußerungen der »Privatperson« erkennbaren Aussagen vernachlässigt.[12] Und schließlich verbindet sich dieses statische Modell

---

11 Vgl. zu einer funktionsspezifischen Differenzierung des Experten auch Hitzler (1994, 1998).

12 Meuser und Nagel (1991: 450) etwa werten die »privatistischen« Exkurse des Experten als Indizien eines verunglückenden Diskursverlaufs.

mit einer soziologisch unbefriedigenden Konzeptualisierung der Interaktionssituation, die ihr Ideal an einem »natürlichen«, »störungsfreien«
Kommunikationsprozess hat, in dem diese »Entität« zur Transparenz
gebracht werden soll. Aus methodischen Gründen erscheint daher eine
analytische Differenzierung des Expertenwissens angebracht.

## 2.2 Das Expertenwissen als »analytische Konstruktion«

Das Konzept eines »Sonderwissens« beruht auf der theoretisch problematischen Prämisse, Geltung und Generierung subjektiver Deutungen
und Relevanzen ließen sich als lebensweltlich und systemisch rein
geschieden denken. Dagegen lassen sich vermittels analytischer Differenzierung, die quer zu der traditionellen Unterscheidung von Alltags-
versus Expertenwissen liegt, drei zentrale Dimensionen des Expertenwissens bestimmen, die auch mit unterschiedlichen methodischen und
theoretischen Ansprüchen an das Experteninterview konvergieren:

Erstens das »technische« Wissen, das sich durch die Herstellbarkeit
und Verfügung über fachspezifische Grundlagen, Anwendungsroutinen
und Regelabläufe usw. charakterisiert. Dieses »technische« Wissen ist
noch am ehesten jener Wissensbereich, wo ein spezifischer Wissensvorsprung vorliegt, wo sich Expertenwissen aufgrund der Systematik und
inhaltlichen Spezifität vom Alltagswissen unterscheiden lässt.

Von diesem kann zweitens das »Prozesswissen« abgegrenzt werden,
das sich auf Informationen über Interaktionsroutinen, organisationale
Konstellationen sowie vergangene oder aktuelle Ereignisse bezieht, in
die der Experte aufgrund seiner praktischen Tätigkeit direkt involviert
ist oder über die er aufgrund der Nähe zu seinem persönlichen Handlungsfeld zumindest genauere Kenntnisse besitzt. Dieses Prozesswissen
hat im Gegensatz zum technischen Wissen weniger die Merkmale von
Fachwissen im engeren Sinne (wie es etwa über Bildungsabschlüsse
erworben werden kann), sondern ist praktisches Erfahrungswissen aus
dem eigenen Handlungskontext.

Das theoriegenerierende Experteninterview zielt drittens auf die Erhebung von »Deutungswissen«, also jene subjektiven Relevanzen, Regeln, Sichtweisen und Interpretationen des Experten, die das Bild vom
Expertenwissen als eines heterogenen Konglomerats nahe legen. Mit
der Rekonstruktion dieses Deutungswissens betritt man – altmodisch
formuliert – das Feld der Ideen und Ideologien, der fragmentarischen,
inkonsistenten Sinnentwürfe und Erklärungsmuster.

Das Expertenwissen als Deutungswissen wird also erst vermittels der
Datenerhebung und der Auswertungsprinzipien als solches hergestellt.
In diesem Sinn ist das Expertenwissen immer eine Abstraktions- und
Systematisierungsleistung des Forschers, eine »analytische Konstrukti-

on«.[13] Ebenso ist die vorgenommene Differenzierung zwischen den drei Formen des Expertenwissens weniger Charakteristikum der Wissensbestände selbst, sondern primär eine Konstruktion des interpretierenden Sozialwissenschaftlers. Ob eine Interviewäußerung als »technisches Wissen« aufzufassen ist, das nicht weiterer Interpretation bedarf, oder ob sie als Deutungswissen – das heißt als Ausdruck subjektiver Sinnkonstruktion des Befragten – zu gelten hat, ist kaum an der Äußerung selbst abzulesen.

Dieses Deutungswissen konstituiert im Allgemeinen gerade nicht einen spezifischen Wissensvorsprung des Experten. Für eine inhaltlich reiche Erhebung dieses Deutungswissens bedarf es daher der methodischen Integration des Experten als »Privatperson«. Schließlich erweist es sich letztlich erst in der Phase der Datenauswertung, ob die Relevanzen und Regelmuster des Experten nur über dessen Erklärungen aus dem professionellen Kontext oder aber auch über Kommentare aus der privaten Sphäre rekonstruiert werden können. Gerade diejenigen Passagen des Interviews, in denen Gemeinplätze und »Alltagsweisheiten« mobilisiert werden oder in denen mit Metaphern aus dem »privaten« Bereich argumentiert wird, sind häufig von besonderem Interesse.[14]

Die Abgrenzungen zu Interviewformen, bei denen das Augenmerk auf der Rekonstruktion von biographischen und Sozialisationsprozessen liegt, die also auf alternative Weise die »ganze« Person des Befragten zum Thema haben, sind trotz dieser Korrektur nicht zu übersehen: Das Experteninterview weist in der Regel eine klare thematische Zentrierung auf, die dem Experten in der Regel bewusst ist, weil er normalerweise über die Themenstellung der Untersuchung bereits vorab informiert wurde. Langwierige Abschweifungen in »private« Themenbereiche, die in keinem erkennbaren Zusammenhang zur Fragestellung stehen, sind nach aller Erfahrung auch bei eher offenen Formen der Interviewfüh-

13 Die folgende Argumentation für das Modell des Expertenwissens als einer analytischen Konstruktion ist unter dem Aspekt der methodischen Profilierung des theoriegenerierenden Experteninterviews zu lesen; vgl. Bogner/Menz (2001). Im Falle explorativer bzw. systematisierender Experteninterviews ist das Konzept eines »Sonderwissens« nicht problematisch. Es wäre unsinnig, diese »informatorischen« Experteninterviews in der Annahme zu führen, der Experte zeichne sich nicht durch einen spezifischen Wissensbestand oder Wissensvorsprung aus.

14 Abels/Behrens (1998: 81), die ebenfalls darüber reflektieren, dass der Experte in gewisser Weise immer als »ganze Person« am Interview teilnimmt, erwähnen nur, dass die methodische Abstraktion vom Subjekt zu narzisstischer Kränkung und damit zu einem ungünstigen Gesprächsverlauf führen kann. Damit reduzieren sie die methodisch problematischen Konsequenzen der Unterscheidung Experte/Privatperson auf ein psychologisches Problem.

rung äußerst selten. Ebenfalls überflüssig sind im Regelfall didaktische Kunstgriffe zur Anregung der Artikulation subjektiver Sichtweisen – es gilt oft eher den Experten zu »bremsen«. Diese Aspekte machen deutlich, dass eine Abgrenzung des Experteninterviews – etwa von biographischen Interviews – über die vorgängige Reduktion relevanter Wissensbestände auf funktionsbereichsspezifische Ausführungen des Experten zu weit gegriffen ist. Zwischen dem Befragten als »Experte« und als »Privatperson« ist nicht nur in der Praxis nicht klar zu trennen; es macht auch aus methodischen Gründen keinen Sinn.

## 2.3 Die soziale Relevanz des Expertenwissens

Bevor nun ausführlicher auf die methodisch problematischen Implikationen des wissenssoziologischen Expertenbegriffs eingegangen wird, sind Hinweise zur Frage notwendig, nach welchen Kriterien die interessierenden Experten in der Praxis ausgesucht werden und in welchen Positionen innerhalb organisationaler Geflechte sie real zu finden sind – Fragen, die auf die schwindende Tiefenschärfe des modernen Expertenbildes verweisen und denen wir mit Hinweisen aus der Debatte um die »reflexive Modernisierung« [15] nachgehen wollen, weil deren Fokussierung auf eine Anerkennungskrise des Experten fruchtbare Anregungen für eine Expertendefinition vermittelt.

Anerkennungskrise bedeutet in diesem Zusammenhang, dass die nach wie vor bestehende Hierarchie zwischen Laien und Experten heute nicht mehr auf traditionelle Weise gesichert werden kann, sei es durch professionalistische Distinktionspolitik oder kraft der Suggestivität des wissenschaftlichen Glücksversprechens. Das heißt nicht, dass es in der Gegenwart zu einer Nivellierung des Expertentums käme – im Gegenteil. Sowohl Giddens im Konzept der »Life Politics« (1991) als auch Bauman (1995) in seiner Kritik der ordnungspolitischen Expertenrationalität zeigen, dass es in der Moderne zu einer Relativierung des Expertenstatus bei gleichzeitigem Anwachsen der sozialen Bedeutung von Expertenwissen kommt (vgl. auch Hartmann/Hartmann 1982). Für den posttraditionalen Experten – das hat Beck (1986) in seiner Analyse der Bedeutungstransformation von Wissen und Wissenschaft unter dem Vorzeichen einer radikalen Vergesellschaftung der Natur herausgearbeitet – ist konstitutiv, dass er vermittels seines spezifischen Wissens politisch wirkmächtig wird. Demnach lassen sich Experten als Personen verstehen, die sich – ausgehend von spezifischem Praxis- oder Erfah-

15 Vgl. dazu näher Kap. A.III. In der soziologischen Debatte um Wesen und Funktion des Experten wurden diese Hinweise bisher allerdings nicht analytisch, sondern normativ angeeignet; vgl. Hitzler (1998).

rungswissen, das sich auf einen klar begrenzbaren Problemkreis bezieht – die Möglichkeit geschaffen haben, mit ihren Deutungen das konkrete Handlungsfeld sinnhaft und handlungsleitend zu strukturieren.

Dagegen ist den methodisch orientierten Beiträgen zur Diskussion um den Expertenbegriff bei allen skizzierten Unterschiede gemein, dass sie den »privilegierten Zugang zu Informationen« (Meuser/Nagel 1991: 443), also eine spezifische Zugriffsmöglichkeit auf bestimmtes Wissen, zum zentralen Kriterium für die Expertendefinition nehmen. In Anlehnung an die Theoretiker der »zweiten« Moderne lässt sich jedoch diagnostizieren, dass »Wissen« als Kriterium für die Bestimmung gesellschaftlich relevanter Expertise nicht ausreicht. In Untersuchungen, die auf das Deutungswissen der befragten Akteure rekurrieren, gilt es, den Aspekt der Gestaltungsmacht des Experten zu betonen.[16] Denn dieses Deutungswissen ist für die sozialwissenschaftliche Untersuchung nicht etwa deshalb interessant, weil der Experte dieses Wissen beispielsweise in besonders systematisierter und reflektierter Form aufweist, sondern *weil es in besonderem Ausmaß praxiswirksam wird.* Im theoriegenerierenden Experteninterview befragen wir Experten, weil ihre Handlungsorientierungen, ihr Wissen und ihre Einschätzungen die Handlungsbedingungen anderer Akteure in entscheidender Weise (mit-)strukturieren und damit das Expertenwissen die bereits angeführte Dimension sozialer Relevanz aufweist. Nicht die Exklusivität des Wissens macht den Experten für das deutungswissensorientierte Interview interessant, sondern seine Wirkmächtigkeit.

Der Begriff des Experten kann darum in methodischer Absicht auf folgende Weise definiert werden: Der Experte verfügt über technisches, Prozess- und Deutungswissen, das sich auf sein spezifisches professionelles oder berufliches Handlungsfeld bezieht. Insofern besteht das Expertenwissen nicht allein aus systematisiertem, reflexiv zugänglichem Fach- oder Sonderwissen, sondern es weist zu großen Teilen den Charakter von Praxis- oder Handlungswissen auf, in das verschiedene und durchaus disparate Handlungsmaximen und individuelle Entscheidungsregeln, kollektive Orientierungen und soziale Deutungsmuster einfließen. Das Wissen des Experten, seine Handlungsorientierungen, Relevanzen usw. weisen zudem – und das ist entscheidend – die Chance auf, in der Praxis in einem bestimmten organisationalen Funktionskon-

---

16 Dieser Aspekt schimmert in der Methodendebatte gelegentlich in konvergierenden Begriffsbildungen durch, die die interpretative Rolle des Experten betonen. Was bei Hitzler/Honer/Maeder (1994) mit »institutionalisierter Kompetenz zur Konstruktion von Wirklichkeit« umschrieben wird oder Sprondel (1979) als »Konstitution relevanter sozialer Beziehungen« bezeichnet, ist in dieser systematisch entwickelten Perspektive der Aspekt der Gestaltungsmacht des Expertenwissens.

text hegemonial zu werden, das heißt, der Experte besitzt die Möglichkeit zur (zumindest partiellen) Durchsetzung seiner Orientierungen. Indem das Wissen des Experten praxiswirksam wird, strukturiert es die Handlungsbedingungen anderer Akteure in seinem Aktionsfeld in relevanter Weise mit.

Diese Definition unterstreicht, dass das theoriegenerierende Experteninterview auf die Rekonstruktion und Analyse einer spezifischen Wissenskonfiguration zielt – es ist daher methodisch *nicht zu reduzieren auf ein qualitatives Interview mit einer besonderen sozialen Gruppe.* Nun muss sich die Brauchbarkeit des vorgeschlagenen Expertenbegriffs aber nicht zuletzt im Rahmen methodischer Überlegungen beweisen. Dies ist Gegenstand des nächsten Abschnitts.

## 3. Interaktionskonstellationen im Experteninterview

### 3.1 Vom archäologischen zum Interaktionsmodell des Interviews

Die Literatur zum Experteninterview orientiert sich in der Regel an einem bestimmten Ideal erfolgreicher Interviewführung, das man als »archäologisches Modell« bezeichnen könnte: Implizit wird von der Existenz kontextunabhängiger, »wahrer« und »eigentlicher« Einstellungen und Orientierungen ausgegangen, die auf einer Tiefenschicht der menschlichen Psyche angesiedelt sind und die möglichst in Reinform mittels geeigneter Interviewtechniken ans Tageslicht befördert werden sollen. Der Interviewer ist hierfür ein unumgängliches Instrument, zugleich aber auch Quelle von Fehlern und Verzerrungen, die den Prozess der »validen« Evokation und Rekonstruktion der »wirklichen« Werte behindert oder verfälscht, so die Vorstellung.[17]

Die Reflexion der sozialen Situation »Interview« geschieht im Wesentlichen anhand des Begriffs der »Interaktionseffekte«, mit dem

17 Dieses Modell, das zwischen dem (nie erreichbaren) Ideal und seiner stets mangelhaften Realisierung aufgrund situativer Effekte unterscheidet, herrscht selbst dort vor, wo die konkreten Handlungs- und Kommunikationsstrukturen im (quantitativen) Interview genauer untersucht werden, z. B. bei Lueger (1989). Vgl. zu einer konversationsanalytisch fundierten Kritik des »archäologischen Modells« bezüglich standardisierter Befragungen Houtkoop-Steenstra (2000). Kvale beschreibt die konventionellen Konzeptualisierungen des zu erhebenden Wissens im qualitativen Interview als »buried metal ...(which) is waiting in the subjects' interior to be uncovered, uncontaminated by the miner« (Kvale 1996: 3). Diese Kritik bleibt bei ihm für die Interviewstrategie und die Analyse der Interaktionssituation allerdings weitgehend folgenlos.

Gefährdungen der angestrebten Interaktionsstruktur sowie Verzerrungen und Abweichungen vom Ideal der anvisierten Interviewführung bezeichnet werden (vgl. Meuser/Nagel 1991, Vogel 1995, Krafft/Ulrich 1995). Die als »Störungen« apostrophierten situativen Effekte im Expertengespräch können jedoch nicht nur produktiv eingesetzt werden (vgl. Abels/Behrens 1998), sie sind konstitutiv für jeden Prozess der Datenproduktion. Allzu oft wird vergessen, dass Äußerungen – sowohl im Alltag als auch im Interview – nicht allein Äußerungen *von* irgendetwas sind, sondern immer auch Äußerungen *für* den konkreten Interaktionspartner. Sie sind von ihrer sozialen Dimension nicht ablösbar und somit also immer situative Äußerungen im Rahmen einer spezifischen Interaktionssituation, die von den Befragten – sei es unmittelbar bewusst oder auf der Ebene des »praktischen Bewusstseins« (Giddens 1988) – mitreflektiert wird, auf die die Befragten reagieren und die sie aktiv mitkonstituieren.

Dem »archäologischen Modell« wäre ein »Interaktionsmodell« des Interviews gegenüberzustellen. Im Folgenden soll nur eine Dimension des komplexen Interaktionsgeschehens im Experteninterview herausgriffen werden: Wenn Äußerungen immer in Relation zu einem in einer spezifischen Weise wahrgenommenen Gegenüber konstituiert werden, sind für die Strukturierung der Interaktionssituation die »erwarteten Erwartungen«, das heißt die Vorstellungen, die sich der Befragte anhand verschiedener Indizien und Vorkenntnisse sowie anhand der Kommunikationserfahrungen im Interviewablauf selbst über die möglichen Erwartungshaltungen des Interviewers/Forschers macht, von entscheidender Relevanz. In dieser Perspektive werden die sogenannten »Interaktionseffekte« als (notwendige) Bestandteile der jeweiligen Kommunikationsstruktur, die sich im Verlauf des Interviews verändern kann, analysiert.

Wir wollen nun drei ausgewählte, für Experteninterviews typische Interaktionssituationen skizzieren. Die folgende Typologie ist gleichermaßen Ergebnis einer analytischen Abstraktion von empirischen Erfahrungen wie auch der Auseinandersetzung mit der einschlägigen Literatur. Sie stellt einerseits eine praktische Kritik am »archäologischen Modell« dar; andererseits soll sie den theoretischen Rahmen skizzieren, in dem sich die anschließende Darstellung der konkret realisierten Interaktionssituation abspielt.

### 3.2 Die Wahrnehmung des Interviewers durch den Experten: Eine Typologie

(1) Wird der *Interviewer als Laie* wahrgenommen, gilt dies gewöhnlich als Ergebnis einer misslungenen Gesprächsführung. Trinczek zufolge müsse der Interviewer bei Expertengesprächen mit Managern selbst

Expertenstatus besitzen, zumindest aber dem Befragten nach Alter und Qualifikation »wenigstens halbwegs kompatibel und ›gleichwertig‹ erscheinen« (1995: 65). Vogel (1995: 80) moniert die »demonstrative Gutmütigkeit« mancher Interviewpartner und ihr Bestreben, die Gesprächsinhalte dem (scheinbar) unerfahrenen oder unterlegenen Interviewer diktieren zu wollen, was den Aufbau einer produktiven Gesprächsatmosphäre beeinträchtige. Allerdings ist es auch durchaus möglich, »gerade den an sich diskriminierenden Paternalismus in einer produktiven Weise für die Datenerhebung strategisch zu wenden« (Abels/Behrens 2005: 182).

Der Interviewer kann von Seiten des Experten sowohl als »*willkommener*« wie auch als »*unwillkommener*« Laie wahrgenommen werden. Im ersten Fall agiert der Experte als ein didaktisch orientierter Vermittler seiner Erfahrungen, Einstellungen und Wissensbestände. Dem Interviewer wird eine behutsame Einführung in die fachlichen Grundlagen des Untersuchungsgebiets und die sachlichen Voraussetzungen spezifischer Handlungsorientierungen geboten. Weil vom Interviewer keine konstruktiven Zwischenfragen erwartet werden, kann das Gespräch schnell monologartigen Charakter annehmen, dabei aber zugleich durch spezifische Erzählzwänge auch zu tieferen Ebenen des Expertenwissens führen. Im zweiten Fall hingegen werden Nachfragen des Interviewers vom Befragten als störende Unterbrechung gewertet. Der Interviewer wird durch Verweigerung einer dialogischen Gesprächsform in die Rolle des stillen Rezipienten gedrängt. Der Experte bringt ohne Rücksicht auf die spezifischen Bedürfnisse des Forschers seine knapp gehaltenen Ausführungen zu einem raschen Ende. Die Kommunikationssituation ist stark hierarchisch geprägt.

Diese Rollenverteilung beinhaltet Stärken und Probleme. Einerseits versprechen naive Fragen – gerade im Rahmen eines auf Theoriegenerierung zielenden Forschungsdesigns – die interessantesten und ertragsreichsten Antworten. Hat sich das Bild des Interviewers als eines Laien erst einmal im Verlauf des Interviews stabilisiert, bedeutet dies für den Befrager zudem eine erhebliche Entlastung, weil er nicht mehr gezwungen ist, seinen Expertenstatus demonstrativ unter Beweis zu stellen. Seine »Narrenfreiheit« eröffnet die Möglichkeit, Fragen zu stellen, die sonst eine Gefährdung des stabilisierten Erwartungsschemas bedeutet hätten. Auch ansonsten nur schwer zugängliches Wissen wird expliziert; dies nicht zuletzt deshalb, weil als naiv eingeschätzte Interviewer in der Regel als besonders vertrauensvoll angesehen werden (vgl. Abels/Behrens 2005). Es werden auch einfache vom Experten sonst vorausgesetzte Argumentationsmuster ausführlich dargestellt, was gerade für Deutungswissensanalysen fruchtbar sein kann. Die Nachteile der Kompetenzunterstellung als Laie liegen auf der Hand: Die Befragten langweilen die Forscher bisweilen mit endlosen Monologen über Irrelevantes, sie referieren Lehrbuchwissen oder ziehen sich auf Allgemeinplätze zurück. Nachfragen werden leichter ignoriert, die Strukturierung des Interviewverlaufs gerät tendenziell unter die Kontrolle des Befragten (vgl. Gillham 2000: 82). Und nicht zuletzt bedeutet die Einschätzung als Laien für den Interviewer häufig eine unangenehme Situation, in der er sich unterschätzt fühlt.

(2) Wird der *Interviewer als potenzieller Kritiker* eingeschätzt, wird ihm die Fähigkeit zur »objektiv-fachgerechten« Beurteilung der im Interview zur Debatte stehenden Sachverhalte und Themen abgesprochen. Der Interviewer gilt nicht als gewissenhafter Forscher mit wertneutralem Erkenntnisinteresse, sondern als ideologisch vorbelasteter Vertreter einer bestimmten unerwünschten Weltanschauung. Dies kann in offene Ablehnung des Interviewers umschlagen. Der Experte fühlt sich durch die Interviewfragen kritisiert, er glaubt die Integrität seiner Funktion oder gar seiner Person in Frage gestellt. In der Praxis sind Übergänge zu paternalistischen Formen der Einschätzung des Interviewers als Laien fließend. Wird als Ursache der Differenz der normativen Relevanzrahmen zwischen Befragten und Interviewern allein die Unkenntnis und Inkompetenz des Forschers vermutet, argumentiert der Befragte (ähnlich wie gegenüber dem »Interviewer als Laien«) oftmals wohlwollend bis herablassend, in der Überzeugung, den Interviewer durch seine Worte eines Besseren belehren zu können. Mit der Vermutung, der Interviewer trete als potenzieller Kritiker auf, haben Soziologen als Vertreter einer Profession, die nicht überall den Ruf weltanschaulicher Neutralität besitzt, insbesondere bei Untersuchungen in politisch oder ethisch umstrittenen Handlungsfeldern zu kämpfen.

Dass bei dieser Rollenerwartung die Nachteile für den Ertrag des Interviews in aller Regel überwiegen werden, scheint auf der Hand zu liegen. Mangelnde Antwortbereitschaft aufgrund fehlenden Vertrauens, das Bestreben des Befragten, das Interview möglichst kurz zu halten, mangelnde Unterstützung des Forschungsvorhabens (etwa bei der Vermittlung von weiteren Interviewkontakten) sind problematische Elemente dieser Interaktionssituation. Jedoch sollten auch die Vorzüge dieser Rollenverteilung nicht unterschätzt werden. Diese bestehen darin, dass der Befragte, wenn er sich in seiner Rolle als Experte herausgefordert fühlt, der Legitimierung der eigenen Handlungsorientierungen, Einstellungen und Deutungen üblicherweise breiten Raum einräumt, so dass die ansonsten eher implizit bleibenden normativen Prämissen der Argumentation klarer zu Tage treten können. Auf die konkreten Indizien und die Vorzüge dieser Interaktionskonstellation für unsere Analyse werde ich im nächsten Kapitel noch zurückkommen.

(3) Beruht die Rolleneinschätzung des Interviewers als potenzieller Kritiker auf der Annahme der Divergenz der normativen Orientierungen zwischen Interviewer und Befragtem, so ist Kern der Beurteilung

des *Interviewers als Komplizen* deren vermutete Identität. Hier wird der Interviewer als Mitstreiter in einem vermachteten Handlungsfeld angesehen. Er wird dadurch in besonderer Weise zur Vertrauensperson, der Geheimnisse anvertraut, verdeckte Strategien erläutert und vertrauliche Informationen mitgeteilt werden. Die Komplizenschaft wird in der Regel über die Definition eines gemeinsamen Kontrahenten hergestellt (vgl. Hermanns 2000: 365). Der Interviewer wird zum intimen Mitwisser in dieser Auseinandersetzung, deren implizite Regeln ihm offen gelegt werden. Dies geschieht in der Überzeugung der absoluten Ehrlichkeit und Diskretion des Interviewers. Insofern ist diese Zuschreibung besonders voraussetzungsvoll. In der Regel ist hier persönliche Bekanntschaft vor dem Interview vonnöten, so dass der Befragte über die normativen Einstellungen des Forschers bereits informiert ist. Diese Gemeinsamkeit wird im Interview in symbolischer Form ausgedrückt, etwa durch Duzen des Interviewers, den Verweis auf geteilte Erfahrungen und gemeinsame Erlebnisse usw.

Die Rolleneinschätzung als »Komplize« hat für das Interview unschätzbare Vorteile: Der Interviewer erhält Zugang zu vertraulichen Informationen, er kann auf die weitestgehende Offenheit der Antworten bauen, und er erhält dadurch Einblick in – über die offiziellen Programmatiken weit hinausgehenden – reale Strategien und Handlungsorientierungen. Problematisch ist allerdings, dass die normativen Prämissen weitgehend unexpliziert bleiben müssen. Die stillschweigende Übereinkunft über die Gemeinsamkeit zwischen Interviewer und Befragtem verbietet es geradezu, sie im Interview durch entsprechende Redeanreize in Frage zu stellen, da die langwierig stabilisierte Vertrauensbeziehung dadurch einseitig gebrochen würde.

### 3.3 Zur forschungspraktischen Bedeutung der Typologie

Die beschriebene Typologie ist selbstverständlich nicht erschöpfend (vgl. zu weiteren Typen Bogner/Menz 2005a). Auch schließen die Typen einander nicht aus. Zum Beispiel können sich Kombinationen von spezifischen Kompetenz- und normativen Orientierungszuschreibungen ergeben (etwa durch die Wahrnehmung des Interviewers als Laie *und* als Kritiker). Zudem ist die Interaktionsstruktur eines konkreten Interviews häufig nicht in seinem gesamten Verlauf einem oder mehreren bestimmten Typen zuzuordnen; vielmehr bilden sich im Gesprächsverlauf Erwartungen und Zuschreibungen, die anfangs auf vagen Vermutungen basieren, erst langsam heraus, werden stabilisiert oder revidiert.

Die Typologie zielt auch nicht auf die Identifizierung eines für »das« Experteninterview verbindlichen Kommunikationsideals. Die entscheidende Regel muss dahingehend lauten, dass die Gesprächsführung gerade in Relation zur tatsächlichen bzw. erwünschten Rollenerwartung und Kompetenzzuschreibung entworfen werden muss. Der »Kritiker« darf auch mal bissige Zwischenfragen stellen, der »Laie« kann bedenkenloser mit allgemeinen Erzählaufforderungen arbeiten, die Aufrechterhaltung der Rollenerwartung des »Komplizen« verlangt die permanente Bestätigung der Gemeinschaftlichkeit.

Allerdings wird es sich in der Regel empfehlen, vom Ideal des neutralen bis empathischen Interviews, wie es oft für qualitative Interviews propagiert wird, abzuweichen. Schließlich haben wir es bei Experten mit Gesprächspartnern zu tun, die gerade mit offensiven Gesprächsstrategien zur Artikulation ihrer Meinungen und Einschätzungen angeregt werden können. Und außerdem bleibt Neutralität im Interview letztlich unglaubwürdig, denn es ist anzunehmen, dass sich der Forscher mit dem Thema der Untersuchung bereits auseinandergesetzt und sich eine eigene Meinung gebildet hat.[18] Die Experten sind aufgrund ihrer alltäglichen Praxis gewohnt, kontroverse Positionen zu vertreten und sich kritischen Einwänden gegenüber zu rechtfertigen. Die Differenziertheit und Differenzierbarkeit der Interaktionsstrategien in Antizipation dieses spezifischen Selbstverständnisses von Experten markiert eine Grenze zu anderen Verfahren, die in ähnlicher Weise auf die Rekonstruktion subjektiver Handlungsorientierungen und impliziter Entscheidungsmaximen abzielen.

Der Zweck der Typisierung liegt nicht allein in der deskriptiven Analyse empirisch auftretender Interaktionssituationen. Vielmehr soll die Erinnerung an das notwendige Auftreten bestimmter Interaktionssituationen zu einer reflektierten Interviewpraxis beitragen. Denn es können bestimmte Kompetenzzuschreibungen gezielt provoziert und für das eigene Untersuchungsinteresse strategisch genutzt werden. Welche Rollenerwartung und Kompetenzzuschreibung vorherrscht, hängt von verschiedenen Faktoren ab wie etwa Alter, Geschlecht und Qualifikationsstatus, den eigenen Fachkenntnissen wie etwa der Beherrschung der Fachterminologie, der institutionellen Herkunft usw. Von vorrangiger Bedeutung sind jedoch die Art der Selbstdarstellung und die Präsentation des Forschungsinteresses sowohl im Interview als auch in den vorbereitenden Kontakten mit den Experten. Von diesen Faktoren sind selbstverständlich nur die letztgenannten durch den Forscher beeinflussbar. Es kann zwar kaum vorab die für ein bestimmtes Forschungsvorhaben »ideale« Rollenerwartung am Reißbrett entworfen werden (und oftmals werden in verschiedenen Untersuchungsstadien verschiedene

---

18 Vgl. zu einflussreichen Konzeptionen eines »qualitativen« Interviewstils Hoffmann-Riem (1980), Lamnek (1995b: 21ff.). Zu Ansätzen, die das Neutralitätspostulat explizit in Frage stellen vgl. Douglas (1985), Fontana/Frey (1998), Holstein/Gubrium (1999).

der beschriebenen Interaktionssituationen wünschenswert sein). Es lohnt sich aber durchaus, mit den Rollenerwartungen zu »spielen« und verschiedene Strategien der Selbstdarstellung und Gesprächsführung in den verschiedenen Interviews einer Untersuchung einzusetzen, um herauszufinden, welches die für das eigene Erkenntnisinteresse am besten geeignete Verfahrensweise ist.

Und schließlich: Wenn die Erhebungsdaten nicht als realistischer Abguss eines abstrakten, allgemeinen »Expertenwissens«, sondern auch als Variable der Interaktion verstanden werden müssen; wenn die Äußerungen der Befragten als Äußerungen gegenüber einer als mit konkreten Kompetenzen und Interessen vorgestellten Person konzeptualisiert werden – und somit als Äußerungen, die andere gewesen wären, hätte er sich andere Vorstellungen vom Interviewer gemacht –, dann muss dies auch im Auswertungsprozess berücksichtigt werden. Auf welche Weise die Reflexion der Interaktionskonstellation für die Auswertung fruchtbar gemacht werden kann, ist das Thema der nächsten Kapitel.

# II. Experteninterviews in der Praxis

Die folgenden Ausführungen beziehen sich zunächst auf eine Beschreibung des Feldzugangs, auf die Auswahl der Interviewpartner sowie den situativen Kontext der Experteninterviews. Anschließend werden – im Rekurs auf die oben entwickelte Typologie – verschiedene Interaktionsformen anhand einschlägiger Praxiserfahrungen rekonstruiert. Eine gehaltvolle Auswertung der Daten wäre ohne diese methodischen Vorüberlegungen nicht zu leisten. Denn sie führen zu einer Reflexion der Textsorte. Auf diese Weise lassen sich kurzschlüssige Gleichsetzungen von legitimatorisch geprägten Expertendiskursen mit substanzloser Kommunikation vermeiden, wie sie manchmal vertreten werden. Auf die theoretischen und praktischen Grundlagen der Datenauswertung wird im nächsten Kapitel eingegangen.

## 1. »Na, wenn Sie schon mal da sind«: Der dornige Weg zu den Daten

### 1.1 Der Feldzugang

Anhand eigener Erfahrungen mit einer Evaluation von Rationalisierungsmaßnahmen in der Sozialverwaltung haben Lau und Wolff (1983) die These entwickelt, dass eine nachholende Reflexion der Zugangsprobleme zum Untersuchungsfeld Rückschlüsse über dessen Struktur zulasse. Konkret sind die Autoren über ihre Beobachtung der Einstiegsrituale in den Betrieb zu der theoretischen Einsicht gelangt, dass Organisationen nicht träge, reaktive Organe sind, sondern durchaus aktiv in der Definition und Gestaltung ihrer Umwelt. Diese Überlegung ist insoweit für Experteninterviews fruchtbar, als auch hier beim Feldzugang unsichtbare Hürden zu überwinden sind. Nun soll deren Reflexion an dieser Stelle nicht organisationssoziologisch vertieft werden. Dem Strukturierungsvorschlag von Lau/Wolff folgend werden jedoch – auf Basis eigener Erfahrungen – zentrale Stationen bis hin zur Durchführung der Interviews aus methodischen Gründen dargestellt. Denn es ist ganz offensichtlich, dass Experteninterviews auch im Vorlauf ein wenig Expertenwissen vom Interviewer verlangen.

*a) Einstiegsphase:* In der Phase der Gesprächsanbahnung, die sich mitunter sogar über mehrere Vorgespräche hinziehen kann, ist nicht etwa eine möglichst abgerundete Darstellung des Forschungsprojekts, seiner leitenden Thesen und Fragestellungen von vorrangiger Bedeutung. Viel wichtiger ist eine gelungene Selbstpräsentation. Diese setzt sich zusammen aus einer schlüssigen Darlegung des eigenen institutionellen Hintergrunds, der Begründung des Forschungsinteresses sowie dem persönlichen Auftreten, sprich: der Sensibilität für Einwände und Anregungen durch den Experten. Das heißt, gerade für Experteninterviews gilt es, jene »bürokratische Kompetenz« (Lau/Wolff 1983: 421) zu erwerben, die notwendig ist für den erfolgreichen Nachweis, dass: (1.) das Forschungsvorhaben seriös ist, (2.) dem Interviewten/der Organisation kein Schaden entsteht (politisch, persönlich), (3.) eine gewisse Solidarität mit den Befragten und ihren Problemen vorhanden ist, (4.) die Studie rein wissenschaftlichen, nicht etwa Kontrollzwecken dient. Es hat sich im Verlauf der Interviews herausgestellt, dass das notwendige Maß an Vertrauen einerseits durch die institutionelle Anbindung des Interviewers hergestellt wurde. Zum anderen ist es von Vorteil gewesen, den grundlagentheoretischen Charakter der Studie zu betonen.[19]

Gerade im Fall von ethisch umstrittenen Technologien wie der Pränataldiagnostik ist man gut beraten, sich vorab ein Bild von der öffentlichen Kontroverse und den Standpunkten der medizinischen Fachgesellschaften zu machen. Daraus kann ersichtlich werden, welchen Vorbehalten sich die Experten ausgesetzt sehen, welcher Kritik ihre Praxis unterzogen wird und welche Konsequenzen sie daraus ziehen. Damit wird es gewissermaßen möglich, das eigene Forschungsprojekt mit den Augen des Experten zu sehen und erste Reaktionen auf die Interviewanfrage zu antizipieren. Andernfalls kann es im Prozess der Interviewanbahnung zu einigen Irritationen kommen, die nicht immer eine glimpfliche Auflösung finden, so wie in dem folgenden Beispiel, einem Spießrutenlauf in fünf Etappen.

Erste Etappe: Wenige Tage nach meiner schriftlichen Anfrage zum Interview erfolgt eine telefonische Nachfrage beim Experten A. Zu meiner großen Überraschung spreche ich mit einem Experten, der weder ein Gespräch kategorisch ablehnt noch zusagt. Vielmehr werde ich – A. ist einer der ersten Experte, die ich kontaktiere – völlig unvorbereitet einem Verhör unterzogen: Wer führt diese Untersuchung durch? Welche Organisation steht dahinter? Gibt es eine Pressepräsentation dieser Untersuchung? Wie ist die Stellung des Interviewers im Institut? Welche weiteren Experten werden interviewt? Für wen bzw. in wessen Interesse wird das Projekt durchgeführt? Es fällt mir schwer, eine strategische Linie zu finden. Will A. hören, dass es sich

---

19 So artikulierte etwa ein Experte bei unserem ersten Telefonat, das dem schriftlichen Ansuchen um einen Interviewtermin folgte, zunächst Unbehagen. Konkret fürchtete er Nachteile für seinen Berufsstand, da seiner Meinung nach vom Interviewer z. B. die Durchführung nichtindizierter Ultraschall-Untersuchungen aufgedeckt werden könnte. Mit dem Hinweis, dass die Studie nicht eine Evaluation sei und in keiner Weise politischen Charakter trage, konnte der Experte zur Teilnahme an einem Gespräch bewegt werden.

um eine große, wichtige Studie mit einigem Öffentlichkeitswert handelt, für die er seine wertvolle Expertenzeit nicht umsonst investiert? Oder sollte es sich besser um eine kleine, grundlagentheoretische Studie ausschließlich zu Qualifizierungszwecken handeln? Nach einem 15minütigen, ergebnislos verlaufenden Telefonat ist mir nur eines klar: Dass A. ziemlich misstrauisch ist und dass »Soziologie« kein gutes Passwort für den Zugang zu humangenetischen Forschungslabors ist. Zum Abschluss sagt A.: »Sprechen Sie mit meinem Kollegen B.« Zweite Etappe: Ich rufe B. an. Dieser geht bereits nach einem relativ kurzen Telefonat auf meinen Wunsch nach einem Interviewtermin ein. (Hernach, im persönlichen Gespräch, wird B. sagen: »Ich treff' mich lieber und schau' mir den an, der das macht; ich telefonier' nicht so lang wie A.«). Dritte Etappe: Zwei Wochen später besuche ich B. in dessen Klinikbüro. Eine halbe Stunde nach meiner Anmeldung im Sekretariat werde ich hereingerufen. Nach kurzen Begrüßungsworten beginne ich, meine Materialien (Leitfaden, Notizheft) auszupacken und das Diktiergerät zu positionieren. B. sagt: »Das können Sie gleich mal weggeben.« Bald wird mir klar, dass wir heute gar kein Gespräch zu der von mir gewünschten Thematik führen werden. Wir sprechen dagegen über meinen Arbeitgeber, über Ziele und Nutzen sozialwissenschaftlicher Technikforschung, mein Projekt, meine Frageschwerpunkte und mein Vorwissen zur Pränataldiagnostik. B. meint im Laufe des Gesprächs, er sei schon so oft »gelinkt« worden, zuletzt habe er Scherereien mit einem Interview für ein großes österreichisches Nachrichtenmagazin gehabt. Zum Abschluss diktiert B. die Auflagen, von deren Erfüllung er ein Interview abhängig macht: Die Interview-Fragen sind vorab per E-Mail vorzulegen und zweitens möchte er das Manuskript in der Rohfassung gegenlesen. Nicht um zu zensieren, sondern wegen möglicher »Fehler«, die auf den Autor – mich – zurückfallen würden. Nach 50 Minuten ist das Gespräch beendet. Vierte Etappe: Wenige Tage später sende ich eine zwei Seiten lange E-Mail an B. mit Fragen zur Qualitätssicherung und Organisation der Pränataldiagnostik. Ethische und sozialpolitische Fragen bleiben weitgehend ausgespart. Kurz darauf ergeht ein Rückruf von B. Er will angeblich sicher gehen, dass er mir beim letzten Besuch nicht eine bestimmte Visitenkarte überreicht hat, die auf der Rückseite einen handschriftlichen Vermerk trägt, der nur für ihn von Wert sei. In Wirklichkeit ein Identitätstest des Interviewers? Fünfte Etappe: Eine Woche nach meinem E-Mail erfolgt ein Rückruf von B. zur Terminvereinbarung. B. gibt mir zu verstehen, dass er und sein Kollege A. dieses Interview quasi arbeitsteilig führen werden, da beide eine in Grundsätzen gleiche Meinung zu den zentralen Problemen hätten. Man werde nacheinander den »Fragenkatalog abarbeiten«. Zeitlimit: 35 Minuten, »aber maximal«.

*b) Konsolidierungsphase:* Bei einer Expertenbefragung steht man vor der Aufgabe, das eigene Projekt auf »fremdem« Terrain etablieren zu müssen. Um eine ganze Reihe einander mehr oder weniger kollegial verbundener Experten zu interviewen, ist es dabei hilfreich, sich »Passierscheine« zu organisieren, das heißt die Akzeptanz und Förderung des eigenen Vorhabens durch die höchste Instanz sicherzustellen. In diesem

Zusammenhang sind die Gespräche mit den Spitzen der Organisation von entscheidender Bedeutung – auch wenn man davon ausgehen muss, dass das relevante Wissen womöglich eher auf mittleren Etagen zu finden ist (Trinczek 2005). Kliniken sind durch eine streng hierarchische Struktur geprägt, die Vorstände und Primarii haben in der Regel selbst zunächst »in der Praxis«, auf der Station gearbeitet. Das heißt, auch die Klinikchefs oder Abteilungsvorstände verfügen über relevantes Wissen, aber vor allem: Über die Interviews mit den Hierarchiespitzen ist auch der Zugang zu deren Assistenten und Mitarbeitern leicht zu organisieren. Oft erhält man ohnehin von – prinzipiell kooperationsbereiten – Mitarbeitern den Hinweis, man solle erst »beim Chef« vorstellig werden.

c) *Motivationsursachen:* Eine wesentliche Frage, die auch für die Analyse der Interaktionssituation von Bedeutung ist, lautet: Warum reden die Experten mit uns? Schließlich kosten Interviews Zeit, und die Befragten bekommen keine materielle Entlohnung für ihre Auskunftsbereitschaft.[20] Der Interviewer steht also vor der Aufgabe, dort Motivation zu schaffen, wo »sie primär fehlt« (Meulemann 1993: 113). Freilich ist dieses Dauerproblem der Interviewforschung im Fall von Experten noch leichter zu bewältigen als bei Massenumfragen in einer ungefilterten Öffentlichkeit. Schließlich darf man ein gemeinsam geteiltes, gleichsam begründungsfreies Einverständnis über die soziale Bedeutung von Forschung häufig voraussetzen. Gerade die Professionalität des Experten, der es oftmals gewohnt ist, öffentlichkeitswirksam und -nah zu agieren; das stille Bewusstsein seiner wissenschaftlichen und/oder politischen Bedeutung aufgrund seines hervorgehobenen Tätigkeitsbereichs oder persönlicher Leistungen; sein Wunsch, vermittels des Interviews – in wenn auch sehr beschränktem Ausmaß – zu wirken; seine professionelle Neugier an Thema und Fragestellung oder auch sein Interesse am Gedankenaustausch mit einem fachfremden Wissenschafter – das alles sind Faktoren der Sekundärmotivation, die die Interviewanbahnung und Gesprächsmotivation im Fall des Experteninterviews vergleichsweise einfach machen. Es gibt zumindest zwei weitere Faktoren, die in diesem Zusammenhang eine wichtige Rolle spielen. Dies ist zum einen die interne Konkurrenz der Experten, die einen gewissen »Zugzwang« freisetzt: Wenn bereits einige andere Experten an der Befragung teilgenommen haben, wird der Druck größer, auch den eigenen Standpunkt

---

20 Manchmal »bezahlt« man allerdings auch für die Zeit, die sich die Experten genommen haben. Z. B. in jenem Fall, als sich der Experte bei der Darlegung meines fachlichen Hintergrund an seine Vorlesungen zur Medizinsoziologie erinnerte und mir das Versprechen abnahm, ihm eine kommentierte Literaturliste zu aktuellen allgemein- und medizinsoziologischen Themen zu schicken.

zu präsentieren und im Rahmen der Studie zu verankern. Und ein zweiter Punkt, der zwar sehr wichtig ist, aber – aus Forscherstolz? – gern übersehen wird, ist der Faktor »Mitleid«. Nicht selten erklären sich die Experten zum Interview bereit, um zum Gelingen eines Projekts, einer wissenschaftlichen Qualifikationsarbeit bzw. zum erfolgreichen nächsten Schritt auf der Karriereleiter beizutragen.

## 1.2 Flexibilität ist Trumpf: Interviewverläufe

Experteninterviews sind anders. Gerade im klinischen Kontext bedeuten sie eine erhebliche Herausforderung an die Flexibilität und Kooperativität des Interviewers. Manchmal erfährt man erst zum Zeitpunkt seines Erscheinens in der Klinik von einem verschobenen Termin, dann finden die Interviews buchstäblich zwischen Tür und Angel statt, mit einem gehetzt wirkenden Mediziner, der während des Gesprächs fünfmal über Funk angerufen oder auch einmal zu einem Patienten gerufen wird; oder der, dank der kurzen Reflexionspause, die ihm ein Interview gewährt, unverrichteter Dinge über die Härten des Medizinerlebens referiert. Man sollte darauf gefasst sein, dass Interviewtermine in höheren Mediziner-Etagen den Charakter von Audienzen annehmen können – wo über Wünsche und Planungen des Interviewers frei verfügt wird und Nachfragen oder Einwände erstaunt (nicht) zur Kenntnis genommen werden. Ein wenig sportlicher Ehrgeiz und diplomatisches Geschick sind da für die Datensammlung durchaus vonnöten. Und damit sind nicht nur die entstehenden Wartezeiten gemeint, die allerdings beträchtlich sein können. So betrug die Wartezeit im Vorlauf zu den Interviews denn auch bis zu eineinhalb Stunden, aber man sollte auch diese Tatsache nicht nur negativ bewerten. Nicht selten ist es nur das schlechte Gewissen der um Stunden verspäteten Mediziner, das überhaupt zu einem längeren und ertragreichen Gespräch führt. In jedem Fall gilt für die Planung und Durchführung von Experteninterviews: Zeit ist Trumpf, denn Zeitmangel gilt als sozial akzeptierte Begründung für Interviewverweigerung, und sie wird daher in der Praxis oft und gern in Anspruch genommen. Motto: »Ich würde ja gern mitmachen, aber es geht erst in drei Monaten, und das wird Ihnen nicht helfen.« Tatsächlich gab es einen Fall, bei dem schließlich sechs Monate, fünf Terminverschiebungen und zwei überflüssige Anreisen über 400 Kilometer mit der Bahn zwischen der ersten Kontaktaufnahme und dem Interview lagen. Und selbst dann, wenn man schließlich und endlich im Büro des Humangenetikers sitzt, ist damit noch nicht garantiert, dass tatsächlich auch ein Gespräch stattfindet.

Der Experte V. leitet unser Gespräch mit den Worten ein, dass es einen dringenden Fall, eine wartende Patientin auf der Station gebe. Er habe »eigentlich keine Zeit«. Mein Angebot, einfach einen neuen Termin zu vereinbaren, lehnt er ab, vielleicht aus Höflichkeit, vielleicht aber auch aufgrund der Tatsache, dass er sich gar nicht auf ein längeres Gespräch einlassen will und meint: »Na, wenn Sie schon mal da sind ...« Ohne eine Frage abzuwarten, bemerkt er, dass eine Diskussion über die Pränataldiagnostik »witzlos« sei, weil die öffentliche und politische Debatte völlig am Thema vorbei gehe. Gleichzeitig behauptet er, in Fragen der pränatalen Diagnostik kein Experte zu sein, obwohl er selbst ausgiebig zu bioethischen Fragen arbeitet und in tagespolitischen Debatten über Reproduktionsmedizin, Humangenetik und Klonen durchaus präsent ist. Ich versuche, das Gespräch auf ethische Fragestellungen zu lenken, doch es ist nicht möglich, auf diese Weise ein vertiefendes Gespräch zu stimulieren. Dabei ist V. nicht unwirsch oder unhöflich, im Gegenteil. Das Gespräch ist von seiner Seite durch ein freundliches Desinteresse gekennzeichnet. Während des Gesprächs ist V. die meiste Zeit in Bewegung, er geht in seinem Büro auf und ab, um Laptop und Reisetaschen für seine unmittelbar bevorstehende Dienstreise zu organisieren. V. testet während des Gesprächs die Funktionsfähigkeit des Computers, der die ganze Zeit über in Betrieb ist, kontrolliert das Design der Präsentationsfolien, richtet die Reisetasche her und schaut ständig auf die Uhr. Im Gespräch ergeben sich längere Pausen dadurch, dass er seine Konzentration voll auf den Bildschirm richtet. Kurze, knappe Antworten sowie Floskeln wie »Schauen Sie, es ist ja so ...« oder »Das werden Sie ja wissen ...« charakterisieren das Gespräch als eine für beide Seiten entbehrliche Veranstaltung. Dabei handelt es sich tatsächlich weniger um ein Gespräch als um eine Reihe lose hingeworfener Statements, die argumentativ gar nicht tiefer entwickelt werden. Dieser demonstrativ gutmütige Paternalismus ist von einer Gestik untermalt, die klar machen soll: wir sind nun am Ende des Gesprächs. Dabei schlägt er sich in einer Vorwärtsbewegung des Oberkörpers mit beiden Händen auf die Schenkel, dann breitet er sie über dem Kopf aus, um sogleich in ein breites, mir scheint: erleichtertes Lächeln zu verfallen. Das Interview dauert 18 Minuten. Es gibt keine Chance, auch nur die wichtigsten Fragen zu stellen. Die Qualität der Bandaufnahme ist schlecht. Der Experte war ja die meiste Zeit im Büro unterwegs gewesen.

Natürlich ein Extremfall. Wären alle Gespräche auf diese Weise verlaufen, gäbe es diese Studie nicht. Und es fanden auch durchaus hochkonzentrierte Gespräche statt, die die Experten sichtlich zum Anlass nahmen für eine Reflexion ihres Handelns; wo auf eine abwägende, zeitintensive und dialogisch orientierte Art und Weise die eigene Argumentation entfaltet wurde. Doch in der Regel sind Expertengespräche mit hochrangigen Medizinern nicht durch eine kontemplative Gesprächsatmosphäre charakterisiert. Nicht selten werden die Gespräche unterbrochen durch Kurzvisiten zu Patienten, durch Anordnungen für die Sekretärin oder auch von Arbeitsbesprechungen mit dem Team, die gern mal eine Stunde in Anspruch nehmen können. Fünf bis sechs Telefonate während eines 40minütigen Gesprächs sind keine Seltenheit. Da piepst abwechselnd der Klinik-Funk, das private Handy oder das Bürotelefon – und der Interviewer nimmt dankbar zu Kenntnis, dass er auf dieser Bühne rastloser Betriebsamkeit wenigstens für ein paar Minuten geduldet ist.

## 1.3 Auswahl und Befragung der Interviewpartner

Im Verlauf der Studie wurden insgesamt 31 Interviews mit Gynäkologen und Humangenetikern geführt, lediglich sechs Frauen waren darunter. Von diesen 31 Interviews wurden 27 vollständig transkribiert. Die Textmenge dieser 27 Interviews beläuft sich auf rund 550 Seiten (1 Seite à 32 Zeilen, Schrifttyp Times New Roman, 1,5-zeilig, linker Rand 3 cm, rechts 5,5 cm). 25 Interviews wurden für die Auswertung berücksichtigt. Diese Differenz zwischen Rohmaterial und letztendlicher Datengrundlage ergibt sich aus der Logik des Auswahlprozesses der Gesprächsteilnehmer. Die zu Befragenden hatten gleichermaßen über die für den Experten konstitutive Erfahrung, Kompetenz und Gestaltungsmöglichkeiten zu verfügen.

Nachdem die inhaltliche begründete Auswahl der Gesprächspartner in erster Linie auf jene Mediziner gefallen war, die in großen Spitälern oder Universitätskliniken entweder einer eigenen Abteilung für Pränataldiagnostik vorstehen bzw. dort leitend tätig sind oder aber in einer gynäkologischen Abteilung die pränatale Diagnostik organisieren (und evtl. durchführen), wurden zunächst Mediziner befragt, die an einschlägigen Zentren in den Landeshauptstädten beschäftigt sind. Weil das Hybridfeld der Pränataldiagnostik auf institutioneller Ebene in den Bereichen von Gynäkologie und Humangenetik angesiedelt ist, galt es also zuerst, unter den in Gynäkologie und/oder Humangenetik tätigen Ärzten die relevanten Experten herauszufinden. Dabei ist die Zahl der einschlägigen Experten in Österreich überschaubar. Nicht zuletzt aufgrund der modernen Informationstechnologien gestaltete sich diese Aufgabe als vergleichsweise einfach. Ein Blick auf die Homepages der jeweiligen Institutionen (Humangenetik-Institute bzw. Landes- bzw. Universitätskliniken) sowie ein Vergleich der dort vorfindbaren Namen mit dem Medline-Publikationsverzeichnis[21] garantierte einen ersten Zugriff auf maßgebliche Experten. Nachdem auf diese Weise der Einstieg in

21 PubMed, ein Service der US-National Library of Medicine, ermöglicht den Zugang zu über 11 Millionen der in Medline geführten Artikel und Abstracts aus 4500 biomedizinischen Zeitschriften bis zurück in die 1960er Jahre (www.ncbi.nlm.nih.gov/entrez/query.fcgi).

den überschaubaren, »inneren« Zirkel der Pränataldiagnostik-Experten geglückt war, konnten im Anschluss mithilfe des »Schneeballsystems« weitere Experten bestimmt werden.

Obwohl aus nahe liegenden Gründen nicht nur Wiener Pränataldiagnostiker an den einschlägigen Zentren, sondern auch Experten an den jeweiligen Kliniken und Universitätsinstituten in anderen Bundesländern (Salzburg, Innsbruck, Linz) einbezogen wurden, beschränkte sich das Sample aus unterschiedlichen Gründen zunächst auf 17 verwertbare Interviews. Aus ökonomischen Gründen schien es daher sinnvoll, weitere Interviews auf den Wiener Raum zu beschränken und daher die Gesprächspartner aus dem Bereich der niedergelassenen Ärzteschaft zu rekrutieren. Dies erfolgte aufgrund der in den vorausgegangenen Gesprächen erhaltenen Hinweise. Nur selten gab es hier wohlmeinende Ärzte, die zum Gespräch luden, dann aber nichts zu sagen hatten, sei es aus mangelnder Erfahrung mit der Pränataldiagnostik, sei es aus fehlender Motivation, sich auf das Thema überhaupt einzulassen. Die Niedergelassenen wurden im Sinne des theoretischen Sampling nachnominiert. Eine vergleichende Untersuchung von Klinikern und Niedergelassenen war nicht intendiert. Weder die Datenbasis noch die Fragestellung hätten dies erlaubt.

Die Experteninterviews wurden anhand eines Leitfadens durchgeführt. Der Nutzen des Leitfadens ergibt sich nicht allein aus seiner forschungsspraktischen Funktion als Gedächtnisstütze und Kontrollinstrument im Gespräch oder aus seiner methodischen Funktion als Katalysator von impliziten Wissensbeständen und subjektiven Relevanzsetzungen. Es sind bereits die Vorarbeiten zur Konstruktion des Leitfadens, die für den Interviewer hilfreich sind. Denn zum einen erfordert die Erstellung des Leitfadens eine theoretisch entwickelte Frageperspektive. Zum anderen ergibt sich darüber die Notwendigkeit einer Auseinandersetzung mit den relevanten Themengebieten bzw. mit dem einschlägigen Expertenwissen. Und schließlich lassen sich bereits auf der Ebene der Leitfaden-Konstruktion Weichenstellungen für die angestrebte Gesprächsstrategie vornehmen. Die Fremdwahrnehmung des Interviewers als »Laie« wird eher durch einen Gesprächseinstieg unterstützt, in dem sich der Interviewer über Nutzen und Grenzen verschiedener pränataler Diagnosetechniken informiert. Wer dagegen von vornherein die Streitfrage der Eugenik in den Mittelpunkt stellt, wird eher die Zuschreibung als »Kritiker« verstärken. Solche Akzentsetzungen lassen sich vornehmen. Es wäre freilich nicht möglich und auch gar nicht sinnvoll, den Gesprächsverlauf mithilfe des Leitfadens »steuern« zu wollen (vgl. Hopf 1978). Schließlich dient ein solches teilstrukturiertes Interview ja gerade der Ermöglichung einer flexiblen Reaktion auf die Relevanzen der Experten.

Das längste Interview dauerte zweieinhalb Stunden. Dies bedeutet 53 Seiten Text in dem oben angegebenen Format. Das kürzeste Interview dauerte 18 Minuten, in transkribierter Form sind dies sechs Seiten. Im Durchschnitt aber lag die Zeitdauer der Interviews zwischen 50 und 60 Minuten. Diese Zeitspanne markiert die reine Kassetten-Laufzeit, die Verweildauer in den Instituten, Kliniken und Ordinationen ging – wie beschrieben – oft weit darüber hinaus.

## 2. »Sie sind ja eh intelligent«: Interaktionssituationen

Die Auswertung von Experteninterviews muss entsprechend den methodischen Vorbemerkungen bei der Reflexion der Interaktionssituation ansetzen. Die konkrete Gesprächssituation ist der interpretatorische »Fluchtpunkt«, die Perspektive, unter welcher ein bestimmter Text gelesen werden muss. Die Reflexion der Interaktionssituation ist die geeignete Strategie, um einen Begriff davon zu bekommen, worum es in den Interviews überhaupt geht, wovon die Gespräche handeln, worauf das Bemühen der Experten gerichtet ist, was sie vermitteln wollen. Erst aufgrund dieser interpretatorischen Vorleistung kann eine Lesart der Texte entwickelt werden, die auch plausibel und nachvollziehbar ist. Schließlich ist gerade das zur »intersubjektiven Nachvollziehbarkeit« modifizierte Gütekriterium der Reliabilität einer der zentralen Standards qualitativer Sozialforschung (vgl. Steinke 1999).

Im ersten Teil wurden einige Formen von Interaktionskonstellationen beschrieben, die in Auseinandersetzung mit der einschlägigen Literatur entwickelt wurden. Im Folgenden wird nun dargestellt, welche Rollenverteilungen in der Praxis realisiert wurden. Es ist vorauszuschicken, dass die genannten Typen von Rollenverteilungen in der realen Interviewsituation weder in Reinform auftreten noch dass die Interaktion über die gesamte Länge des Interviews nur durch einen dieser Typen repräsentiert wird. Dennoch lässt sich im Rahmen der vorliegenden Untersuchung relativ deutlich eine Zuordnung der Interaktionsstruktur zu bestimmten Typen herstellen, und zwar anhand einer Analyse der Sondierungs- und Vorgespräche, der Begrüßungs- und Einleitungssequenzen im Interview bzw. über die Analyse der Gesprächssituation im Interview selbst.

### 2.1 Der Interviewer als Kritiker

Oft ergeben sich im Verlauf einer lockeren Konversation in der Einstiegsphase schon erste Hinweise auf die Rollenverteilung während des Gesprächs. Aufgrund beiläufiger Kommentare des Experten zur fachlichen Herkunft des Interviewers oder seiner Bemerkungen zur Darstellung der Humangenetik in den Medien lässt sich bereits früh ein relativ verlässliches Bild darüber gewinnen, wie der Experte das

Forschungsinteresse und die Einstellung des Interviewers zur Humangenetik einschätzt – und welche Position er dazu einnimmt. Die frühe Wahrnehmung derartiger Rollenkonstellationen ist hilfreich für eine flexible Interviewstrategie. Der Interviewer kann in Antizipation des erwartbaren Gesprächsverlaufs entweder den (Vor-)Urteilen des Experten entgegenzusteuern versuchen oder aber auch dessen Eindruck bestätigen. Nicht immer wird die Rollenverteilung so offensichtlich sein wie in dem folgenden Beispiel, das unschwer zu erkennen gibt, dass der Experte den Interviewer gleichermaßen als fachfremden Laien und ideologisch gefärbten Kritiker einstuft.

Unmittelbar nach der Begrüßung, während wir an seinem kleinen Bürotisch Platz nehmen, beginnt der Experte K. die Empirieschwäche der Soziologie zu thematisieren. Die Soziologen leisteten nichts weiter, als vorgefasste Meinungen zu bestätigen. »Ich weiß eh schon, wie das läuft«, sagt K., »die kommen hierher, tun so, als wären sie weiß Gott wie interessiert, und nachher schreiben sie, was sie immer schon geglaubt haben, und was uns dann auf den Kopf fällt.« Die Soziologie betreibe eine »beliebige Auftragsforschung«, in den Studien komme heraus, was herauskommen soll, sie habe deshalb »einen schlechten Ruf.« Die Soziologen würden sich »alles selbst beweisen«, schon auf dem 10-Prozent-Niveau hätten sie signifikante Ergebnisse. Dabei richte sich das Ergebnis nach dem Auftraggeber. So werde etwa das gesellschaftliche Problem des »Sozialparasitismus« per soziologischer Forschung so lange abgestritten, bis auch die Gewerkschaften die Existenz dieses Phänomens zugäben. »Und dann kommt auch sicher eine Studie, die das belegt.« Auch in der »Kernphase« des Interviews wird dieser implizite Vergleich zwischen echter (Natur-)Wissenschaft und weltanschaulich geprägter Sozialwissenschaft eine Rolle spielen. So zielen die Gegenfragen bzw. Korrekturen des Experten immer wieder auf eine »Überführung« der Unschärfe soziologischer Methoden. Greifbar wird dies in einer Diktion, die sich verstärkt an einer statistisch-mathematischen Terminologie orientiert; und zweitens (»konkreter bitte«) im Anspruch auf die Zuspitzung der Fragen im Sinne einer standardisierten, möglichst in »Ja/Nein«-Form zu beantwortenden Befragung. Schließlich, so lässt sich dies verstehen, geht es in einer wertneutralen Wissenschaft wie der Medizin um harte Fakten. Dieses wissenschaftliche Überlegenheitsgefühl wird durch Rhetorik und Symbolik unterstützt. K. redet leise, zuweilen unverständlich leise und über Strecken stichworthaft; er liegt weit zurückgelehnt in seinem Armsessel, die ausgestreckten Beine ruhen seitlich hoch gelagert auf einer offenen Schublade, die auf den Armlehnen abgestützten Unterarme halten den Oberkörper mühsam aufrecht – eine fast majestätische Zurückgezogenheit kennzeichnet diesen Experten, der quasi nicht erreichbar ist, sich außerhalb des vom Forscher anvisierten Gesprächsrahmens befindet. Mit verbindlichem Lächeln nimmt er die Fragen entgegen, mit denen er – in Kenntnis des Niveaus der öffentlichen und sozialwissenschaftlich geprägten Diskussion – ohnehin gerechnet hat. Auf das Thema »Eugenik« reagiert er mit einem gequälten Auflachen: »Die Frage hab ich eh schon erwartet«. Das

Gespräch gestaltet sich über weite Strecken als ein Lehrvortrag für einen Repräsentanten der ungenügend informierten und damit irrationalen Meinungen und Ängsten ausgesetzten Öffentlichkeit.

Die Annahme, die (zugeschriebene) Rolle des Kritikers sei prinzipiell kontraproduktiv, kann freilich nicht überzeugen. Erstens ist die Gefahr eines Gesprächsabbruchs sehr klein, wenn sich der Experte erst einmal zu einem Interview bereit erklärt hat. Und zweitens ist eine solche Annahme letztlich auch weltfremd. Jene denkbaren Vorbehalte und Vorwürfe an die Adresse der Humangenetik, die die Rolle des Kritikers im Interviewverlauf stabilisieren, sind den Experten in der Regel längst bekannt. Sei es, dass das sozialwissenschaftliche Wissen in den Mediendiskurs diffundiert, sei es, dass die soziologischen Analysen thematisch und theoretisch an den medialen Alarmierungsdiskursen orientiert sind – kritische Nachfragen sind den Experten bekannt und geläufig und manchmal sogar willkommen. So kann die (vermutete) kritische Position des Interviewers dem Experten zum Beispiel dazu dienen, im virtuellen Dialog mit bestimmten gesellschaftlichen Akteuren die eigene Position differenzierter herauszuarbeiten. Mit welcher Selbstverständlichkeit und Souveränität die Standpunkte der Medizinkritik in die diskursive Entfaltung der expertiellen Position einfließen können, demonstriert das folgende Beispiel. Hier diskutiert ein Experte die Frage, inwiefern ein Screening auf Down-Syndrom ethisch vertretbar und medizinisch sinnvoll ist. Die imaginierte kritische Öffentlichkeit stellt in diesen Passagen gewissermaßen die Kontrastfolie dar, auf der der Experte seine Argumentation entwickelt.

> Das ist sicher die Zukunft der Pränataldiagnostik, es wird in relativ absehbarer Zukunft ein Screening von allen Schwangeren technisch und auch finanziell tragbar geben. Und da ist jetzt sozusagen ein Aufschrei bei allen, sagen wir: fortschrittlichen oder medizinkritischen Kräften, der (2) in der Form nicht so ganz berechtigt ist. Ja? (...) Die Altersindikation wird akzeptiert, und es ist so ein Aufheulen durch die Bevölkerung oder durch die medizinkritische Bevölkerung, die sich diese Fragen überhaupt überlegt, gegangen bei der Vorstellung sozusagen »Pränatalscreening für alle«. Ja? Weil man hat sozusagen so fraglos die Indikation über 35 akzeptiert und hat gesagt: na, das ist ja noch akzeptabel. Aber das Screening dann für alle, da ist dann der soziologische Dammbruch oder da verändert es in der Gesellschaft dann wirklich etwas, ja? Und (3) das ist ja so nicht ganz richtig. (2: 6/44:72)[22]

22 Aus Gründen wissenschaftlicher Methodenstandards sind in Klammern Identifikationskennzeichen der Interviews angegeben, allerdings im Format von »Atlas-ti«, um die Anonymität nicht zu gefähren. Die Transkriptionsregeln finden sich im Anhang.

Den virtuellen Dialog mit den »medizinkritischen Kräften« könnte man als Versuch des Experten lesen, kritische Gegenfragen von vornherein zu vermeiden. Doch es steckt mehr dahinter. Die konkrete Form der Argumentation verweist auf die implizite Einschätzung des Experten: Dem Interviewer wird eine zumindest diffuse Affinität zu den erwähnten medizinkritischen Positionen zugeschrieben, denn nur vor dieser Hintergrundannahme kann die Rhetorik des Experten ihre Wirksamkeit entfalten. Hätte der Interviewer gar keine Ahnung von einer derartigen Kritik an der Pränataldiagnostik, wäre der Bezug darauf zur Abgrenzung der eigenen Position unbrauchbar. Dass der Experte implizit von einer festen Koppelung von Soziologie und Kritik ausgeht, wird durch den ungeläufigen Terminus »soziologischer Dammbruch« unterstrichen. Das (kritische) Motiv des »Dammbruchs« ist zwar in der medizinethischen Literatur sehr gut bekannt,[23] doch in der Verbindung mit einer akademischen Disziplin ist dieser Terminus ungewöhnlich und macht genau genommen auch wenig Sinn. Eher könnte hinsichtlich negativer sozialer Konsequenzen durch die Pränataldiagnostik noch von einem »sozialen« oder »gesellschaftlichen Dammbruch« gesprochen werden, auch wenn diese Differenzierung im Sinne der Argumentationsfigur wahrscheinlich überflüssig ist. Das heißt: Die eigentümliche Begriffskonstruktion des »soziologischen Dammbruchs« kann als (unbewusster) Ausdruck eines bestimmten Vorverständnisses von Soziologie verstanden werden. In dieser Konstruktion steckt also – neben der Spezifizierung einer Medizinkritik – eine implizite Etikettierung der Soziologie.

Es wird deutlich, dass die Rolle des Kritikers komplex ist, weil sie verschiedenen Anspruchserwartungen unterliegt und unterschiedliche Interaktionsdynamiken freisetzt. Es gibt nicht nur den *einen* »Kritiker-Typ«, der – aus der Perspektive des herausgeforderten oder überforderten Experten – mit seinen als aufsässig und unangenehm empfundenen Fragen den Experten in die Enge treibt. »Kritiker« zu sein ist insofern ein fragiles Arrangement, als diese Rolle aufgrund unterschiedlicher Interpretationen ganz verschiedene Reaktionsweisen des Experten freisetzen kann. Auch wenn der Interviewer von zwei Experten als Kritiker wahrgenommen wird, so sind doch unterschiedliche Reaktionen und Strategien und damit auch unterschiedliche Interviewverläufe vorstellbar. Die Rolle des Kritikers ist weder einfach eine »Bürde«, die man als Interviewer loswerden sollte, noch eine automatische Zuschreibung. Sie

23 Mit der Argumentationsfigur des »Dammbruchs« oder »slippery slope« wird in der Regel auf die erwartbaren negativen Konsequenzen einer an sich ethisch legitimen medizinischen Praxis hingewiesen, durch welche ein Verbot dieser Praxis legitimiert werden soll. Die bioethische Literatur zu Nutzen und logischer Haltbarkeit dieser Metapher ist umfänglich, vgl. etwa Ach/Gaidt (1994).

ist vielmehr ein sozial voraussetzungsvolles Arrangement, weil es eines bestimmten fachlichen und institutionellen Hintergrunds, bestimmter Frageformulierungen und Kompetenzen bedarf.

## 2.2 Der Interviewer als Laie

In Gesprächen mit Humangenetikern als »Co-Experte« aufzutreten, ist nicht nur unglaubwürdig, sondern wird auch an realen oder eingebildeten Statusdifferenzen scheitern. Auf der anderen Seite hat auch die – eher glaubwürdige – Rolle des Laien in der Praxis seine Grenzen. Man muss wenigstens ungefähr verstehen, worum es im Gespräch geht. Das mag trivial klingen, im Fall einer an Latinisierungen reichen Fachsprache jedoch, die von ihren Standesvertretern gern auch als Differenzierungsmerkmal gebraucht wird und darum unübersetzt bleiben muss, wird man auf ein entsprechendes Vorwissen nicht verzichten können. Denn hinter den Kaskaden von Fachtermini verstecken sich zuweilen bestimmte Positionsmarkierungen und Handlungsorientierungen. Nur ein kleines Beispiel:

> Je »softer« der Marker, desto weniger – kollektiv – von echten Problemen habe ich drinnen, desto mehr Komplikationen habe ich. Weil ich jetzt diese ganzen Soft-Marker-Gescreenten invasiv diagnostiziere, und desto viel mehr Verunsicherung habe ich. Ich bin also sehr, sehr skeptisch, in hohem Maße skeptisch diesen ganzen Soft-Markern gegenüber. Also Soft-Marker ist eine Plexus choroideus-Zyste, eine single umbilical artery. (1:45/158:165)

Mit anderen Worten: Ein gerütteltes Maß an Expertenwissen ist beim Interview die Voraussetzung dafür, überhaupt als Laie anerkannt und geschätzt zu werden. Außerdem kann nur ein ausreichend fachkundiger Interviewer auch in das Gespräch eingreifen, um bestimmte Ausführungen abzukürzen, andere Positionen einzubringen oder die hinter technischen Details und Vorgehensweisen stehenden Zielsetzungen und Motive explizit zu thematisieren. Ein Interviewer, der über weite Strecken nur still vor sich hin nickt, wird weniger als Laie eingeschätzt denn als Hofberichterstatter instrumentalisiert werden.[24] Außerdem fällt es den

24 In diesem Fall kann der Interviewer z. B. als Vermittlungsinstanz für die öffentliche Bewusstseinsbildung verstanden und dementsprechend instruiert werden. So resümierte etwa ein Experte prospektiv einen möglichen Nutzen der Studie: »Also wenn Sie da einen Push hineinbringen können, dass Medizin nicht nur in irgendwelchen sinnlosen, kultischen Untersuchungshandlungen besteht, sondern in Beratung, dann haben Sie auch was Positives erreicht.« (10:99/423:427)

Experten auf diese Weise auch leicht, das Gespräch in jenen Bahnen zu belassen, die sie am wenigsten angreifbar machen. In der Regel ist das die Ebene der technischen Details, der Diskussion um einschlägige Studien und Fachartikel zu eng abgezirkelten Problembereichen. Erst ein informierter und mit Maßen engagiert diskutierender Laie wird das Gespräch auf eine andere, deutungswissenrelevante Ebene bringen (was nicht heißt, dass sich auch ein solches Gespräch nicht als eine Abfolge von Monologen realisieren wird).

Indizien für die Realisierung einer Interaktionssituation, in der der Interviewer als Laie betrachtet wird, lassen sich bei meinen Interviews auf verschiedenen Ebenen finden. Auf der formalen Ebene spielen hier die Häufigkeit und Länge von vortragsartigen Passagen im Text eine zentrale Rolle. Der längste Monolog erstreckt sich in dem oben angegebenen Textformat über dreieinhalb Seiten, und Ausführungen über anderthalb Seiten sind keine Seltenheit. Auf der kommunikativen Ebene sind es insbesondere bestimmte »Regieanweisungen« der Experten, das heißt rhetorische Betonungen, Rückkopplungen oder Aufforderungen zum Nachfragen, die eindeutige Hinweise auf das Vorliegen einer solchen Interaktionssituation geben. Darunter fallen insbesondere Redewendungen wie: »Das ist jetzt wichtig, das müssen Sie verstehen« oder »Ist es mir gelungen, Ihnen das klar zu machen?« oder auch: »Aha, das ist Ihnen also geläufig«. Manchmal lässt sich auch an der Sprechweise oder an bestimmten Einleitungsfloskeln zur Beantwortung von Fragen auf die dem Interviewer zugedachte Rolle schließen. Das folgende Beispiel vereint beinahe alle genannten Indizien in einer idealtypischen Weise auf sich.

Nach einer Reihe von Sondierungsgesprächen hat sich A. zu einem Interview zusammen mit seinem Kollegen L. bereit erklärt. A., der sich als erster zum Interview begibt, spricht laut und schnell, wie ein Lehrer, der einem Nachhilfeschüler erneut das eigentlich längst Bekannte darlegen muss. Er ist knapp angebunden, so als wolle er in 15 Minuten einen Kompaktkurs zur Einführung in die Genetik absolvieren. Im Stil einer standardisierten Befragung ist er Fragender und Befragter zugleich: Er liest eine Frage aus der von mir ihm zugesandten Frageliste vor und geht dann unmittelbar darauf ein. Da er keine stichhaltigen Nachfragen erwartet, beendet er seine ausführlichen und mitunter didaktisch gehaltenen Erläuterungen mit der Überleitung: »Jetzt zur nächsten Frage.« Seine Einleitungsbemerkungen zu einzelnen Fragen (»ja, darauf gibt es eine objektive Antwort«, »das ist nicht neu, hier gibt es Zahlen«, »das ist auch gar nicht aufregend«) betonen die Normalität und Professionalität des ärztlichen Handelns. Ja, in seinen Ausführungen scheint mitunter die Gegenfrage mitzuschwingen: »Wie kann man das nur fragen bzw. sich dafür als Nicht-Mediziner interessieren? Ist doch nichts Besonderes, was wir hier machen.« Gleichzeitig machen die Experten klar, dass ihre Zeit für eine »Informationsweitergabe« nur von einem bildungsfähigen Sozialwissenschaftler mit dem entsprechenden Vorwissen beansprucht werden kann. So sagt etwa A. abschließend, unser Gespräch resümierend: »Ich glaube, wir haben doch einiges besprechen können. Sie sind ja eh intelligent.« Und später, bei der Übergabe der Frageliste an den eintretenden Kollegen L. gewandt: »Der hat schon was gelesen, der weiß schon ein bisschen was.«

Solchen Rollenzuschreibungen entkommt man nicht. Man muss sie vielmehr für die eigenen Zwecke zu nutzen versuchen. Es erscheint wenig aussichtsreich, sich als »Co-Experte« zu präsentieren oder in die Anonymität des »nur Fragenden« abzutauchen. Ersteres ist unglaubwürdig, letzteres schon deshalb kontraproduktiv, weil man eben an bestimmten Stellen des Interviews eine gewisse Kompetenz wird demonstrieren müssen. Gerade in Experteninterviews ist den Befragten bewusst, dass ihr Gegenüber sich mit dem Thema der Untersuchung bereits beschäftigt und sich eine eigene Meinung gebildet hat (vgl. Kaufmann 1999: 77). Das Beharren auf (scheinbarer) Neutralität wirkt eher wie das Verbergen der eigenen Position, wo »echte« Neutralität kaum vorausgesetzt werden kann. Zudem kann der Interviewer hier inhaltliches »Engagement« zeigen, das den Befragten im Gegenzug zum Darlegen eigener Wissensbestände und Informationen animiert.[25] Und nicht zuletzt ist ja auch die Wahl des Forschungsthemas von einem bestimmten Problemverständnis abhängig. Wie die Analysen des Feldzugangs gezeigt haben, gehen die Experten jedenfalls nicht davon aus, dass sozialwissenschaftliche Analysen ohne ein bestimmtes Interesse durchgeführt werden. Daher wird man gut beraten sein, »Farbe« zu bekennen oder zumindest zu reflektieren, dass dem fachfremden Interviewer ein bestimmtes Profil zugeschrieben wird. Das Offenlegen der eigenen Position, das heißt sowohl des Erkenntnisinteresses wie auch des eigenen thematischen bzw. fachlichen Standpunktes, kann für das erfolgreiche Gespräch wesentlich fruchtbarer sein als ein Versteckspiel.

## 2.3 Der Nutzen der Interaktions-Typologie für die Datenauswertung

Die Reflexion über die Art und Weise der Realisierung eines Interviews schafft die Grundlage für eine nachvollziehbare Interpretation der Daten. Diese Reflexion muss, wie beschrieben, den gesamten Prozess vom Vorlauf, über die Kontaktaufnahme mit den Experten und die Terminvereinbarung bis hin zur Realisierung des »Kerngesprächs«

25 Der oft zitierte »Eisbergeffekt« (Vogel 1995: 79) – der Befragte wirkt lustlos und desinteressiert und gibt Informationen nur spärlich preis – ist in der Praxis häufig auf unengagierte, positionslose Formen der Interviewführung zurückzuführen.

umfassen. Diese Reflexion bezeichnet insofern den Ausgangspunkt der Interpretation, als hier der »Fluchtpunkt« der Gespräche konstruiert wird, also jene Perspektive, unter welcher die Interpretation eines bestimmten Textes aufgenommen wird. Ein solches Vorgehen richtet sich praktisch gegen den oft geäußerten Verdacht, die Durchführung von Interviews müsse sich in der Produktion von »Artefakten« erschöpfen (sofern sie nicht lediglich zum Zweck der Abfrage überprüfbarer Fakten durchgeführt werden). Schließlich würde dem Interviewer von den Experten nicht die »Wahrheit«, also deren »wirkliche« Meinung vermittelt, sondern – zum Beispiel in Form einer professionellen Darbietung ihrer Bedeutung und Autorität – vielmehr ein Abguss ihrer strategischen Interessen.

Aus diesem Grund hat Pfadenhauer (1999) eine Analyse von Expertendiskursen aus »inszenierungstheoretischer Perspektive« vorgeschlagen. Expertentum muss diesem Ansatz zufolge als Resultat eines Interaktionsprozesses begriffen werden, das eine erfolgreiche Kompetenzdarstellung des Experten zur Voraussetzung hat. Der Experte muss Kompetenz für etwas demonstrieren, das sich nicht unmittelbar darstellen oder nachweisen lässt bzw. das nicht offensichtlich ist. Die Darstellung von Kompetenz spielt sich damit nicht im Bereich des Kognitiven, sondern des Symbolischen ab. Um als Experte gelten zu können, muss der jeweilige Rollenspieler Mittel und Wege finden, um sein Image als Experte aufzubauen. Ein solches Mittel kann etwa eine bestimmte Sprechweise sein oder eine entsprechende Büroausstattung. Kurz: Die Geltung als Experte setzt die Ausbildung eines Experten-Habitus voraus.

In theoretischer Hinsicht kann man fragen, ob ein solcher interaktionistischer Ansatz nicht systematisch die Aspekte von Macht und realer Hierarchie unterbewertet, die bereits im Hinblick auf den hier vorgeschlagenen Expertenbegriff hervorgehoben wurden. Warum eine erfolgreiche Kompetenzdarstellung zu Definitionsmacht führen soll, wie Pfadenhauer (1999: 279) dies formuliert, ist in dieser Form nicht recht einsichtig. Es liegt vielmehr nahe, dass die Kompetenzdarstellung ganz wesentlich nur im Kontext realer Machtverhältnisse denkbar und glaubhaft wird. Der inszenierungstheoretische Ansatz, der kritisch den Expertenstatus als individuelle Plausibilisierungsleistung begreift, wird an dieser Stelle affirmativ.

Aber auch in methodischer Hinsicht ist der Nutzen dieses Ansatzes begrenzt: Wenn es für empirische Untersuchungen von Expertendiskursen nur noch um die Frage geht, »auf welche Art und Weise und mittels welchen ›Techniken‹ es einem Akteur, der Professionalität beansprucht, gelingt, bei anderen glaubhaft den Eindruck von Expertenschaft zu erwecken« (Pfadenhauer 1999: 281), dann spielt genau das, was Experteninterviews produzieren sollen, nämlich die Legitimationen, Deutungen und Relevanzen des Experten keine Rolle mehr. Der Experte wird nur mehr als strategisch Handelnder zum Gegenstand der Forschung. Eine solche Perspektive macht die Durchführung von Experteninterviews letztlich überflüssig.

Im Gegensatz dazu wird hier davon ausgegangen, dass gerade der Legitimationscharakter von Expertendiskursen für eine wissenssoziologisch orientierte Analyse von Experteninterviews fruchtbar sein kann. Dass die Expertendiskurse über weite Strecken Legitimationscharakter trugen, legt die Reflexion der konkreten Interaktionssituation nahe. Im Fall des »Kritikers« war das Bemühen der Experten darauf gerichtet, den Interviewer von der Wertneutralität und Reflexivität der humangenetischen Praxis zu überzeugen. Der Fall des »unwillkommenen Laien« kam in diesem Punkt jenem des »Kritikers« recht nahe. Wurde der Interviewer als »willkommener Laie« wahrgenommen, stand das Bedürfnis der Experten nach Informationsvermittlung zunächst meist im Vordergrund. Über die Ebene einer Beschreibung der Organisation und Routinen der Expertenpraxis hinaus gerieten die Interviews mit zunehmender Dauer jedoch immer stärker auf die Ebene der Erklärungen und Deutungen, wenn zum Beispiel politische Rahmenbedingungen thematisiert oder Abgrenzungen zu anderen Experten und Praktiken vorgenommen wurden. Insbesondere die öffentliche Wahrnehmung der Humangenetik war ein Themenbereich, den die Experten aus einem Aufklärungsimpetus heraus oft anschnitten. Die spontanen thematischen Schwerpunktsetzungen und Exkurse der Experten verraten insofern immer auch etwas über Problemkonstellationen, in denen sich der Experte befindet bzw. glaubt, sich zu befinden. Und damit werden auch Legitimationen in Bezug auf den sozialen Kontext von Expertenpraktiken (Öffentlichkeit, Kritik) und die Relevanzen der Experten informativ.

Die Identifizierung von Legitimationsdiskursen als »Unwahrheiten« ist also voreilig. Das heißt nicht, dass es bei Experteninterviews nicht auch zu fruchtlosen Selbstinszenierungen oder Instrumentalisierungsversuchen kommen kann. Jedoch: Legitimationsdiskurse werden soziologisch gehaltvoll durch die Reflexion der konkreten Interaktionssituation. Wenn man rekonstruiert, unter welchem »Stern« die Kommunikation zwischen Soziologen und Humangenetikern steht, lässt sich exakter die Perspektive bestimmen, unter der die Interpretation der Daten aufgenommen wird. Es geht damit ganz zentral um die Frage, warum sich die Experten zu einem derartigen Diskurs gezwungen sehen. Die Annahme lautet, dass Legitimationen etwas über eine grundlegende Problemkonstellation verraten. Die Selbstwahrnehmung des Interviewers als Kritiker kann dann zu der Frage führen, was die Experten uns mitteilen wollen. Dies setzt die Suche nach einem »Leitmotiv« der Texte frei. Im Laufe der Auswertung ist daraus die Idee entstanden,

dieses Leitmotiv im Zusammenhang mit der Überforderung traditioneller Entscheidungsroutinen zu suchen. Eine Vielzahl von Textpassagen
ließ sich als Versuch der Experten lesen, die Pränataldiagnostik als eine
wissenschaftlich fundierte und moralisch verantwortungsvolle, als eine
ganz normale Medizin zu charakterisieren. Auf diese Weise wurden jene
Entscheidungsmaximen und Handlungsorientierungen interessant, die
mit der Aufrechterhaltung einer solchen Praxis in Verbindung gebracht
werden können. Die Interviews mit den Experten wurden demnach als
Auskunft darüber gelesen, wie die Experten argumentieren bzw. was sie
tun, um ihre wissenschaftliche Praxis »zum Funktionieren« zu bringen.
Diese Herausforderung markiert gleichzeitig jenes Leitmotiv, das den
eingangs erwähnten »großen Bogen« für die Textanalyse herstellt.

# III. Theoretische und praktische Grundlagen der Auswertung

Die Auswertung von Interviews kann nicht unabhängig von theoretischen und methodologischen Vorüberlegungen geschehen. Selbst wenn diese unexpliziert blieben, strukturieren Annahmen über die Gültigkeit und Geltung von Interviewaussagen, über die soziale Bedeutung von Interaktion (als Sinngebung oder »Verzerrung«) den individuellen Umgang mit den Interviewdaten. Daher geht es im Rahmen von Auswertungskonzepten immer auch um die methodische Kontrolle der Gültigkeit von Aussagen. Ohne jede Reflexion darauf, auf welche Weise in den Daten sich die »Wirklichkeit« bzw. ein Stück »Wahrheit« repräsentiert, bleibt empirische Forschung in der Naivität einer Abbildungslogik gefangen. Daher wollen wir zunächst die – quer zu den theoretischen und methodischen Verortungen liegenden – Wahrheitskonzeptionen untersuchen, die verschiedenen Formen qualitativer Interviews zugrunde liegen. Im Mittelpunkt des anschließenden Abschnitts stehen die Forschungsprogrammatik der Grounded Theory und die im Anschluss daran entwickelten Verfahren des Kodierens. Die Darstellung dieses Ansatzes folgt der Überlegung, dass die Grounded Theory im Rahmen qualitativer Designs in vielfältiger Weise forschungspraktische Anwendung und Bewährung gefunden hat. Die Kenntnisnahme dieses Ansatzes empfiehlt sich auch schon aus dem Grund, dass sich das von mir verwendete »Atlas-ti«, ein Programm zur computerunterstützten Auswertung qualitativer Daten, in Verfahrensablauf und Terminologie explizit an den Konzepten von Glaser und Strauss orientiert. Abschließend wird dann die Konzeption und Darstellung des Auswertungsprozesses erläutert.

## 1. Sagen die Experten die Wahrheit?

Die Schreckensfrage »Sagen die Experten uns die Wahrheit?« bzw. »Können Befragte lügen?« (Esser 1986) treibt quantitativ und qualitativ orientierte Autoren in gleicher Weise um. Und ihre Antworten darauf und die daraus resultierenden methodischen Kontrollstrategien schweißen sie zu einer »großen Koalition« zusammen. Im »archäologischen Modell« des Interviews hat diese Koalition ihren gemeinsamen »Koalitionsvertrag«. In diesem dokumentieren sich – bei allen Befehdungen um die Gegenstandsangemessenheit und Güte der Methoden im Detail – die Gemeinsamkeiten, nämlich eine bestimmte Interpretation des Befragtenverhaltens und der Aussagengültigkeit sowie entsprechende Anstrengungen zur Vermeidung von »Interviewfehlern«.

Konkret äußert sich diese Position darin, dass die Anwendung bestimmter Kunstgriffe in der Durchführungs- bzw. Auswertungsphase vorgeschlagen wird, um »wahre Werte« zu erhalten (z. B. Zusicherung der Folgenlosigkeit, Neutralität des Befragers usw.). Meuser/Nagel (1991: 466) etwa halten fest, dass die Experten dem Interviewer womöglich aus Eigeninteresse nicht die volle Wahrheit sagen und schlagen als eine pragmatische Lösung den Einbau eines impliziten Kontrollmechanismus vor: Vermittels mehrerer Experteninterviews zu einem bestimmten Themenhorizont soll sich die Stimmigkeit der Aussagen durch einen Vergleich von gleichartigen Passagen in der Auswertungsphase überprüfen lassen.

Das heißt, auf der Basis eines derartigen Objektivismus werden Strategien zur Vermeidung von »Interviewfehlern« sowie Kontrollmethoden von Artefaktbildungen diskutiert.[26] Das zugrunde liegende Modell der Aussagengenerierung ist dabei jenem der standardisierten Umfrage recht ähnlich. Das Antwortverhalten des Befragten erscheint als Resultat von »objektiven« Anteilen bzw. den authentischen Einstellungen des Befragten und »subjektiven« bzw. »interaktiven« Anteilen, das heißt, jenen im Rahmen der Interviewsituation mobilisierten Interessen und Erwartungen, die den »wahren Wert« überlagern und verzerren. Folglich gilt das Hauptaugenmerk der methodischen Kontrolle dieser »subjektiven« Anteile sowie – in der Auswertungsphase – der Suche nach den übersituationalen, »wirklichen« Einstellungen, deren Realisierungen im Gespräch an die Existenz einer stabilen personalen Identität geknüpft werden. In zugespitzter Form wird ein solcher Objektivismus durch Versuche repräsentiert, auf der Grundlage bestimmter theoretischer Konzepte die Möglichkeiten der Erzielung eines »wahren Werts« in Umfragen zu berechnen.[27]

26 Eine interaktionstheoretisch gewendete Variante eines solchen Objektivismus stellt der Ansatz von Ullrich (1999) dar. Mit dem »diskursiven Interview« zielt er auf die interaktive Generierung von individuell-situativen Ausprägungen von Deutungsmustern (»Derivationen«), ohne jedoch deren Bedeutung für soziales Handeln zu bemessen – es bleibt bei der Feststellung, dass diese Derivationen im Gespräch offensichtlich abrufbar sind. – Doch auch die Gegenposition, nennen wir sie die »relativistische«, bleibt theoretisch unbefriedigend. Im Mittelpunkt steht die Annahme, dass die Aussagen der Befragten kontingent sind, die »Wahrheit« sich eben als spezifische im Interaktionsprozess konstituiere. Im Extremfall heißt das: »... the respondent never lies« (Manning 1996: 315), was soviel heißt, dass jede Äußerung in ihrem spezifischen Interaktionskontext »wahr« ist, aber eben nur darin. Das bleibt theoretisch unbefriedigend, weil Bewusstseinsinhalte eben hinsichtlich ihres handlungsleitenden Potenzials in der Praxis von Interesse sind.

27 Vgl. aus handlungstheoretischer Perspektive Esser (1986), mit dem Er-

Bereits die Ausgangsfrage, ob Befragte lügen können, hängt das Problem erkennbar schief. Dass sie es können, steht außer Frage, aber ob dies die Soziologie interessieren muss, darf bezweifelt werden. Die Suche nach der Lüge als einem Bewusstseinsinhalt oder einer Disposition des Subjekts ist eher das Problem der Moraltheologie. Produktiver dürfte es sein, das Ausgangsproblem, ob Befragte lügen, zu übersetzen in die soziologisch bedeutungsvolle Frage, unter welchen Voraussetzungen die Befragten mit welchen Strategien operieren, um bestimmte Ziele zu realisieren und was dies impliziert. (Damit wird der Begriff der Lüge entbehrlich.) Dies nachvollziehbar zu machen heißt, ein Stück der Konstruktion sozialer Wirklichkeit zu analysieren. Was zunächst wie ein Gemeinplatz klingen mag, impliziert eine folgenreiche Neu-Interpretation der soziologischen Beobachtung. Denn die soziale Realität in dieser Weise als eine Struktur von Sinngebungen und Bedeutungen zu dechiffrieren heißt, eine Forschungshaltung aufzugeben, mit der der Soziologe als »Lügendetektor« operiert. Er muss sich vielmehr als ein Beobachter von Interaktionen verstehen, über die sich überhaupt erst die Unterscheidung von subjektiv und objektiv herstellt, die von den »Objektivisten« jeglicher methodologischer Herkunft gern in die Unterscheidung von Tatsache und Wert, Strategie und Wahrheit übersetzt wird. In den Worten Wolffs (1999: 21): »Es erweist sich grundsätzlich als problematisch, soziale Wirklichkeit nach ihrer subjektiven und objektiven Version zu unterscheiden, ist doch diese Unterscheidung selbst ein Ergebnis bzw. ein Instrument der alltäglichen Verordnung von Wirklichkeit, also keine analytische Ressource, mit der die Soziologie nach Belieben verfahren könnte.« In diesem Sinne muss sich auch eine Auswertungsstrategie an der Interaktionsordnung orientieren, nicht aber – einem verbreiteten Selbstmissverständnis der qualitativen Sozialforschung folgend – am Subjekt und damit an den »wahren Werten«.

## 2. Forschungslogik und Methodik datenbasierter Theorie

Im Vergleich zur quantitativen Datenanalyse »sind die Methoden, nach denen Datenmaterialien qualitativ analysiert werden«, schreibt Strauss (1998: 25), »noch in den Anfängen«. Nun gilt dies unter der Perspektive der Notwendigkeit einer aufzuholenden Präzisierung im Vergleich zu den quantitativen Verfahren; jenseits dieses Selbstmissverständnisses ist jedoch zu konstatieren, dass sowohl das methodische Problembe-

gebnis, dass eine stabile personale Identität eher zu wahren Antworten führt, fragile und inkonsistente Identitäten dagegen eher dem Einfluss der Situation unterliegen.

wusstsein wie auch die Zahl von Verfahrenstechniken in diesem Bereich in den letzten Jahren stark zugenommen haben.[28] Nicht zuletzt der starken Rezeption der Arbeiten von Glaser und Strauss, die unter dem Label »Grounded Theory« zu einer kodifizierten Methodik qualitativer Forschung geführt hat, kommt ein gewichtiger Anteil an dieser Entwicklung zu. Im Folgenden wird auf die Grounded Theory kurz eingegangen, weil sie mit der systematisch entwickelten Idee des Kodierens über den engen Forschungszusammenhang der Grounded Theory hinaus einflussreich geworden ist. Auch wenn man sich – wie im vorliegenden Fall – *nicht* an der Forschungslogik oder dem Theorieverständnis der »gegenstandsnahen Theorie« orientiert, sind doch einige zentrale Arbeitstechniken mittlerweile zum Allgemeingut qualitativer Forschung geworden. Weil nun die Grounded Theory manchmal etwas schnell mit einer (weiteren) qualitativen Methode identifiziert wird, soll im Vorlauf zur Darstellung eines daran orientierten Auswertungsverfahrens deren Forschungslogik dargestellt werden. Nicht zuletzt darüber mag sich auch das Verständnis für die Zielsetzung der Methode vertiefen.

(1) Die Grounded Theory ist weder ein verbindlicher Kanon von Forschungsstrategien oder Methoden, noch bietet sie Kochrezepte zur Theoriebildung; ihre Bedeutung ist im Wesentlichen epistemologischer Art: Sie skizziert einen bestimmten Zugang zur sozialen Welt, einen bestimmten Stil, sich der sozialen Realität zu nähern, über sie nachzudenken. Sie stellt selbst keine Theorie dar und postuliert auch nicht ein elaboriertes Design für qualitative Forschung. Diese Spezifität ist dem Zeitkern der Grounded Theory geschuldet. Ihren Begründern ging es in methodologischer Hinsicht zunächst ganz wesentlich darum, die qualitative Forschung als eine selbständige Form der Theoriegenerierung zu begründen, sie von der Fron zu befreien, »Handlangerdienste für quantitative Sozialforschung« (Glaser/Strauss 1993: 92) leisten zu müssen. In ihrem Grundlagenwerk entwickeln Glaser und Strauss (1998) die Grounded Theory im Wesentlichen über die Abgrenzung zu einer »logiko-deduktiven« Theoriebildung, die die Soziologie vermittels verifizierender Theorie, die aus statistisch abgesicherten Sätzen besteht, zu

---

28 Vgl. für einen Überblick zu unterschiedlichsten Auswertungsverfahren nicht-standardisierter Interviews z. B. die Beiträge in Flick et al. (1995). Überblicksartig auch Flick (1995: 232 ff.), Lamnek (1995a: 107 ff.), Mayring (1999: 81 ff.). Frühe Überlegungen zur Auswertung qualitativer Interviews haben Mühlfeld et al. (1981) vorgestellt, inzwischen gibt es eine Vielzahl an Auswertungsstrategien selbst für den begrenzten Bereich teilstrukturierter Interviews, die sich wiederum in »kanonisierte Großansätze« und stärker fallspezifische Ansätze unterscheiden lassen. Vgl. zu ersteren etwa Mayring (2000), zu letzteren z. B. Schmidt (2000), Strobl (1996).

einer »echten« Wissenschaft machen will. Die Idee der datenbasierten Theorie verdankt sich dem Beharren auf dem Primat der Daten gegenüber der Methode. Diese Position haben Glaser und Strauss in Auseinandersetzung mit Merton und Lazarsfeld und damit implizit gegen eine dem naturwissenschaftlichen Erkenntnisideal verpflichteten Soziologie entworfen. Inwiefern die Grounded Theory selbst mit dem ungelösten Problem kämpft, induktivistisch zu verfahren, kann an dieser Stelle nicht vertieft werden (vgl. dazu Kelle 1996). Wir wollen uns vielmehr auf die forschungspraktische Ebene begeben. Zu den expliziten Kodier- und Analyseverfahren haben Glaser und Strauss in der Frühphase ihres Theorieentwurfs nichts gesagt. Mit dem Lehrbuch von Strauss/Corbin (1996) liegt jedoch zwischenzeitlich der Versuch vor, aus dem Geist der Grounded Theory ein detailliertes Regelwerk für die qualitative Forschung zu entwerfen. Dieses Regelwerk liest sich nicht einfach als lineare Entfaltung der frühen, grundsätzlichen Annahmen, sondern ist stellenweise durchaus als eine Korrektur der basalen Programmatik zu verstehen.[29]

(2) Das methodische Herzstück der Grounded Theory ist das aufwändige Kodieren der Daten. Das Kodieren dient der analytischen Reorganisation von Daten: Das Datenmaterial wird aus der Ordnung, die sich gleichsam natürlich durch den Gesprächsablauf ergibt, gebracht und nach einer Phase der alltagslogisch und theoretisch angeleiteten Sortierung und Kategorisierung in eine neue Ordnung gebracht, die aufgrund der Plausibilität von Kausalbeziehungen zwischen den einzelnen Elementen mit – wenn auch hypothetischer – theoretischer Erklärungskraft belegt sein soll. Im Idealfall kondensiert diese Konstruktionsarbeit in einer Dachkategorie, die aufgrund ihrer Deutungsbreite ein neues soziologisches Konzept darstellt. Eine wesentliche Voraussetzung der Grounded Theory besteht also darin, sich den Selbstverständlichkeiten, der scheinbaren Evidenz und Selbsterklärungskraft von Texten zu entziehen. Glaser/Strauss' Betonung der analytischen Kraft des Fragens und Vergleichens zielt genau darauf: neue Bedeutungen und Lesarten des scheinbar Evidenten zu schaffen, neue Dimensionen und verborgene Eigenschaften der Phänomene begrifflich zu erfassen. In forschungspraktischer Hinsicht umfasst das Kodieren eine Abfolge von drei Stadien

---

29 Zum Beispiel kompensiert die Aufwertung des Literaturstudiums zur theoretischen Sensibilisierung im Vorfeld der Feldarbeit (Strauss/Corbin 1996: 25 ff.) jene Schwächen eines naiven Induktivismus, der noch den methodologischen Entwurf von Glaser/Strauss (1998) kennzeichnete. Hier war – gegen alles soziologische Wissen von der Bedeutungsstrukturiertheit der Phänomene – das Gebot erhoben worden, dass der Forscher sich ohne Vorwissen dem Untersuchungsgegenstand nähern solle (ebd.: 47). Dabei musste unterstellt werden, dass die Tatsachen gleichsam für sich selbst sprechen – ein Faktenfetisch qualitativer Provenienz.

(offen, axial, selektiv), die in der Praxis allerdings nicht notwendig in dieser strikten Schematik ablaufen müssen. Im Gegenteil. Die einzelnen Kodierschritte sind interdependent und zeitlich nicht voneinander trennbare Phasen, wo Vorgriffe auf die nächste Ebene des Kodierens ebenso notwendig sind wie Rückgriffe auf eine frühere. Da es bereits einige Kurzdarstellungen dieser Art des Kodierens gibt (vgl. Wiedemann 1995, Böhm 2000), sollen die einzelnen Verfahrensschritte hier nicht noch einmal wiederholt werden.

Diese Form des Kodierens bietet für die vorliegende Studie gewissermaßen das technische Handwerkszeug, um die Daten in eine Form zu bringen. Die Kodierarbeit orientiert sich aber nicht an dem handlungstheoretischen »Kodier-Paradigma«, dessen Konkretismus die analytische Abstraktion eher behindert, oder an dem – den Kodierprozess strukturierenden – methodischen Qualitätskriterium der fast schon legendären »theoretischen Sättigung« (Strauss 1998: 69). Im Gegensatz zu streng hermeneutischen Ansätzen kann man sich der analytischen Instrumente der Grounded Theory bedienen, ohne deren Theorieverständnis und Forschungslogik im Einzelnen teilen zu müssen – auch darin dürfte ein Grund für die immense Bedeutung der Grounded Theory zu suchen sein.

# 3. Zum Auswertungsverfahren

Die folgende Darstellung der einzelnen Auswertungsschritte soll den Weg von der Produktion, Transkription und Selektion der Daten bis hin zu den Ergebnissen nachvollziehbar machen. Um diese Nachvollziehbarkeit zu ermöglichen, bleibt selbst der Hinweis auf die eigene Orientierung an dem Auswertungskonzept der Grounded Theory noch zu vage. Außerdem trägt er im vorliegenden Zusammenhang schon insofern nicht weit genug, als hier die Auswertung systematisch auf die Reflexion der situationsspezifischen Datenproduktion bezogen wird. Eine Auswertungsmethode, die auf die integrale Bedeutung der Interaktion abstellt, kann sich also nicht in dem Durchlaufen der drei oben erwähnten Kodierphasen erschöpfen. Denn dies würde die Interaktion als Basis für die Erarbeitung einer je spezifischen »Interpretationsfolie« vernachlässigen.

Das folgende Auswertungsschema ist nicht auf die Entwicklung einer Typologie gerichtet, sondern auf die Rekonstruktion maßgeblicher Denkmuster und Normalitätsvorstellungen. Zentral an unserem Ansatz ist es, methodische Reflexion, theoretische Standortbestimmung und Datenauswertung als einen ko-evolutiven Prozess zu denken. Das heißt, wir gehen davon aus, dass im Prozess der Datenauswertung Theorie, Reflexion der Interaktionskonstellation und Datenanalyse ineinander greifen und sich profilieren. Die im Folgenden genannten Schritte dürfen daher nicht als sequentielles Ablaufschema verstanden werden, sondern sind vielmehr eng miteinander verschränkt.

Die (vorläufige) *Bestimmung einer theoretischen Perspektive* spielt sowohl für die Wahl des Forschungsdesigns als auch für die Konstruktion des Leitfadens eine zentrale Rolle. Um dies an einem Beispiel zu verdeutlichen: Es macht einen Unterschied, ob man die humangenetische Beratung mit Foucault als einen Ort der Subjektivierung analysiert und damit die Interaktion zwischen Arzt und Klientin in den Mittelpunkt seiner Forschung stellt (teilnehmende Beobachtung wäre die ideale Methode) oder eben (wie im vorliegenden Fall) unter Rückgriff auf die Wissenschaftsforschung fragt, welche Überforderungen klassischer Sinngebungskategorien die Expertenpraxis prägen, wie die Experten darauf reagieren, welche Konflikte sich daraus ergeben usw.

Nach der vollständigen Transkription und dem Einlesen der Texte in »Atlas-ti« bildet die *Identifikation des »Kernthemas«* einen wichtigen Schritt im Rahmen der Auswertung: Die konkrete Gesprächssituation stellt dabei den interpretatorischen »Fluchtpunkt« dar, die Perspektive, unter welcher ein bestimmter Text gelesen wird. Erst aufgrund dieser interpretatorischen Vorleistung kann eine plausible und nachvollziehbare Lesart der Texte entwickelt werden. Mit der Reflexion der Interaktionssituation bekommen wir einen Begriff davon, worum es in den Interviews überhaupt »geht«, was die Experten vermitteln wollen, um welche Textsorte es sich handelt. Dieser Reflexionsprozess über die Art und Weise der Realisierung eines Interviews vollzieht sich in der Praxis über viele Stationen: von der Gesprächsanbahnung, über die Kontaktaufnahme und Terminvereinbarung bis hin zur Gesprächsatmosphäre, den informellen Kommentaren der Experten und den unmittelbar nach der Gesprächsbeendigung erstellten Postskripta. Gerade die Einstiegssequenzen im Interview ergeben oft wichtige Hinweise auf die Funktion der Aussagen und Meinungsäußerungen. Die Identifikation eines »Kernproblems« liefert so etwas wie den »roten Faden«, an dem die verschiedenen Themengebiete aufgehängt werden. Die Experteninterviews wurden – wie in Kap. B.II.2.3 dargestellt – über weite Strecken als Legitimationsdiskurse dechiffriert, in deren Mittelpunkt die Deutung der Pränataldiagnostik als einer genuin medizinischen Praxis und Aufgabe steht. Die Legitimationen bezogen sich dabei einerseits auf Herausforderungen durch den öffentlichen Diskurs und andererseits auf konkrete Gestaltungszwänge in der Praxis. Dieses Kernproblem wurde im Weiteren als der »Magnet« begriffen, an dem sich die Aussagen zu den einzelnen Frageschwerpunkten auszurichten hatten. Zunächst wurde also versucht, verschiedene Aussagen zu dem (vermuteten) Kernproblem in Beziehung zu setzen.

*Zuweisung von Codes:* In einem zweiten Lektüre-Durchgang geht es (in Anlehnung an die Phase des »offenen Kodierens«) um das Aufbrechen und Verdichten der Texte. Daher werden – auch in Anlehnung an die verschiedenen Themenbereiche des Leitfadens – einzelne Problembereiche identifiziert und mit möglichst kurzen, schlagwortartigen Codes versehen. (Längere Codes empfehlen sich schon aufgrund ihrer schlechten Lesbarkeit in den Sichtfenstern des Programms »Atlas-ti« nicht.) Das Zerreißen der Sequenzialität der Texte folgte dabei individuellen Plausibilitätserwägungen. Von daher ergaben sich Codes, die mit der zugehörigen, kurzen Textpassage identisch waren (meist einzelne Begriffe, In-Vivo-Codes), aber auch Codes, die eine ganze Textseite charakterisierten. Erfahrungsgemäß sind solche Passagen, die stark von den Relevanzen der Experten geleitet sind, nicht leicht einem einzigen Code zuordenbar. Gerade in diesen Fällen mehrfacher Codierung oder sich überlappender Codes ist die computerunterstützte Auswertung hilfreich. Die Codierung aller 25 ausgewählten Interviews ergab eine Gesamtanzahl von 228 Codes.

*Komprimierung der Codes und Kategorienbildung:* Beim offenen Kodieren kommt man zu einer Vielzahl von Codes, die bald nicht mehr überschaubar ist. Daher wurde in einem ersten Schritt eine Komprimierung der Codes vorgenommen. Redundante oder thematisch randständige Codes wurden – auf der Basis der Sortierung und des Vergleich themengleicher Einzelpassagen aus verschiedenen Interviews – gestrichen. Auf diese Weise wurde die Anzahl der Codes von 228 auf 190 reduziert. Damit wurde auf dieser Stufe die Ebene der Einzelinterviews verlassen. In einem zweiten Schritt wurden die verbliebenen Codes verschiedenen Code-Familien zugeordnet, das heißt, zu (textnahen) Kategorien verdichtet. Die derart konstruierten Kategorien waren nicht unbedingt nur deskriptiver Art. Schließlich wurde die Kategorienbildung nicht nur unter Berücksichtigung der thematischen Schwerpunkte in den Einzelgesprächen vorgenommen, sondern auch in Orientierung an jenen thematischen »Brennpunkten«, die für die Konstitution der Interaktionskonstellationen von vorrangiger Bedeutung waren (z. B. Eugenik, Behinderung, Medizinkritik usw.). Es wurde also davon ausgegangen, dass diese Elemente der Selbsterklärung und Legitimation ein fruchtbarer Ausgangspunkt für die Theoriebildung sein würden. Die Kategorienbildung folgte damit den methodologischen Vorüberlegungen: Die Rekonstruktion professioneller Handlungslogiken und -orientierungen muss in unmittelbarer Beziehung zu den Abgrenzungsbemühungen des Experten zu den (imaginierten) Erwartungen des (potenziellen) Kritikers ansetzen. Folgende 15 Familien wurden erstellt (in Klammern sind die Anzahl der zugewiesenen Codes angegeben, wobei ein Code mehreren Familien angehören kann): Arzt-Patient-Verhältnis (17), Behinderung (18), Beratung (22), Ethik/ethische Grenzen (30), Eugenik (8), Expertentum (21), Gesundheitspolitik (11), Interview-Interaktionsformen (12), Legitimationen (11), Medizinischer Fortschritt (21), Medizinische Praxis (24), Medizinisches Wissen (18), Nutzen/Risiken (11), Professionalismus (19), Zielsetzungen (7).

*Spezifizierung der theoretischen Perspektive:* Im Prozess des Kodierens wurde die Fragestellung spezifiziert und theoretisch reformuliert. Kommentaren und Memos kommt gerade auf dieser Ebene eine besondere Bedeutung zu, weil sie im Prozess des Kodierens ersten Deutungen und Thesen Raum geben und damit die Möglichkeit eröffnen, unstrukturierte Ideen und Einfälle für die Spezifizierung einer theoretischen Perspektive zu berücksichtigen.[30] Im konkreten Fall ergaben sich im Rekurs auf theoretische Konzepte (wie »boundary work«) zunächst Fragen wie: Inwiefern geraten traditionelle Entscheidungsgrundlagen unter Druck? Über welche Abgrenzungen beschreiben die Experten ihr Handeln bzw. Entscheiden als legitim und moralisch-politisch vertretbar? Welcher Rationalität unterliegen (neue) Grenzziehungen? Im Anschluss daran ließen sich dann – gewissermaßen auf einer »Meso-Ebene« – Fragen von Funktionalität bzw. professionslogischer »Sinnhaftigkeit« dieser Handlungen bzw. Deutungen anschließen.

*Theoriegeleitete Reformulierung von Kategorien:* Zur Rekonstruktion der Grenzziehungslogik wurden zunächst anhand einzelner Kategorien die Begründungen und Argumentationen der Experten aufgeschlüsselt. Innerhalb der Code-Familie »Behinderung« ging es etwa um die Zumutbarkeit bzw. Lebensqualität von Behinderung; in der Kategorie »Arzt-Patient-Verhältnis« entsprechend um das subjektive Beratungsideal; im Bereich Eugenik wurden individuelle Deutungen und ihre Beziehung zur modernen Humangenetik analysiert. Damit begibt man sich analytisch auf die Ebene der subjektiven Dimension des Expertenwissens (»Deutungswissen«). Dieser analytischen Sortierung schloss sich die Suche nach normativen Bezugspunkten von legitimatorischen Deutungen bzw. Praktiken an. Das heißt, es wurde – auf der »Meso-Ebene« – nach den funktionsspezifischen Gesichtspunkten der Expertendeutungen gefragt. Dies leitete die theorieorientierte Reformulierung der Kategorien ein.

---

30 Insgesamt wurden 37 Seiten an Kommentaren zu den 190 Codes erstellt. Diese Kommentare umfassten vorläufige und mitunter weit ausgreifende Deutungen, die grobe Systematisierung und Differenzierung von einzelnen Codes, Hinweise auf thematische und argumentative Zusammenhänge sowie nicht zuletzt die Formulierung von Fragen an den Text. – Memos wurden im Umfang von 17 Seiten erstellt. Diese 39 Memos bezogen sich nur selten auf einen bestimmten Code. In der Regel handelte es sich um »free memos«, das heißt Memos, die zu einer quer zu den einzelnen Codes liegenden Thematik angefertigt wurden. Memos sind insbesondere dort von Nutzen geworden, wo sie Raum gaben für unreglementierte Interpretationen der Expertendeutungen.

*Theoretische Konzeptualisierung:* Nach der Herausarbeitung der normativen Bezüge bestimmter Kategorien und Unterscheidungen, die für bestimmte Grenzziehungsstrategien von Bedeutung sind, wurden diese nach Maßgabe ihrer Gemeinsamkeiten gebündelt. Es ging in diesem Fall um den Aufweis der den Grenzziehungen zugrunde liegenden Normalitätsvorstellungen, die sich eben im Idealfall zu bestimmten kollektiven Orientierungsmustern verdichten lassen. Anhand dieses Konzepts muss eine integrale Deutung des eingangs formulierten Kernproblems möglich sein.

# C
# Grenzpolitik der Experten:
## Eine empirische Rekonstruktion expertieller Entscheidungen und Handlungsorientierungen in der Pränataldiagnostik

Genetische Diagnostik und Beratung haben einen Institutionalisierungs- und Normalisierungsprozess durchlaufen, der die ethischen Kontroversen um Nutzen und Gefahren der Humangenetik gleichwohl nicht stillgestellt hat. Gerade auf Seiten von Behindertenbewegung und Selbsthilfegruppen ist der Verdacht nie aufgegeben worden, dass pränatale Diagnostik als institutionalisierte Form der Qualitätskontrolle vorgeburtlichen Lebens im Wesentlichen nur eine modernisierte Form der Eugenik darstelle oder zumindest indirekt eine Stigmatisierung und Diskriminierung behinderter Menschen bedeute.[1]

In jedem Fall stellt die Humangenetik ein dynamisches Feld mit neuartigen Entscheidungskonstellationen und unvermeidlichen Gestaltungszwängen dar. Dies wird insbesondere in jenen Situationen deutlich, wo die Logik der Eindeutigkeit – symbolisiert in den traditionellen Prinzipien und Leitdifferenzen professionellen Handelns – auf Grenzen stößt. Daraus resultiert der besondere Reiz, der von der humangenetischen Expertenpraxis für wissenschaftssoziologische Analysen ausgeht. Die Grenzziehungsproblematik lässt sich aus mehreren Perspektiven studieren: Auf der einen Seite lassen sich Grenzziehungsstrategien der Experten identifizieren, die ihre Bedeutung vor dem Hintergrund der oben erwähnten Latenz ethischer Konflikte erhalten. Eine solche Perspektive korreliert mit dem soziologischen Interesse an dem, was man mit Pfadenhauer (2003: 57) die »Außenpolitik« der Experten nennen könnte. Konkret geht es dabei um die Durchsetzung wissenschaftlicher Autonomieansprüche. Auf der anderen Seite lassen sich Grenzziehungsdiskurse der Experten rekonstruieren, die aus neuartigen Entscheidungszwängen in konkreten Situationen resultieren. Hier bezieht sich das Interesse auf die Frage, wie die Experten mit der Öffnung von Entscheidungsspielräumen, die zum Teil weder traditionell gesichert noch formal geregelt sind, umgehen.

In diesem Teil werden also Grenzziehungsdiskurse auf verschiedenen Ebenen rekonstruiert. Diese Grenzziehungen, so die Annahme, vermö-

---

1 Vgl. etwa die Beiträge in Stein (1992), Neuer-Miebach/Tarneden (1994).

gen Aufschluss zu geben über spezifische Formen der Durchsetzung wissenschaftlicher Kompetenz- und Geltungsansprüche. Die Analyse von Grenzziehungen wird insofern als ein Weg verstanden, um Elemente einer bestimmten Handlungsordnung in der klinisch-genetischen Praxis aufzuspüren. Denn Grenzziehungen sind als gleichermaßen diskursiv vermittelte wie subjektiv-interpretative Konstruktion von Wirklichkeit immer auch Ausdruck von Orientierungsmustern, die für eine bestimmte Praxis handlungsleitend werden. Auf einer zweiten Ebene lassen die Grenzziehungsdiskurse der Humangenetiker damit Rückschlüsse auf die Strukturierung der professionellen Handlungsorientierungen zu.

Die empirische Analyse dieses Teils C umfasst also zwei Ebenen: die Ebene von Diskursen, in denen sich die moderne Humangenetik von bestimmten Prinzipien und Praktiken abgrenzt (z. B. Eugenik) bzw. eine Neuorientierung jenseits überkommener Leitdifferenzen und Unterscheidungen sucht; und zweitens die Ebene der professionellen Handlungsorientierungen, die für die heutige Praxis maßgeblich sind. Die Grenzziehungen der Experten werden demnach nicht primär als strategisches Handeln oder als individuelle Rechtfertigungsrhetorik gelesen, sondern ins Verhältnis gesetzt zu kollektiven Orientierungsmustern, die sich aus einer komplexen sozialen Praxis ergeben. Beide Ebenen treffen sich in der Fragestellung, welche Faktoren dazu beitragen, die professionelle Autorität einer historisch belasteten und umstrittenen Wissenschaft wie der Humangenetik zu sichern.

Zur näheren Bestimmung der analytischen Ebene sei gleich einleitend auf den Begriff der Handlungsorientierung eingegangen. Dieser Begriff reiht sich in die Reihe jener Konzepte wie Deutungsmuster, Denkmuster, Ideologie, Habitus oder die Webersche »Anschauungsweise« ein, die auf je eigene Weise und in unterschiedlicher theoretischer Elaborierung kollektive Orientierungen bezeichnen, die sozialem Handeln Sinn verleihen.[2] Solche Orientierungsmuster steuern Handlungen und Interaktionen von Menschen, ohne diese jedoch vollständig zu determinieren. Dahinter verbirgt sich leicht erkennbar die Annahme, dass Handlungsorientierungen sich nicht einem genuin individuellen Schöpfungsakt verdanken, sondern vielmehr ein strukturierendes Prinzip darstellen, also in der Praxis immer schon »vorliegen«. Allerdings werden Handlungsorientierungen nicht passiv aufgeprägt, sondern aktiv angeeignet und in diesem Prozess aktualisiert und modifiziert. Handlungsorientierungen müssen sich nicht unbedingt individuellen Reflexionsprozessen verdanken; eher sind sie das Ergebnis eines kollektiven Lernprozesses. In jedem Fall sind Handlungs-

---

2 Vgl. zu aktuellen Versuchen, diese Strukturierungsmetaphern unter dem Dachbegriff der »Sinnformel« zu systematisieren und für die empirische Analyse nutzbar zu machen, die Beiträge in dem interdisziplinär ausgerichteten Band von Liebert/Geideck (2003).

orientierungen ein Produkt analytischer Rekonstruktion und somit in den Deutungen, die die Befragten im Interview liefern, nicht unbedingt präsent, sondern mithilfe qualitativer Methoden zu erschließen.

Nach einleitenden Vorbemerkungen zu zentralen Kategorien und Konzepten dieser Arbeit (Kapitel I) wird die Grenzarbeit der Experten auf den genannten Ebenen untersucht. In Kapitel II stehen Formen der Abgrenzung zwischen Humangenetik und Eugenik im Mittelpunkt. Aus diesem Diskurs ergeben sich Rückschlüsse auf zentrale Grundunterscheidungen als Legitimationsbasis wissenschaftlicher Kompetenz- und Geltungsansprüche. Anschließend werden die Folgen des wissenschaftlichen Fortschritts auf den Ebenen von Diagnose und Beratung untersucht (Kapitel III). Insbesondere die Ablösung pragmatischer durch wissenschaftliche Indikationsstellungen zur pränatalen Diagnostik führen zu Grenzunschärfen zwischen gesund/krank und damit für Experten und Klientinnen zu neuen Rationalitätszumutungen. In den Kapiteln IV und V finden sich Darstellungen zur Strukturierung maßgeblicher professioneller Handlungsorientierungen. Diese Rekonstruktion findet ihren empirischen Bezugspunkt in Grenzziehungsdiskursen, die sich auf neuartige Entscheidungszwänge in der Praxis beziehen.

# I. Präliminarien: Ungewissheit, Nichtwissen und Definitionsmacht

In den folgenden Abschnitten werden unter Rekurs auf die wissenssoziologischen Ausführungen in Teil A zentrale Begrifflichkeiten präzisiert. Dabei liegt ein besonderes Gewicht auf dem Begriff des Nichtwissens.[3] Der Begriff des Nichtwissens soll in unserem Zusammenhang dafür sensibilisieren, dass es voraussetzungsvoll ist und bestimmter Expertendiskurse bedarf, genetische Anomalien in biomedizinischen Kategorien zu verhandeln. Offensichtlich ist Nichtwissen – im Gegensatz zum weit verbreiteten Vorurteil – nicht einfach funktional für die Wissenschaft. Nichtwissen formuliert keineswegs automatisch neue Forschungsaufträge an die Adresse der Wissenschaft. Dies ist – wie in Kapitel A.IV. ausgeführt wurde – vielmehr Ergebnis komplexer Übersetzungs- und Zurechnungsprozesse. Tatsächlich aber hat die Wissenschaft lange Zeit von der gesellschaftlichen Erwartungssicherheit über die Anschlussfähigkeit von Nichtwissen profitiert. Die Anwendung eines entsprechend differenzierten Nichtwissensbegriffs in unserem Zusammenhang soll zum einen zeigen, dass dieser Begriff nicht nur im Kontext von ökologischen Krisen und Risikokontroversen von analytischem Wert ist; zum anderen soll kenntlich gemacht werden, welche Diskurse und Expertenpraktiken dazu beitragen, dass das Nichtwissen als ein kognitives Problem erscheint und auf diese Weise für die Wissenschaft funktional wird. Zu diesem Zweck wird zunächst gezeigt, dass genetische Anomalien und pränatal diagnostizierbare Behinderungen das für die moderne Medizin konstitutive Kategorienraster transzendieren. Darauf aufbauend wird eine Typologie von Nichtwissensformen vorgestellt. Schließlich werden einige Begrifflichkeiten präzisiert, die für die anschließenden Ausführungen von grundlegender Bedeutung sind. Es handelt sich um die Begriffe der professionellen Autorität sowie der Gestaltungs- bzw. Definitionsmacht.

---

3 Bislang kommt das Thema Nichtwissen in der soziologischen Beobachtung der Humangenetik allenfalls in der Form des vieldiskutierten Rechts auf Nichtwissen zur Sprache (vgl. Wehling 2003 a). Vor dem Hintergrund der expandierenden Möglichkeiten prädiktiver Gendiagnostik, wird seit den 1980er Jahren die Frage diskutiert, inwiefern ein informelles oder formelles Recht, die eigene genetische Ausstattung nicht kennen zu müssen, begründet und rechtlich verankert werden kann. Mit dieser Thematisierung des Nichtwissens bewegt man sich allerdings nicht auf einer funktionalen, sondern auf einer intentionalen Ebene des »Nicht-Wissen-Wollens«.

## 1. Grenzen des medizinischen Kategoriensystems

Im Frühjahr 2002 berichtete die »Washington Post« in einer bewegenden Reportage von zwei tauben Lesben, die mithilfe des Spermas eines gehörlosen Freundes zu dem erwünschten – gehörlosen – Nachwuchs gekommen waren (Mundy 2002). Obwohl eine künstliche Befruchtung mit genetischer Wunschausstattung aus dem Katalog der Samenbanken in den USA längst nicht mehr als bizarre Utopie oder pathologischer Schöpfungszauber gilt, gingen in diesem Fall die Emotionen hoch. Willentlich ein taubes Kind in die Welt setzen – wie können die beiden Frauen das ihrem Kind antun? In Deutschland machte DIE ZEIT den Fall der beiden Frauen bekannt (Spiewak/Viciano 2002). Sofort entspann sich auch hierzulande eine breite Diskussion darüber, ob dies nicht einen Missbrauch der Reproduktionsautonomie darstelle. Bioethiker wiesen darauf hin, dass Taube nicht über Wert und Bedeutung einer körperlichen Funktion (Gehör) entscheiden dürften, die sie nicht kennen und warnten vor einer Instrumentalisierung menschlichen Lebens. Behinderte hielten dagegen, dass die Gehörlosigkeit selbstverständlich ebenfalls als eine von den Hörenden nicht bewertbare Funktion verstanden werden müsse. Medizinische Dienstleistungen würden offenbar erst dann fragwürdig, so argumentierte etwa Theresia Degener in dem genannten ZEIT-Artikel, wenn sie von Behinderten für ihre je spezifischen Wunschvorstellungen genutzt werden. In jedem Fall wurde deutlich, dass der Streit um den gehörlosen Nachwuchs an tief sitzende Normalitätsvorstellungen rührt: Ist Gehörlosigkeit eine Behinderung? Eine Krankheit? Oder ein Lebensstil, eben eine alternative Lebensform?

In Humangenetik und Pränatalmedizin werden genetische Anomalien und Behinderungen zum Gegenstand wissenschaftlich-medizinischer Forschung und Diagnostik. Diese Tatsache wird im Fall der pränatalen Diagnostik zuweilen weniger reflektiert, weil sie sich längst als ein fester Bestandteil der Schwangerenuntersuchung etabliert hat. Gerade der Ultraschall ist heute eine Routineuntersuchung und gilt weithin als »softe« Technologie. Doch auch ein »einfacher« Ultraschall kann zur Auffindung von Strukturanomalien führen, die wiederum Indikatoren für Chromosomenaberrationen sein können – und damit ein Anlass für eine weitergehende, invasive Diagnostik (Amniozentese, Cordozentese, Chorionzottenbiopsie). Die sog. Nackenfalte-Messung, ein früher Ultraschall um die 10. Schwangerschaftswoche herum, zielt auf die Diagnose indirekter Hinweise auf ein Vorliegen des Down-Syndroms beim Fötus (eine vergleichbare Logik liegt dem Triple-Test, einem Blut-Test, zugrunde). Invasive Untersuchungen wie die Amniozentese oder die Chorionzottenbiopsie sind auf den (möglichst frühzeitigen und definitiven) Nachweis von Chromosomenanomalien (vor allem Trisomie 21), strukturellen Fehlbildungen und genetischen Defekten gerichtet.

Diese kurze Charakterisierung wichtiger Methoden der Pränataldiagnostik macht bereits deutlich, dass diese zu einem großen Teil der Entdeckung von Anomalien wie der Trisomie 21 dienen können. Nun sind derartige Chromosomenaberrationen für die Medizin uneindeutig. Zwar ist bekannt, dass Menschen mit Down-Syndrom im Verlauf ihres Lebens meist besonderer ärztlicher Hilfe bedürfen, jedoch gibt es keinen »Krankheitswert« von Behinderung in dem Sinn, dass der pränatalen Diagnose infolge einer weitgehend konsensuellen Bewertung des Diagnostizierten eine bestimmte medizinische Routine folgen würde. Behinderung wird damit im vorgeburtlichen Bereich auch deshalb zu einem medizinischen Thema, weil die Pränatalmedizin aufgrund ihrer Methoden in der Lage ist, diese zu diagnostizieren. Freilich sind die technischen Möglichkeiten nicht ohne ihre kulturellen Leitbilder denkbar: So wenig sich das Automobil allein aufgrund seiner technischen Realisierbarkeit durchgesetzt hätte (ohne einen bestimmten Mobilitätsbegriff), so wenig werden die Forschungen der Pränataldiagnostik zu bedeutungsvollen Ergebnissen ohne einen gesellschaftlich präformierten Aufmerksamkeitswert. Dies bedeutet nun jedoch nicht, dass bereits vorab ausgemacht wäre, auf welche Weise mit dem diagnostizierten Phänomen zu verfahren sei. Das Expertenwissen setzt keine ähnlichen Handlungs- und Entscheidungsroutinen frei, wie dies bei Krankheiten der Fall ist. Es würde fremd anmuten, bei einem Blinddarmdurchbruch nicht unmittelbar medizinisch zu intervenieren, sondern ausführliche Beratungsgespräche zu führen. Und auch in weniger drastischen, nicht unbedingt lebensbedrohlichen Fällen würden Verhandlungsspielräume, wie sie die Praxis der genetischen Beratung auszeichnen, fremd anmuten. Mit anderen Worten: In jenen genuin »medizinischen« Fällen muss um Bedeutung und Krankheitswert usw. nicht gestritten werden, zumindest nicht prinzipiell. In der Pränataldiagnostik verhält es sich anders. Dies hat nichts mit einem unzureichenden oder fehlerhaften Wissen der Pränataldiagnostiker zu tun. Die Gründe liegen tiefer.

Die Experten können Phänomene wie die Trisomie 21 in ihrer genetischen Struktur und den physiologischen Eigenheiten beschreiben, und sie können aufgrund von Erfahrungswerten eine gewisse Bandbreite von Entwicklungsperspektiven prognostizieren. Sie können jedoch deren »Krankheitswert«, also deren Bedeutung nicht einfach bestimmen. Dies wird in der Praxis daran ersichtlich, dass eine Festlegung durch Experten, welche Behinderung einen medizinisch indizierten Grund für eine Abtreibung darstellt, als nicht legitim erscheint. Für die Unterscheidung zwischen legitimer und nicht-legitimer Praxis ist der Rekurs auf Expertenwissen offensichtlich nicht mehr ausreichend, und es ist die Frage, ob eine derartige Unterscheidung bis zu einem gewissen Grad nicht immer ein Aushandlungsprozess zwischen Arzt und Klientin bleiben wird. Die Schwierigkeit einer solchen Grenzbestimmung wird in der folgenden Interviewpassage deutlich:

> Die ideale Zielsetzung der Pränataldiagnostik ist, Erkrankungen pränatal zu diagnostizieren, die entweder pränatal therapierbar oder unmittelbar postnatal unter besseren Bedingungen behandelbar sind, weil man das schon weiß – das ist das ideale Ziel. Dieses Ziel wird immer vorgegeben als das hauptsächliche Ziel. Das ist nicht ganz richtig. Die Wahrheit ist, dass natürlich mengenmäßig dieses ideale Ziel eine wesentlich geringere Bedeutung hat als ein anderes Ziel, mit dem ich mich auch ethisch identifizieren kann. Das ist die pränatale Diagnostik von schweren Fehlbildungen, die kein postnatales Leben ermöglichen. Es ist ethisch relativ unproblematisch, wenn ich einen Anenzephalus pränatal diagnostiziere, da erspare ich der Frau eine Schwangerschaft, auch die Risiken einer Schwangerschaft, und das Kind hat ohnehin keine Überlebenschance. Somit ist es ein Abort, wenn ich es in der 18. Woche diagnostiziere. Heikler wird es bei allen im Prinzip lebensfähigen Missbildungen, weil da natürlich irgendwann einmal schon das Thema aufkommt, wie behindert muss ein Kind sein, dass ich es als ethisch gerechtfertigt einstufe, als dezidiertes Ziel im Auge zu haben die frühe Diagnostik, damit ich es abtreiben/ umbringen kann. Und wenn man mengenmäßig die Pränataldiagnostik heute ansieht, dann ist überhaupt keine Frage, dass dieses zweite, ethisch wesentlich problematischere Ziel den größeren, den weitaus größeren Brocken beinhaltet als das erste, das hehre, saubere Ziel, irgendwas zu diagnostizieren, damit ich es nachher besser behandeln kann. (1:17/29:58)

Mit der Pränataldiagnostik etabliert sich dieser Interpretation zufolge eine Expertenpraxis, die in neuer Weise Wertfragen aufwirft. Die Möglichkeit, auch leichte Behinderungen (»lebensfähige Missbildungen«) zu diagnostizieren, führe letztlich in die heikle Diskussion um Kriterien der Lebensqualität. Es wird in dieser Passage deutlich, dass die als ethisch markierten Implikationen der Pränataldiagnostik Herausforderungen darstellen, die auf der Ebene des Expertenwissens keine verbindlichen Lösungen finden können – es sei denn, die diagnostizierten Fehlbildungen lassen sich im traditionellen Kategoriensystem der Medizin reformulieren (gesund/krank), so dass sie eindeutig werden (Luhmann 1990).[4] Ein solcher Fall ist im obigen Beispiel der Anenzephalus, eine

---

4 Dabei bezeichnet – in der Terminologie Luhmanns – Gesundheit den Negativwert, also jene Seite der Unterscheidung, die die Funktion der Kontingenzreflexion erfüllt (gewissermaßen die Reflexion von Krankheit als einer kontingenten Tatsache des Ungenügens, Fehlens, Nicht-Funktionierens usw.). Krankheit bezeichnet als positiver Wert jene Seite der

der Fehlbildungen, die insofern einen klaren Orientierungspunkt markieren, als sie kein »kein postnatales Leben ermöglichen«. Die Unzulänglichkeit einer Grenzziehung vermittels des Expertenwissens wird jedoch allein schon daran deutlich, dass der Experte die Frage, ab wann die Durchführung der Pränataldiagnostik »heikel« werde, im Weiteren nicht mehr aufgreift.

Leicht zu bewerten sind für den Experten nur jene Phänomene, die im Kategoriensystem der Medizin (lebendig/tot bzw. gesund/krank) eindeutig zuordenbar sind. An diesen Stellen befinden sich die Experten entweder auf »sicherem« medizinischen Gelände oder aber – nach Maßgabe des Expertenwissens und der öffentlichen Meinung – auf einem so medizinfernen, dass an beiden Stellen eine Grenzziehung unproblematisch ist. In jenem Kontinuum von lebensfähigen Behinderungen, die quantitativ den größten Teil der Pränataldiagnostik ausmachen, lassen sich jedoch offenbar auf der Basis medizinischen Wissens allein keine »Zäsuren« schaffen, die an eine bestimmte Handlungsstrategie gebunden wären.

## 2. Eine Typologie des Nichtwissens

Im Folgenden wollen wir die oben skizzierte Uneindeutigkeit der Phänomene, die für die Praxis neue Entscheidungszwänge formuliert, mit den im theoretischen Teil dargestellten wissenssoziologischen Ausführungen in Zusammenhang bringen. Nun sollen hier jene Klassifikationen von Nichtwissen, die bereits referiert wurden (Kapitel A.IV.), nicht mehr im Einzelnen diskutiert werden. Wir wollen an dieser Stelle vielmehr unter

Unterscheidung, die die operative Anschlussfähigkeit gewährt und damit gewissermaßen das »Handlungsziel« oder die Teleologie des Systems repräsentiert. Dass sich mit der Gentechnik quasi hinter dem Rücken der Medizin eine neue Dichotomie etabliert (der Wert Gesundheit wird ausdifferenziert in »genetisch belastet«/»genetisch unbelastet«), ist eine Entwicklung, die Luhmann bereits gesehen hat. Allerdings hat er sich darauf beschränkt, die Interdependenzen zwischen Basiscodierung und (gentechnisch induzierter) Zweitunterscheidung als Beweis für eine stabile Autonomie des Medizinsystems zu lesen. Auf welche Weise jedoch die Operationalisierung dieser Zweitunterscheidung in der Praxis passiert und mit welchen Folgen, dies bleibt bei ihm eine vernachlässigte Frage, die insbesondere in Kapitel C.V. behandelt werden wird. Schließlich ist eine halbwegs konfliktfreie Interdependenz zwischen den beiden Codierungen eine fragile und sehr voraussetzungsvolle Konstruktion. Denn alle Komplexität, die mit der Diagnose »genetisch belastet« verbunden ist, muss Entlastungsmöglichkeiten innerhalb der Logik des medizinischen Systems finden können.

Rückgriff auf die eingangs angesprochenen Differenzierungen eine erste Klassifikation anbieten, die geeignet ist, die in der Pränatalmedizin thematisierten Unsicherheitspotenziale zu bündeln. Reformuliert man die oben skizzierte Problematik auf der Ebene von Wissensformen, so lässt sich die folgende Schematik entwerfen. Wir unterscheiden für unsere Zwecke drei verschiedene Formen des Nichtwissens: Unwissen, Ungewissheit und Nichtwissen.

*Unwissen:* Diese Form des Nichtwissens charakterisiert unreflektiertes, aber korrigierbares Nichtwissen. Also Fehler, Irrtümer und Falschaussagen, die dann zum Beispiel durch empirische Daten oder auch durch Wissenschafts- oder Ideologiekritik aufgeklärt werden können. Im Hinblick auf eine Abgrenzung zur Kategorie unsicheren Wissens lässt sich Unwissen auch als eine unmittelbar aufhebbare Unsicherheit charakterisieren. Auf der soziologischen Ebene ist diese Form des Nichtwissens von nachrangiger Bedeutung. Es handelt sich schlicht um die Ebene von individuellen Fehlleistungen in routinisierten Handlungsabläufen oder um ein mangelhaftes oder vorläufiges Wissen, für dessen Korrektur die Mittel aber jetzt schon prinzipiell vorhanden sind. Für die Praxis der Medizin sind fehlerhafte Informationen, Diagnosen und Behandlungen im individuellen Fall natürlich von erheblicher Bedeutung. Doch im Hinblick auf die oben skizzierte Problematik ist diese Form des Nichtwissens nicht weiter von Interesse. Sie ist weder spezifisch für die Pränatalmedizin noch verweist sie auf wissenssoziologisch relevante Problemkonstellationen.

*Ungewissheit:* Auf einer kognitiven Ebene ist das Phänomen der Ungewissheit bzw. eines unsicheren Wissens angesiedelt. Speziell auf dem Gebiet der Humangenetik lässt sich unterscheiden zwischen diagnostischer Ungewissheit (wie hoch ist das individuelle Risiko für eine bestimmte Erbkrankheit?) und prognostischer Ungewissheit (wie wird sich eine bestimmte Krankheit entwickeln?). Diese Ungewissheiten charakterisieren, in der Terminologie Becks, das Noch-Nicht-Wissen bzw. das spezifische Nichtwissen nach Luhmann. Ungewissheiten stellen eine Form *reflektierten Nichtwissens* dar. Man hat zwar derzeit keine Mittel, um dieses Nichtwissen in Wissen zu verwandeln, aber ein präzises Wissen über die Art und Weise des defizitären Charakters dieses Nichtwissens und damit in der Regel eine Ahnung davon, auf welche Weise dieses Nichtwissen mittelfristig in Wissen übersetzt werden kann. Diese Form von Nichtwissen ist durch eine prinzipielle Anschlussfähigkeit gekennzeichnet. Man ist sich über Defizite, Uneindeutigkeiten, die Hypothezität des Wissens im Klaren, hat aber eine Form gefunden, die das Nichtwissen als ein wissenschaftlich bearbeitbares Problem ausweist. Im Modus der Ungewissheit hat das Nichtwissen eine Form gefunden, der es den Experten erlaubt, ihre Forschung gewissermaßen auf demselben Gleis voranzutreiben. Im konkreten Fall heißt dies, dass man eben mithilfe zusätzlicher und umfassender Informationen, genaueren Messungen, präziseren Tests, besser geschulten Spezialisten usw. zumindest mittelfristig die Vorläufigkeit und Uneindeutigkeit des Wissens zu überwinden versucht. In der Pränataldiagnostik finden sich einige Beispiele für diese Hoffnung auf Transparenz und Eindeutigkeit. So ist zum Beispiel der Versuch, fötale Zellen aus mütterlichem Blut zu isolieren und damit auf einfache und schnelle Weise zu einer frühzeitigen und sicheren Aussage über das Vorliegen von Trisomien zu informieren (Hahn/Holzgreve 2001, de Graaf et al. 1999), als Kontinuität einer Forschungslogik zu verstehen, die heute – gewissermaßen auf »halbem Wege« – zur Etablierung des Triple-Tests geführt hat, eines relativ einfachen, aber eben mit einem ungewissen Ergebnis belasteten Tests. Unter dem Begriff des unsicheren Wissens lassen sich also jene Phänomene einer unpräzisen oder uneindeutigen Aufklärung bündeln, die im Zusammenhang mit neuartigen Testverfahren noch ausgeführt werden (Kapitel C.III.). Nun kann Ungewissheit in manchen Feldern als ein prinzipielles Problem, als irreduzibel begriffen werden. Doch auch in diesem Fall – der Zurechnung auf Ungewissheit – gilt das Problem als »richtig konfiguriert«, das heißt, es wird nicht als ein Problem erkennbar, das den professionellen Deutungs- und Relevanzrahmen transzendiert. Zur Herstellung von Entscheidungsfähigkeit wird man die aus kognitiver Ungewissheit resultierende Unsicherheit im Einzelfall in eine (wie auch immer fragile) Sicherheit transformieren müssen. Es werden bestimmte Grenzziehungen und Konstrukte notwendig sein, um die letztendlich immer unzureichende Informationsgrundlage oder die nicht exakt abschätzbaren Gefahrenpotenziale im Sinne der Handlungsfähigkeit zu »entschärfen«.

*Nichtwissen*: Für unsere Argumentation ist es zentral, den Begriff des Nichtwissens nicht kognitivistisch zu fassen (als ein Problem mangelnden Wissensfortschritts), sondern auf die Ebene sozialen Handelns zu beziehen. Dies schließt an die Ausführungen des letzten Abschnitts an. Denn auf der Phänomenebene korreliert ein solcher Nichtwissensbegriff mit pränatal diagnostizierbaren Behinderungen, denen eine prinzipielle Transzendierung biomedizinischer Deutungsmöglichkeiten zugeschrieben wird. In dieser Perspektive ist Nichtwissen dadurch charakterisiert, dass das Expertenwissen die spezifischen Phänomene nicht »erreicht«, deren Bedeutung nicht wirklich ermessen kann. Nun mag diese Formulierung womöglich das Missverständnis nahe legen, es gelte die Annahme, die Pränatalmedizin (und nur sie) kenne nicht die »wesenhafte« Bedeutung von Behinderung. Doch die Argumentation, dass die Medizin nicht mehr auf eine Objektivität als Referenz ihrer Praxis verweisen könne, ist nicht erkenntnistheoretisch gemeint, sondern soziologisch. Das heißt: Die Medizin kann im Fall bestimmter Behinderungen offenbar nicht auf jene objektive Bedeutung rekurrieren, die sich im Normalfall aus der engen Kopplung von Expertenwissen (Diagnose) und Entscheidung (Behandlung) ergibt und in der Stabilität der Unterscheidungen gesund/krank bzw. normal/anormal ihren Ausdruck findet. Daraus ergeben sich die beschriebenen handlungspraktischen Konsequenzen: das Aufbrechen von Handlungsroutinen (»Wissen-Entscheiden-Automatismus«), von Hierarchien (Experte-Laie) und die eminente Aufwertung der Ethik. Diese neue Ethisierung der Medizin (im Kontext biomedizinischer Gestaltungsmöglichkeiten, die die traditionelle Medizinethik, den hippokratischen Eid, zu einer ehrwürdigen Floskel degradieren) steht für ein Brüchigwerden medizinischer Gestaltungsmacht. Darauf werde ich im nächsten Kapitel näher eingehen.

Die Verwissenschaftlichung der Medizin und ihre Verwandlung zur Biomedizin, die eine neue Ätiologie auf molekularbiologischer Grundlage erlaubt, führt also im Ergebnis zu neuen Ungewissheiten und Verunsicherungen – und sie eröffnet darüber hinaus Politisierungsmöglichkeiten. Denn es wird jetzt zum Beispiel darüber gestritten, inwiefern die »Erklärung« von Behinderungen in biomedizinischen Konzepten angemessen ist (z. B. Lippman 1994). Mit anderen Worten: Verwissenschaftlichung führt dazu, dass im Fall pränatal diagnostizierbarer Behinderungen auf Nichtwissen zugerechnet werden kann. Auf diese Weise konstituiert sich das Nichtwissen, wie Japp anmerkt, durch »Komplettnegation partieller Wissensansprüche« (2002 a: 47), nicht selten im Zusammenhang mit der Artikulation von Betroffenheitsansprüchen.

Nichtwissen wird auf diese Weise in den Kontext von Komplexität und Uneindeutigkeit gestellt. Wenn man – mit Luhmann – Wissen als eine soziale Konstruktion versteht und das Nichtwissen entsprechend als einen »Konstruktionsdefekt«, dann wird ein bisschen deutlicher, was die Anwendung des Nichtwissensbegriffs auf eine institutionalisierte Expertenpraxis bringt, die durch eine spezifische Diskursivierung von genetischen Abweichungen, Anomalien und Behinderungen charakterisiert ist. Solche Anomalien und Behinderungen lassen sich dann in unserem Zusammenhang als ein Nichtwissensphänomen verstehen, das aufgrund seiner Uneindeutigkeit mehrere Zurechnungsoptionen eröffnet. So kann die Uneindeutigkeit von Behinderung etwa durch den Rekurs auf bestimmte Diskurse und kulturelle Leitwerte in einer Weise vereindeutigt oder entschärft werden, die dieses Nichtwissen als ein kognitives Problem, nicht aber als einen Anlass für Politisierungen kennzeichnet. Das Nichtwissen wechselt in diesem Fall in den Modus der Ungewissheit und wird darüber zu einer Konstruktion mit Aufforderungscharakter zur wissenschaftlichen Vereindeutigung (durch mehr Tests, genauere Diagnosen, bessere Therapien). Im Rekurs auf andere Diskurse und alternative Wertorientierungen kann die Uneindeutigkeit von Behinderung jedoch auch als Konstruktion zur Abwehr humangenetischer Erkenntnisansprüche wirksam werden. Die Unsicherheit und

Vorläufigkeit des wissenschaftlichen Wissens kann als ein Ausdruck prinzipieller Defizienz empfunden werden. In diesem Fall wird das Nichtwissen nicht mit der Option auf weitergehende Verwissenschaftlichung verknüpft, sondern mit Kritik von außen – Politisierung ist die Folge. Beide Varianten der Zurechnung stellen im Kern Wertentscheidungen dar, da es auch im Fall des Nichtwissens keine privilegierte Beobachterposition gibt.

## 3. Professionelle Autorität, Definitions- und Gestaltungsmacht

Neben den Begriffen des Nichtwissens und der Ungewissheit sind noch einige weitere Begriffe für die weitere Analyse von grundlegender Bedeutung. Diese wurden zum Teil bereits im Vorgriff auf ihre Systematisierung eingeführt und sollen nun präzisiert werden. Es sind dies die Begriffe der professionellen Autorität, der Gestaltungsmacht und der Definitionsmacht.

*Professionelle Autorität* meint in unserem Zusammenhang eine Zuständigkeit auf der Ebene der Phänomene. Diese Zuständigkeit basiert auf der Legitimität der Subsumtion der Phänomene unter den professionellen Deutungs- und Relevanzrahmen. Sie basiert auf der erfolgreich durchgesetzten Referenzbeziehung zwischen wissenschaftlicher Beschreibungsform und Objekt. Diese findet dann in der Regel auch ihren institutionellen Ausdruck (z. B. in Form der Etablierung von genetischer Diagnostik und Beratung als eines Spezialgebiets der Medizin, in Form von Berufsverbänden, Ausbildungsordnungen usw.). Der Begriff der professionellen Autorität wird hier nicht im professionspolitischen Sinne einer »Eroberung« und Durchsetzung von Zuständigkeit für eine bestimmte Dienstleistung, für ein bestimmtes »Territorium« verwendet. Dies etwa meint Michaela Pfadenhauer (2003: 66), wenn sie schreibt: »Die genetische Diagnostik *und* Beratung stellt dasjenige Feld ärztlicher Praxis dar, für das die Humangenetiker – als politischer Kollektiv-Akteur – (alleinige) Zuständigkeit reklamieren.« Während hier ganz konkret die Ebene eines innerprofessionellen Konflikts um die Frage, wer denn nun für die Durchführung von genetischer Diagnostik und Beratung autorisiert sei, berührt wird, greift mein Begriff der professionellen Autorität dahinter zurück. Er nimmt die Frage der Zuständigkeit in wissenssoziologischer Perspektive auf, indem er die zugrunde liegenden Rationalitäten und Definitionsverhältnisse in den Blick nimmt. Schließlich gehe ich davon aus, dass ein bestimmter Umgang der Experten mit Grenzauflösungen oder -unschärfen für die Legitimation professioneller Autorität eine Rolle spielt. Aus dieser Perspektive sind nicht die Akteure, sondern die den Grenzziehungen zugrunde liegenden Rationalitäten von Interesse.

*Gestaltungsmacht* heißt in unserem Fall, die Autorität zu haben, sozial verbindliche Problemlösungen vorgeben zu können. Dies kann entweder die Ebene der individuellen Entscheidungen im Beratungsprozess betreffen oder auch gesellschaftliche Steuerungsprozesse umfassen. Auf der Ebene genetischer Beratung ist damit ein Machtverhältnis umschrieben, in dem der Experte die Autorität besitzt, dem Patienten Direktiven zu geben. Dementsprechend ist die oben erwähnte professionelle Autorität nicht gleichbedeutent mit dem Begriff der Gestaltungsmacht. Der Aspekt der Gestaltungsmacht kommt in der humangenetischen Praxis ins Spiel, wenn der Experte aus seiner Diagnose eine bestimmte Behandlung ableitet bzw. routinemäßig zur Anwendung bringt, ohne dies durch die Wertvorstellungen der Klientin zu filtern; oder aber wenn über die Befindlichkeiten der Einzelnen hinweg verpflichtende Untersuchungen auf Anomalien angeordnet werden (Massen-Screening). Die eugenischen Programme der 20er und 30er Jahre zur Verbesserung der »Erbgesundheit« einer Bevölkerung sind beispielhaft für eine uns heute problematisch erscheinende Gestaltungsmacht der Medizin (Genetik, Psychiatrie) auf sozialer Ebene.

In Abgrenzung zur Gestaltungsmacht bezeichnet der Begriff der *Definitionsmacht* die Möglichkeit der Experten, die für die Interpretation von Phänomenen, die Legitimation von Entscheidungen und damit letztlich für die gesellschaftliche Auseinandersetzung mit bestimmten Phänomenen maßgeblichen Begriffe und Konzepte zu liefern und durchzusetzen. Professionelle Autorität lässt sich demnach als Materialisation von Definitionsmacht verstehen. Das heißt konkret auf die Pränataldiagnostik bezogen: Definitionsmacht beschreibt das Phänomen, dass das medizinische Fachwissen als relevant für die Auseinandersetzung mit Behinderung in der vorgeburtlichen Phase, als entscheidungsorientierend und -legitimierend begriffen wird. Genetische Beratung bezeichnet demnach eine Situation, in der sich die Festschreibung vollzieht, dass die verhandelten Themen (z.B. Chromosomenaberrationen, deren Häufigkeit und Auftreten usw.) in dem spezifischen Zusammenhang relevant sind und dass in diesem Rahmen auch entschieden werden muss. Dieser Begriff der Definitionsmacht greift in dieser Version dahinter zurück, was in der Soziologie traditionellerweise darunter gehandelt wird. In der Regel wird hier auf die Macht der Medizin verwiesen, darüber zu bestimmen, was krank und was gesund ist; dies schließt implizit an Bemerkungen Luhmanns (1990) zur Leitdifferenz des Funktionssystems Medizin an, der alle Operationen des Systems folgen. Demgegenüber meint Definitionsmacht in meinem Verständnis die Tatsache, dass die Experten sich die Möglichkeit geschaffen haben, mit ihren Begriffen, Konzepten und Relevanzen für Entscheidungs- und Aushandlungsprozesse, die unter anderem Grenzziehungen zwischen gesund und krank implizieren, sinnstiftend zu werden.

Der Begriff der Definitionsmacht ist somit enger gezirkelt als jener der Gestaltungsmacht: Während letztere unter anderem auf etablierter Definitionsmacht basiert, ist Definitionsmacht nicht unbedingt mit Gestaltungsmacht eng gekoppelt. Diese Behauptung soll im Folgenden argumentativ entwickelt werden. Die These lautet, dass wir es im Bereich humangenetischer Expertise mit einer paradoxen Entkopplung von Gestaltungs- und Definitionsmacht zu tun haben. Das soll nicht heißen, dass eine durchgesetzte Definitionsmacht nicht auch mit gewissen »Gestaltungseffekten« zu tun hätte. Diese Gestaltungseffekte ergeben sich im Bereich der Humangenetik gewissermaßen als Nebenfolge, zum Beispiel in Form einer privatisierten Eugenik. Eine solche »private« Eugenik kann es nicht geben ohne die Orientierungs- und Legitimationsfunktion des medizinischen Expertenwissens.

# 11. Humangenetik und Eugenik – zur Grenzarbeit der Experten

Die Frage, ob sich im Rahmen genetischer Testprogramme eine neue Form von privater oder liberaler Eugenik konstituiere, hat Troy Duster schon vor Jahren in einflussreicher Weise beantwortet. Seiner Analyse pränataldiagnostischer Untersuchungsprogramme in Kalifornien gab er den Titel »Backdoor to Eugenics« (Duster 1990) und brachte damit die Befürchtungen, eine neue Eugenik etabliere sich im Kontext moderner Life-Politics, auf eine einprägsame Formel.[5]

Nun ist die Eugenik nicht nur in ideologiekritischer Hinsicht ein interessantes Thema. Der Diskurs über die Eugenik kann auch für wissenschaftssoziologisch orientierte Analysen nutzbringend werden.

---

5 Begriffe wie neue oder liberale Eugenik erhalten ihre spezifische Bedeutung in Abgrenzung zu eugenischen Praktiken der ersten Hälfte des 20. Jahrhunderts. Diese historische Eugenik ist charakterisiert durch das Dogma einer kulturevolutiv notwendigen Optimierung des Genpools durch positive (»züchterische«) oder negative (»ausmerzende«) Maßnahmen. Dieses Dogma war begründet durch eine biologistisch verkürzte Deutung der massiven Industrialisierungsfolgen (Degenerationshypothese) sowie eine elitär-konservative Kritik an den Frühformen des Sozialstaats (aufgrund seiner »contra-selektorischen« Effekte). Ihre Ziele versuchte die Eugenik als politische Bewegung zunächst durch Erziehungsprogramme (z. B. Eheberatungsstellen) und im Zuge der politischen Radikalisierung dann auch durch Zwang und Terror (erinnert sei an das Sterilisationsprogramm und die »Euthanasie«-Aktion der Nationalsozialisten) zu erreichen. Die Schwangerenvorsorge war ganz offensiv auf die Verhinderung »erbkranken« Nachwuchses ausgerichtet; Objekt der ärztlichen Sorge und des expertiellen Urteils war nicht in erster Linie das Wohlergehen der Frau, sondern die genetische Qualität des Embryos. Als eine Auswahl von Standardwerken zur historischen Eugenik seien Kevles (1995), Kühl (1997), Paul (1995), Schmuhl (1992) und Weingart/Kroll/Bayertz (1992) genannt. Im Gegensatz zu dieser ideologisch motivierten, staatlich gesteuerten, zentralistisch organisierten und hierarchisch strukturierten Biopolitik steht in der modernen humangenetischen Praxis das liberale Ideal der individuellen Reproduktionsautonomie im Mittelpunkt. Der Begriff der neuen oder liberalen Eugenik geht nun davon aus, dass sich gerade durch die freiwillige und massenhafte Inanspruchnahme vorgeburtlicher genetischer Tests das überkommene Ziel der Eugenik (Selektion behinderten Nachwuchses) »durch die Hintertür« verwirkliche. Eine solche neue Eugenik ist demnach charakterisiert durch die Abwesenheit von politischer Direktive und staatlichem Zwang, dem Anspruch nach wird das Individuum selbst gleichsam zum biopolitischen Steuerungs- und Planungszentrum.

Schließlich – so die Ausgangshypothese der folgenden Untersuchungen – lässt der Diskurs der modernen Humangenetik über die Eugenik Rückschlüsse auf die Strukturierung von Handlungsorientierungen zu, die die Grenzen und Möglichkeiten des Handelns einer Profession bestimmen (andere Faktoren in diesem Zusammenhang wären etwa Geschlecht, Generation oder der Erfahrungskontext). Das heißt, es wird davon ausgegangen, dass Grenzziehungen weit mehr sind als nur rhetorische Strategien; die Grenzarbeit der Experten ist demnach nicht nur – nach Gieryn (1983) – als Management von symbolischen Grenzen zu verstehen (im Sinne einer intentionalen und strategischen Absicherung von funktionssystemspezifischen Autonomiespielräumen). Vielmehr muss man davon ausgehen, dass Grenzziehungen darüber hinaus einen Sinnzusammenhang herstellen, der einen selbstverständlichen Umgang mit Handlungsproblemen ermöglicht.

Die folgende – in wesentlichen Teilen auf Bogner (2004) beruhende – Analyse von Grenzziehungen wird demnach als ein Weg verstanden, Elemente einer bestimmten Handlungsordnung in der klinisch-genetischen Praxis aufzuspüren. Denn Grenzziehungen sind als gleichermaßen diskursiv vermittelte und subjektiv-interpretative Konstitution von Wirklichkeit immer auch Ausdruck von Orientierungsmustern, die handlungsleitend werden für eine bestimmte Praxis. Die empirische Analyse dieses Kapitels umfasst dabei zunächst die Ebene eines Diskurses, in dem sich die moderne Humangenetik von der historischen Eugenik abgrenzt. Eine solche Analyse wird dann im Weiteren bedeutungsvoll für die Rekonstruktion professioneller Handlungsorientierungen, die für die heutige Praxis maßgeblich sind.

Die Möglichkeit zu einer derartigen Rekonstruktion expertieller Grenzziehungen ergibt sich nicht zuletzt aus der spezifischen Interaktionssituation im Experteninterview, deren Reflexion Gegenstand von Kapitel B.II.2 war. Die Annahme vieler Experten, dass die Soziologie ein bevorzugtes Interesse an Kontinuitätsbehauptungen zwischen Eugenik und Humangenetik habe, brachte es mit sich, dass das Thema Eugenik einen maßgeblichen Bezugspunkt der Gespräche darstellte, selbst wenn es von Seiten des Interviewers gar nicht thematisiert wurde.

## 1. Wissenschaftliche Rationalität und politische Utopie

Die Eugenik, im Sinne einer bürokratisch organisierten und staatlich gesteuerten Strategie zur Verbesserung der »Volksgesundheit«, ist heute nach übereinstimmender Meinung der Experten keinesfalls Aufgabe und Zielsetzung der Humangenetik, noch darf sie es sein. In Abgrenzung zu einer fatalen historischen Praxis, die die Humangenetik in den Dienst einer verbrecherischen Politik stellte, wird heute der strikt unpolitische Charakter der humangenetischen Aufklärung, die kollektive Abkehr von biologistischen Weltdeutungen und soziobiologisch unterlegten Heilslehren betont. Insofern ist es nur konsequent, dass viele Experten den Vorwurf der Eugenik an die Adresse der Humangenetik ablehnen. Allerdings geschieht dies in der Regel nicht unter Rekurs auf die der Eugenik impliziten Wertvorstellungen. Die folgende Darstellung zweier Argumentationstypen, die den ersten Grenzziehungsdiskurs charakterisieren, macht vielmehr deutlich, dass die Abgrenzung zur Eugenik durch das Vertrauen in die medizinische Rationalität (1) und die politisch-organisatorischen Grenzen der Kontrolle (2) begründet ist.

(1) Ein erster Argumentationstyp[6] stellt die Bedeutung des Expertenwissens für eine Überwindung eugenischer Zielvorstellungen in den Vordergrund. Das Expertenwissen gilt in dieser Perspektive insofern als Sicherung gegen totalitäre biopolitische Tendenzen, als dieses Wissen auch das Wissen um das eigene Nichtwissen einschließt: das Wissen um die Vorläufigkeit und die Grenzen des Expertenwissens sowie das Wissen um die Zunahme an Uneindeutigkeiten und Interpretationsproblemen, die sich parallel mit dem Zuwachs an Spezialwissen ergeben.

Im Detail hebt dieser Argumentationstyp darauf ab, dass die pränatale Diagnostik ganz einfach deshalb kein Instrument der Eugenik sei, weil die »Abschaffung« von Behinderung auf diesem Wege gar nicht realisierbar sei. So wird einerseits davon ausgegangen, dass viele Behinderungen im Rahmen einer vorgeburtlichen Diagnostik gar nicht zu erkennen sind. Zum anderen machen hoch auflösende Geräte (z. B. Dopplersonographie) zwar immer mehr Details und immer kleinere Auffälligkeiten sichtbar, doch die klinische Relevanz dieser Phänomene wird zunehmend fraglich. Diese Tendenz – die Auflösung einfacher Zurechnungen infolge fortgesetzter Verwissenschaftlichung – scheint sich derzeit auch auf der Ebene der Ablösung von Forschungsparadigmen abzubilden (von den »Genomics« zu den »Proteomics«).[7] Mit dem Eintritt in ein »post-genomisches Zeitalter« ist ein Zuwachs an

6 Die im Folgenden dargestellten Argumentationstypen sind analytische Abstraktionen und daher nicht umstandslos auf Personen oder Berufsgruppen zurechenbar.

7 So zielen die Forschungen im Kontext der neuen Forschungsprogrammatik der »Proteomics« darauf ab, die Gesamtheit aller Proteine in einer Zelle zu untersuchen, weil sich mittlerweile herausgestellt hat, dass man die Struktur der vorhandenen Proteine nicht unmittelbar aus der Kenntnis des Genoms vorhersagen kann. Die »Genomics« zielten dagegen auf die Untersuchung der Gesamtheit aller Gene in einem Genom. Dahinter stand die Annahme, dass man mit dieser Kenntnis alle Lebensprozesse interpretieren bzw. steuern könne. Das Genom war als die alles determinierende Kontrollinstanz konzeptualisiert worden und der von ihm ausgehende Informationsfluss als unidirektional (Genom-Gen-Protein).

Komplexität zu erwarten, der eine einfache Zurechnung von genetischen Auffälligkeiten oder Defekten zu bestimmten Anomalien auf der Erscheinungsebene erschwert (Hengstschläger 2003). Damit wird erwartungsgemäß die Interpretation molekulargenetisch diagnostizierter Auffälligkeiten schwieriger werden.

Wenn man also Eugenik im Sinne einer wirkungsvollen »Ausschaltung« von Trägern »defekter« Gene versteht (»negative Eugenik«), erscheint es aufgrund des wissenschaftlichen Wissens sowohl um die Komplexität des Geno-Phänotyp-Zusammenhangs als auch um die Paradoxien, die sich durch eine verfeinerte Diagnostik ergeben, ausgeschlossen, mithilfe der Pränataldiagnostik das Phänomen der Behinderung »abzuschaffen«. Es ist dieser Aspekt des Wissens um die eigenen Grenzen des Wissens, den eine Humangenetikerin und Gynäkologin in der folgenden Passage prägnant zum Ausdruck bringt.

> Nur ein Bruchteil all derer, Kinder oder Erwachsener, die wir später im Leben als behindert bezeichnen, sind pränatal diagnostizierbar. Also, das korreliert nicht miteinander oder nur sehr bedingt miteinander. Das, was wir später im Leben als körperlich oder geistig behindert bezeichnen, ist nur zu einem Teil – wie groß der ist, kann man jetzt drüber streiten – aber sicher nur zu einem Teil pränatal diagnostizierbar. Da gehören die Trisomien dazu und einige wenige andere. Viele sind überhaupt nicht diagnostizierbar. Das heißt, es ist sozusagen den Genetikern ins Stammbuch zu schreiben, eine eugenische Überlegung über die Pränataldiagnostik ist inhaltlich falsch. Also ich kann nicht sagen: Der geniale Dr. Mabuse, der da in seinem Labor sitzt und der jetzt als Gesundheitsminister ein Programm für ein ganzes Land macht, der könnte Behinderung abschaffen via Pränataldiagnostik. (11:32/195:211)

In diesem Argumentationstypus wird die Eugenik als eine Form unaufgeklärter Wissenschaft, als eine politisch überformte Utopie gezeichnet; eugenische Zielsetzungen erscheinen als eine Konsequenz mangelnden Wissens. Eine solche Grenzziehung zwischen moderner Humangenetik

> Diese Vorstellung wird sehr schön durch die suggestive Metapher vom entzifferten Genom als »Buch des Lebens« illustriert. Diese Metapher legt nahe, dass sämtliche Informationen für den Bau und die Funktion von Lebewesen im Genom greifbar vorliegen – und dass es nur der Kenntnis dieser Abfolge von Buchstaben bedürfe, um in diese Funktionen und Strukturen eingreifen zu können. Dies gilt heute als unzulässige Simplifizierung, man geht von einem komplexen Netzwerk von Steuerungen aus (vgl. Levine/Tjian 2003). Die »Proteomics« sind also durch die neue Hypothese charakterisiert, dass jedes Gen für mehrere Proteine mit ganz unterschiedlichen Funktionen zuständig ist (und nicht nur für ein einziges). Für das Wissen um die Funktion einer Zelle sind demnach Forschungen auf der Ebene der Gesamtheit der Proteine notwendig.

und Eugenik legt es nahe, einen wirksamen Schutz vor politisch zweifelhaften Praktiken im wissenschaftlichen Fortschritt und dem Wissen um die Möglichkeiten und Grenzen des Expertenwissens zu vermuten. Es ist letztlich die systeminterne Rationalität, die als wirksame Barriere gegen biopolitische »Entgleisungen« erscheint. Die Diskussion der Streitfrage »Eugenik versus Humangenetik« wird damit in einer Weise gerahmt, die mit der Erinnerung an die historische Praxis die Bedeutung der wissenschaftlichen Rationalität betont.

(2) Eine zweite Argumentation hebt weniger auf die Unterscheidung von Wissenschaftsqualitäten ab als auf die praktische Ebene der Biopolitik. Sowohl die politisch-institutionellen Rahmenbedingungen als auch konkrete organisatorische Zwänge würden – so die grundsätzliche Annahme – in der Gegenwart die Realisierung eugenischer Zielvorstellungen verhindern. Weder sei eine lückenlose Erfassung aller Schwangeren politisch durchsetzbar, noch sei diese aus organisatorischen Gründen machbar. In diesem Fall wird die Eugenik also vor allem als eine Form totaler Kontrolle und Erfassung, als eine totalitäre Praxis verstanden, die unter modernen demokratischen Vorzeichen nicht praktizierbar sei. Grenzen der Erfassung werden – abgesehen von bürgerrechtlichen Erwägungen – auch darin gesehen, dass die meisten Frauen unter 35 Jahren aufgrund der Altersindikation heute gar nicht mit der Pränataldiagnostik im engeren Sinn in Berührung kommen. Zwar würden nach Schätzungen der Experten etwa 20 Prozent aller Trisomie-Kinder entdeckt werden, wenn man alle Frauen ab 35 Jahre amniozentieren würde. Doch der Großteil, nämlich 80 Prozent (also jene Trisomie-Kinder, die von Unter-35jährigen geboren werden), bleiben unentdeckt. Dies liegt zum einen an den begrenzten Kapazitäten, aber auch am mangelnden Wissen und der fehlenden Aufklärung der Frauen durch die niedergelassenen Gynäkologen. Nicht zuletzt der von vielen Professionellen wie Patientinnen gemeinsam geteilte Glaube, das Risiko für Trisomie-Kinder steige für Frauen ab 35 Jahren signifikant an, unterlaufe eine optimale Erfassung von Risikofällen. Es ist dieser Aspekt einer notwendig mangelhaften Erfassung und Kontrolle, den ein Humangenetiker in der folgenden Passage betont.

> Der Ultraschall ist zwar sehr gut, er wird immer besser, aber alles kann ich auch nicht feststellen. Wie gesagt, wenn es hundertprozentig wäre, wenn ich es hundertprozentig erfassen kann, dann kann ich vielleicht auch selektionieren. So, glaube ich... Auch wenn die Patientin hundertprozentig ist, das heißt rechtzeitig kommt, das alles einhält, und und und. Also, es muss von beiden Seiten eine Hundertprozentigkeit herrschen, dann kann ich vielleicht laufend gesunde Menschen zur Welt bringen. Aber das ist ein Idealzustand, der Mensch ist nicht hundertprozentig. Und daher glaube ich auch nicht, dass das eintreten wird. (25:20/372:382)

Es fällt auf, dass dieser Argumentationstyp im Vergleich zum ersten, der auf die immanenten Qualitäten wissenschaftlicher Rationalität abhebt, eine schwächere Form der Grenzziehung darstellt. Schließlich sind die genannten Faktoren, die derzeit Konzepte totaler Kontrolle unterlaufen, stark vom Zeitgeist geprägt und daher stärker revisionsanfällig. Zusammen genommen stellen beide Argumentationstypen einen Grenzziehungsdiskurs dar, der die Eugenik aufgrund ihres substanziell politischen Charakters von der Humangenetik unterscheidet. In dieser Sichtweise erscheint die Humangenetik – sofern die Eugenik gewissermaßen kein offizielles politisches Ziel darstellt und insofern auch nicht Teil eines bevölkerungspolitischen Konzepts ist – als eine von wissenschaftsinterner Logik gesteuerte Expertenpraxis.

## 2. Wissen und Werte

Im Folgenden wird ein zweiter Grenzziehungsdiskurs vorgestellt, der von seiner Argumentationslogik her sehr konträr zu dem oben skizzierten ist. Den Ausgangspunkt zur Rekonstruktion dieses Typus markierte die Frage: Wie sind jene Expertenaussagen in den Interviews zu verstehen, die ganz im Gegensatz zu den oben zitierten Passagen eine Affinität von Humangenetik und Eugenik in Rechnung stellen? Wird im Rahmen eines solchen Argumentationstyps nicht die Grenzziehung zwischen Wissenschaft und Ideologie aufgelöst? In welcher Hinsicht lässt sich in diesem Zusammenhang überhaupt von einem Grenzziehungsdiskurs sprechen? Im Folgenden soll gezeigt werden, dass das freimütige Eingeständnis mancher Experten, die Humangenetik eröffne Räume für eugenische Praktiken, weniger eine Auflösung denn eine Komplementierung des oben skizzierten Grenz-Managements darstellt.

Dieser dritte Argumentationstyp wird zunächst durch Aussagen strukturiert, die die prinzipielle Möglichkeit zu eugenischen Tendenzen (»Entgleisungen«) einräumen oder sogar ganz offen die Etablierung einer eugenischen Praxis im Rahmen der Pränataldiagnostik bestätigen. Eugenik wird in diesem Fall im Sinne einer liberalen oder privatisierten Eugenik verstanden (vgl. Fn. 5). Erst eine solche Erweiterung des Eugenik-Begriffs macht es möglich, die negativen sozialen Konsequenzen humangenetischer Praxis unter dem Schlagwort der Eugenik zu diskutieren. Nun muss das Eingeständnis, vermittels der Humangenetik könne sich durchaus eine moderne Variante der Eugenik etablieren, nicht gleichbedeutend sein mit einer radikalen Selbstkritik der Humangenetik. In der folgenden Passage eines Interviews wird vielmehr auf eine idealtypische Weise deutlich, inwiefern sich dieses Eingeständnis mit der Verteidigung professioneller Kompetenz- und Autonomieansprüche verbindet.

Der Vorwurf der Eugenik, das ist ein leichtfertiger Vorwurf, den können Sie jedem machen. Der Vorwurf erhebt sich besonders im deutschsprachigen Raum. Weil wir diese historische Hypothek haben. Wenn Sie in England sind oder in Amerika oder in Australien, gibt es diesen Vorwurf nicht. Die reden viel mehr Tacheles. Bei uns muss man sich winden und herum tun. In Wirklichkeit ist es klar, dass wir, wenn wir Aneuploidien herausfinden, eine gewisse Form der Eugenik betreiben. Nur: Wir betreiben nicht etwas, was gesellschaftlich unerwünscht wäre. Es ist ein gesellschaftlicher Konsens. Und mit einem einzigen Wort, das einen schlechten Geruch hat, glaube ich, kann man einen gesellschaftlichen Konsens einmal primär nicht in Frage stellen, sondern man muss da ordentlich herum diskutieren. Und wenn man das nicht will, wenn sich jemand traut, das abzuschaffen, dann soll er das sagen. Soll er's sagen! Soll er nicht mit irgendwelchen müden Worten daher kommen, wo er uns in die Nähe des Nazi-Regimes bringt. Das ist im deutschsprachigen Raum die beste Methode, Kritik zu üben, ohne sich mit den wirklichen Schwierigkeiten, die man da an der vordersten Front hat, echt auseinanderzusetzen. Dann rückt man ihn in die Nähe der Nazi-Zeit. (...) Wenn ich ein behindertes Kind hätte, das ich liebe, und ich merke, über das Kind hätte der Pränataldiagnostiker mir vielleicht gesagt: Das hat was, und ich liebe das Kind mittlerweile aber intensivst, und ich denke, das hätte ich nicht haben können, würde ich vielleicht ähnlich reden. Aber ich bin auch der Anwalt der anderen Seite. Und die andere Seite, die kommt zu mir und fragt mich: Habe ich ein gesundes Kind? Und meine Aufgabe ist, ihr zu sagen, ob sie ein gesundes Kind hat. Und ich habe einen großen, großen Unterschied zur Eugenik, wo man denen vorgeschrieben hat, sie müssen das unterbrechen. Sondern ich mache nichts anderes als gute Arbeit in der Richtung: Ich sage ihr, es hat einen Fehler oder es hat keinen Fehler. (22:57/836:885)

In diesem Grenzziehungsdiskurs geht es – wie das Interview-Exzerpt illustriert – nicht um den Versuch einer Grenzziehung zwischen einer von wissenschaftsimmanenten Prinzipien gesteuerten und außengesteuerter, politisch überformter Praxis (vgl. C.II.1); es geht vielmehr um die Abgrenzung zwischen der Wissenschaft als einem Produzenten objektiver Fakten (die im Beratungsgespräch als Sachinformationen weitergegeben werden) und dem sozialen Verwendungszusammenhang dieses Wissens. In der obigen Passage wird dieser Aspekt sehr schön im Verweis auf den gesellschaftlichen Konsens als der maßgeblichen normativen Instanz deutlich. Im Rekurs auf diesen Konsens, der die normative Grundlage der Expertenpraxis und gleichzeitig deren Legitimation bildet, wird eine Grenze zwischen (neutraler) Wissenschaft und Gesellschaft (in Form des sozialen Verwendungszusammenhangs) gezogen. Insofern ist es nur logisch, dass der (unterstellte) Vorwurf der Eugenik für den oben zitierten

Experten an die falsche Adresse geht. Schließlich stellt die Humangenetik in dieser Argumentation eine professionelle Praxis dar, in der weder offen noch verdeckt mit bestimmten normativen Zielsetzungen gearbeitet, sondern lediglich ein Informationsangebot formuliert wird. Diese Informationen gelten in diesem Diskurs als reine Sachaussagen, als objektive Daten. Dies kommt wiederum sehr treffend in der Formulierung des Experten zum Ausdruck: »Ich sage ihr, es hat einen Fehler oder es hat keinen Fehler.« Erst im Verwendungszusammenhang erhält demnach dieses Wissen einen Wertaspekt. Dies bedeutet auch, dass die gleichwohl nicht unproblematischen Folgen dieser Praxis nicht dem Verantwortungsbereich der Humangenetik zugerechnet zu werden brauchen. Die im Eingeständnis der Eugenik scheinbar verborgene Selbstkritik löst sich damit auf in eine Legitimation der Expertenpraxis, die über die kategorische Trennung von Wissen und Werten funktioniert.[8]

Wenn man nun den Blick von den konkreten Inhalten der beiden dargestellten Grenzziehungsdiskurse löst und deren Struktur betrachtet, ergibt sich eine interessante Parallele: Denn trotz divergierender Argumentationslogiken (in Bezug auf den Eugenik-Vorwurf) geht es in beiden Fällen letztlich um die Unterscheidung zwischen wissenschaftsinterner Logik und systemfremden Prinzipien – seien diese politisch-utopischer Art, wie im ersten Fall, oder sozial-verwendungspraktischer Art wie im zweiten. Dies verweist auf die eingangs postulierte Komplementarität der Grenzziehungsdiskurse.

## 3. Kollektivismus und Individualismus

In den vorangehenden Abschnitten wurden die Grenzarbeiten der Experten am Beispiel von Humangenetik und Eugenik rekonstruiert. Die Ausgangsfragestellung lautete: Welche Grenzziehungen bemühen die Experten zur Verteidigung ihrer professionellen Autorität? Wir haben gesehen, dass die konkreten Grenzziehungen zum einen auf eine spezifische Qualität wissenschaftlicher Rationalität rekurrieren; zum anderen konstruieren sie eine kategoriale Trennung zwischen Wissen

---

8 Eine Variante zu diesem Argumentationsmuster ergibt sich aus der Aufwertung des expertiellen Erfahrungswissens. In diesem Minderheiten-Diskurs wird wissenschaftliches Expertenwissen allein nicht unbedingt als ausreichend für die Konstituierung einer verantwortungsvollen Praxis angesehen. Es bedürfe obendrein, wie ein Experte sagte, des »richtigen Augenmaßes«, einer situationsspezifisch angemessenen Bewertung der Bedeutung des medizinischen Wissens. Die kategoriale Trennung von Wissen und Werten bleibt damit aufrechterhalten, auch wenn der Wissensbegriff eine Erweiterung erfährt.

und Werten mit der Konsequenz, dass die Sozialität der Wissenschaft dieser äußerlich bleibt.

Nun ergibt sich daraus die weiterführende Frage, mit welchen normativen Ansprüchen sich diese Grenzziehungen auf der Ebene der professionellen Handlungsorientierungen, also in Bezug auf die ärztliche Praxis, verbinden. Meine These lautet, dass die Grenzarbeit der Experten als Hinweis auf eine Handlungsordnung zu lesen ist, die durch die Orientierung am Individuum charakterisiert ist. Eine solche biopolitische Individualisierung charakterisiert den Schnittpunkt aller drei oben angeführten Argumentationen. So erscheint im ersten Fall, der Unterscheidung zwischen Wissenschaft und Ideologie, diese Individualisierung als Bedingung einer wissenschaftlich fundierten Expertenpraxis; schließlich wird die klassisch eugenische Orientierung – Optimierung des Genpools – als wissenschaftlich unseriös kritisiert. Auf einer epistemischen Ebene ergab sich dies aus der Tatsache, dass medizinrelevante Kategorien wie Anomalie oder Behinderung im Zuge der weiteren Verwissenschaftlichung ihre kognitionsorientierende und handlungsmotivierende Kraft tendenziell zu verlieren scheinen. Insofern die enge Kopplung von Wissen (Diagnose) und Entscheiden aufbricht, weil die Humangenetik auf eine neue Art und Weise Wertfragen aufwirft, werden das Individuum und die individuellen Wertvorstellungen zum maßgeblichen Bezugspunkt im Diagnose- und Beratungsprozess. Auch im zweiten Fall, der kategorialen Trennung zwischen Wissen und Werten, ergibt sich ein positiver Bezug auf die biopolitische Individualisierung. Zwar wird eine privatisierte »Nebenfolgen«-Eugenik durchaus als Resultat der modernen Praxis in Rechnung gestellt, doch resultiert ja deren billigende Inkaufnahme bzw. ohnmächtige Registrierung durch die Experten genau aus dem maßgeblichen Orientierungsmuster der Individualisierung.

Individualisierung meint in diesem Zusammenhang also zweierlei: Das Individuum wird als Individuum, nicht als Exemplar eines Kollektivs, zum Gegenstand humangenetischen Wissens; und die individuellen Relevanzen, nicht jene der Experten, strukturieren den Beratungsablauf und die Entscheidungsprozesse. In der Praxis heißt dies, dass an die Stelle unspezifischer Massenscreenings die individuenspezifische Indikation (für eine bestimmte Untersuchung) tritt bzw. treten soll (C.III.); und an die Stelle einer Anweisung des Experten die klientenorientierte, non-direktive Beratung (C.IV.). Es ist also leicht ersichtlich, dass die beschriebenen Grenzziehungen bestimmte Ansprüche an die Handlungspraxis der Experten formulieren. Gleichzeitig wird ein funktionaler Aspekt der beschriebenen Individualisierung offenbar. Schließlich lässt sich mit dieser Individualisierung der Anspruch verbinden, dass das Expertenwissen die maßgebliche Basis einer jeden Entscheidung, einer jeden Diskussion um Werte sein muss – schließlich könne eine seriöse gesellschaftliche Auseinandersetzung mit Anomalien und Behinderungen nur in einer durch Expertenwissen informierten Weise geführt werden. In dieser Perspektive liegt die Schlussfolgerung nahe, Entscheidungen und Wertediskussionen um Anomalien und Behinderungen in den Interpretationsrahmen und institutionellen Kontext der Medizin zu stellen, weil nur dort jenes Expertenwissen verfügbar ist, das eine moralisch verantwortungsvolle Praxis garantiert.

## 4. Exkurs: Die Diskursivierung von Behinderung

In diesem Abschnitt soll die Diskussion um normative Bezugspunkte expertieller Handlungsorientierungen vertieft werden. Das Thema »Behinderung« bietet sich dafür an, weil es für die Experten eine besondere Herausforderung darstellt. Dabei sind in unserem Zusammenhang nicht die ethischen Aspekte von Belang; es wird vielmehr an die oben formulierte Grenzziehungsproblematik angeschlossen. Schließlich müssen viele Auffälligkeiten und Anomalien, um die es in der Pränataldiagnostik geht, erst einmal zum medizinischen Code ins Verhältnis gesetzt werden. Es bedarf daher bestimmter Deutungen und Grenzziehungen, damit bestimmte Abweichungen als diagnoserelevant und wissenswert, andere jedoch als vernachlässigbar gelten können. Insofern muss man die Klärung der Frage, welcher Fötus als krank und welcher als gesund gelten darf, als einen wichtigen Faktor für die Handlungsmotivation der Experten verstehen. Die spezifische Form dieser Grenzziehungen lässt sich anhand der Diskursivierung von Behinderung nachvollziehen.

Ein erster Argumentationstyp wird durch Aussagen strukturiert, die Behinderung zu einer von der Natur vorgegebenen Norm ins Verhältnis setzen. In diesem Fall erscheint Behinderung als »Naturwidrigkeit«. Dies geht zwar in der Regel nicht mit einer pauschalen Abwertung Behinderter einher; vielmehr werden die Behinderten meist zu legitimen Empfängern gesellschaftlicher Humanität und Fürsorge verobjektiviert. Doch gleichzeitig wird über einen naturalistischen Normbegriff die Handlungsoption verteidigt, jene »Fehler«, die die Natur übersieht, zu »korrigieren«, gewissermaßen die Natur-Norm mithilfe der Naturwissenschaft wieder in ihr Recht zu setzen. Ein solcher Naturalismus ermöglicht eine Reformulierung von Behinderung in medizinisch eindeutigen Kategorien und lässt die Fiktion objektiver Grenzen zwischen gesund/krank bzw. normal/unnormal in Geltung.

Dieser Argumentation zufolge werden Anomalien zum selbstverständlichen Forschungsobjekt einer naturwissenschaftlich geprägten Medizin, sofern sich das Handeln der Experten an der Norm (dem normalen Chromosomensatz, einem normalen Phänotyp) orientiert. Die expertielle Deutung von Behinderung als »Naturwidrigkeit« oder »Naturirrtum« muss daher gleichermaßen als kognitionsorientierend und handlungsmotivierend verstanden werden. Sie ist funktional für ein professionelles Selbstverständnis der Humangenetiker als Therapeuten und Mediziner und für die Etablierung von Handlungsroutinen auf der Basis kognitiver Sicherheiten.

Hinsichtlich der professionellen Autorität formuliert dieser Naturalismus einen starken Legitimationsanspruch. Die Legitimität der Expertenpraxis wird aus dem »Wesen« von Behinderung selbst abgeleitet. Behinderung erscheint als ein Phänomen, das in den genuinen Zuständigkeitsbereich der Medizin fällt, weil es hier um medizinisch relevante Korrektur oder Reparatur geht. Die Frage nach der Korrekturbedürftigkeit wird dabei dem öffentlichen Diskurs entzogen; schließlich kann jene als ein Gebot der Natur verstanden werden. In der folgenden Passage wird dieser Argumentationstyp auf eine fast schon idealtypische Weise gebündelt.

> Bei der Trisomie 21 kommt es in den meisten Fällen zu einem Abort. Das überlebt ja nicht, da hat die Natur Sicherheitsventile. Wenn die Natur dieses Sicherheitsventil übersieht, dann kommt es zur Geburt eines solchen Kindes. Also der natürliche Vorgang ist es nicht. Sondern da passiert der Natur was. Man muss natürlich extrem human sein gegenüber allen Behinderten, das ist keine Frage, nur eine Frage der Gesellschaft. Aber man muss sich streng wehren, das zum Normalfall zu erklären. Ein Behinderter ist nicht die Norm. Das ist ein Fall, der unsere tiefste Fürsorge braucht, aber das ist nicht die Norm. Das hat nicht etwas mit meiner Meinung zu tun, sondern das gibt uns die Natur vor. Die Natur sagt, was die Norm ist. (27:8/69:83)

Dieser erste Argumentationstyp ist eher ein Minderheitendiskurs. Dies ist insofern vielleicht nicht überraschend, als die Vorstellung, die Medizin arbeite im virtuellen Auftrag einer Natur-Norm, gerade im Kontext des biomedizinischen Fortschritts, der die Außerkraftsetzung traditioneller Normvorstellungen forciert, historisch überholt erscheinen muss. Außerdem korrespondiert diesem Naturalismus ein Objektivismus auf der kognitiven Ebene, der sich nur schlecht mit dem modernen Beratungsideal der Non-Direktivität verträgt. In diesem Argumentationstyp ist es ja das Expertenwissen des Naturwissenschaftlers, sein Wissen um die natürlichen Zusammenhänge, das die Definitionsmacht der Medizin fundiert. Alternative Wissensansprüche müssen vor diesem Hintergrund als Unwissen erscheinen. Der Anspruch auf ein solchermaßen privilegiertes Wissen verträgt sich jedoch nur schlecht mit einer symmetrischen Kommunikationsbeziehung im Beratungsgespräch. Allerdings: Inwiefern sich Brüche zwischen kognitiv-normativen Ansprüchen und sozialem Handeln ergeben, wäre eine interessante Frage, die hier nicht weiter verfolgt werden kann. Es ist jedoch zu vermuten, dass sich aufgrund der zunehmenden Bedeutung von kulturellen Leitbildern wie des

»mündigen Patienten« ein solcher Traditionalismus in der Praxis nicht mehr bruchlos durchsetzen lässt.

Ein zweiter Argumentationstyp strukturiert eine Position, die sich in wesentlichen Punkten von der ersten abhebt. Diese Position leitet die Legitimität der Expertenpraxis nicht aus dem »Wesen« von Behinderung ab. Eine Vereindeutigung von Behinderung auf der Basis privilegierten Expertenwissens findet damit nicht statt. Es wird vielmehr auf das Erfahrungswissen aus der Praxis rekurriert, um Behinderung als ein medizinisches Problem zu markieren. In der Regel bezieht sich dieses Erfahrungswissen auf Experten-Interpretationen von Elternreaktionen auf die Diagnose »Behinderung«; die Experten ziehen sich auf diese Weise gewissermaßen auf Fremdzuschreibungen zurück. Die Medikalisierung von Behinderung vollzieht sich damit auf eine vermittelte Art und Weise. Sie ergibt sich nicht aus der Zuschreibung eines Wesens (»Naturwidrigkeit«), sondern sie wird über die Resonanz der Umwelt konstruiert.

Die professionelle Autorität ist demnach nicht mit dem Objektivismus eines privilegierten Expertenwissens verknüpft; sie stützt sich vielmehr auf die Evidenz intersubjektiv geteilter Bewertungskriterien. (Genau genommen können diese subjektiven Bewertungen mit dem Expertenwissen übereinstimmen, müssen es aber nicht, denn eine »objektive« Bewertung, eine Bewertung aufgrund eines naturwissenschaftlichen Faktenwissens bzw. davon abgeleiteter normativer Setzungen findet nicht statt – was einen erheblichen Entscheidungs- und Gestaltungsspielraum ergibt.) Eine solche Position charakterisiert Behinderung nicht als einen genuinen Defekt, aber dennoch als ein medizinisches Problem, weil sich ärztliches Handeln in diesem Fall auf die Behandlung individueller Unsicherheiten und Ängste bezieht (über deren Legitimität eine aufgeklärte, individualisierte Beratungsmedizin nicht urteilen muss und darf). Auf diese Weise wird Behinderung in einen psychologischen Deutungsrahmen gestellt. Die folgende Interviewpassage bringt dies treffend auf den Punkt:

> Es wird immer argumentiert: Na ja, wir müssten die gesellschaftlichen Rahmenbedingungen so machen, dass es sozusagen nicht so schwierig ist, ein Trisomiekind zu haben, und es sind ja nur die gesellschaftlichen Rahmenbedingungen so. Schlagwort »Behinderung passiert nicht, Behinderung wird gesellschaftlich gemacht«. (Seufzt auf) Das kann ich nicht so sehen. Das sehe ich nicht so, aus verschiedenen Gründen. Ich sehe, was es für eine Enttäuschung von Erwartungen, für eine Enttäuschung von Hoffnungen bedeutet, ein nicht-normales Kind zu haben. Da ist ein Anteil dran, der einfach nicht gesellschaftlich wegzumachen ist durch noch so gute Rahmenbedingungen, durch noch so gute Förderung, durch Integration in den Schulen, in der Gesellschaft, was auch immer. Die Kränkungen, die narzisstische

Kränkung, wie der Fachausdruck heißt, diese narzisstische Kränkung, ein behindertes Kind zu haben, ein Kind, das eben nicht nur kein Genie ist, sondern wirklich behindert ist, und ich denke, das muss man aussprechen, und da unterliegt eine sozusagen – ich nenne es jetzt mal sehr bewusst: – political korrekte Öffentlichkeit einer Fehleinschätzung, wie schlecht es den Eltern von behinderten Kindern individuell wirklich geht. Und das ist, meiner Meinung nach, nicht durch gesellschaftliche Rahmenbedingungen, die auch verbessert werden sollen, wegzumachen. Also, ich kann mich nicht ausreden auf den gesellschaftlichen Druck, dass sich die Frauen nur deswegen punktieren lassen, weil der gesellschaftliche Druck so stark wäre. Sondern, da ist eine genuine Angst davor, ein behindertes Kind zu haben. Und die erlebe ich als berechtigt. (2:28/161:194)

Schwangerschaft erscheint auf diese Weise als ein angstvoll besetzter Lebensabschnitt, gewissermaßen als eine Form von Krankheit, die durch Unsicherheit ausgelöst wird. In Form der pränatalen Diagnostik soll diese Unsicherheit durch die Eröffnung von Handlungsoptionen überwunden werden. Der anthropologisierten Unsicherheit wird auf diese Weise nach Maßgabe der technischen Möglichkeiten begegnet. Dabei geht es jedoch – im Unterschied zur ersten Position – nicht um eine »Abwehr« von Behinderung im Sinne einer notwendigen Korrektur der Natur. Es geht lediglich um die Vermittlung von Fakten, von Expertenwissen. Die Delegation der Normbestimmung an den gesellschaftlichen Konsens verbindet sich auf diese Weise mit einer Relativierung des Expertenwissens. Alternative Wissens- und Wertansprüche erhalten einen legitimen Platz im Rahmen des humangenetischen Aufklärungsgesprächs.

Beide Formen der Diskursivierung von Behinderung machen es möglich, die Legitimität professioneller Autorität analytisch auf die Grundunterscheidung gesund/krank zu beziehen. Während im ersten Fall die Grundunterscheidung auf eine Weise stabil gehalten wird, die von einem ungebrochenen Vertrauen in die Privilegiertheit des Expertenwissens zeugt, rekurriert der zweite Diskurs auf Abgrenzungskriterien, die nicht naturwissenschaftlicher Art sind. In diesem zweiten Argumentationstyp vollzieht sich die Reformulierung der Grundunterscheidung über den Rekurs auf gesellschaftliche Bewertungen. Dies geht mit einer Aufwertung alternativer Wissensformen und der Geltungsrelativierung des Expertenwissens einher.

# III. Die Verwissenschaftlichung
## der Expertenpraxis

In diesem Kapitel wird die Frage aufgenommen, welche neuen Entscheidungsoptionen bzw. Gestaltungszwänge, aber auch welche neuartigen Rationalitätserwartungen sich in der Praxis aus dem pränatalmedizinischen Fortschritt ergeben. Im Mittelpunkt steht dabei der für die Pränataldiagnostik so zentrale Begriff des Risikos. Es wird herausgearbeitet, dass eine fortgesetzte Verwissenschaftlichung eine Generalisierung des Risikos bedeutet – und damit letztlich eine folgenreiche Reformulierung der Grundunterscheidung gesund/krank. Im Anschluss daran wird den Konsequenzen dieser Verwissenschaftlichung auf der Ebene der professionellen Handlungsorientierungen nachgegangen.

## 1. Die Antiquiertheit der Altersindikation

In der prädiktiven Medizin werden nicht erst dann Untersuchungen durchgeführt, wenn jemand bereits krank ist oder deutliche Symptome zeigt. So erfolgen in der Pränataldiagnostik in der überwiegenden Anzahl der Fälle vorbeugende Untersuchungen, um bestimmte Phänomene, Defekte, Fehlbildungen des Fötus auszuschließen. Es stellt sich daher die Frage, wann ein pränataldiagnostischer Eingriff medizinisch gerechtfertigt ist. Die Gefahr eines solchen Eingriffs für die Frau, das statistische Risiko für eine bestimmte Anomalie des Fötus und die Möglichkeit einer therapeutischen Behandlung sind hier einige Faktoren, die gegeneinander abzuwägen sind. Mit anderen Worten: Es stellt sich die Frage nach der Indikation. Noch bis vor kurzem war das Alter der Frau für die Experten die maßgebliche Indikation für eine Pränataldiagnostik. Diese Konvention hat eine nachhaltige Wirkung. Viele Frauen gehen davon aus, dass aufgrund eines extrem ansteigenden Risikos für ein behindertes Kind eine Amniozentese ab 35 Jahren medizinisch indiziert sei (Schindele 1990).[9]

9 Für die Etablierung der Altersindikation sind wohl in erster Linie ökonomische Gründe zu nennen, also die finanzielle Belastung für die Kassen sowie Kapazitätsdefizite in den Kliniken. Gelegentlich wird die Altersgrenze auch mit einer wissenschaftlich-medizinischen Begründung verteidigt (signifikanter Anstieg des Risikos ab 35 Jahre); diese ist jedoch stark umstritten. Zuweilen wird auch die Meinung vertreten, dass das Risiko des Eingriffs (Abortusgefahr) sich an dieser Stelle in etwa mit dem Risiko der »Erkrankung«, also dem Risiko, ein Kind mit Down-Syndrom zu bekommen, deckt. (Dies bedeutet auch, dass man durch

Heute gilt die Altersindikation in Expertenkreisen als eine – aufgrund der beschränkten Ressourcen und medizinischen Risiken – akzeptable, jedoch nicht wissenschaftlich begründete Grenze. Von vielen Experten wird die Altersindikation als eine pragmatische, nicht ausschließlich medizinischen Kriterien und vor allen Dingen: nicht der Erfüllung der professionellen Zielsetzungen der Pränataldiagnostik gehorchende Grenzziehung charakterisiert. Das folgende Exzerpt bringt diese Lesart auf den Punkt:

> Das ist bis jetzt, bis vor etlichen Jahren, sehr banal gemacht worden, dass man gesagt hat: Frauen über 35 haben ein erhöhtes Risiko einer Chromosomenaberration. Es geht hier nicht ausschließlich, aber vorwiegend um die Trisomie 21. (...) Da hat man es relativ simpel, aber wahrscheinlich dümmlich gemacht und hat gesagt, wir machen einen willkürlichen »cut off« bei 35, und alle, die über 35 sind, denen biete ich eine diagnostische Methode, nämlich die Amniozentese an. Das Screening wäre also die Frage: wie alt sind Sie? Sind Sie unter 35, dann sind Sie ausgescreent als gesund und sind Sie über 35, dann sind Sie das Risikokollektiv. Und wenn Sie über 35 sind, biete ich Ihnen die Amniozentese an. Das ist insofern wahrscheinlich ein besonders dümmliches Screening, weil die Häufigkeit zwar minimal zunimmt über 35, aber die Anzahl der Trisomie 21-Kinder in dem Haufen der Frauen unter 35 wesentlich höher ist als in dem Haufen von über 35. (13:55/183:210)

Die Altersgrenze erscheint als Relikt aus einer »vorwissenschaftlichen« Ära der Pränataldiagnostik, auch wenn schon damals auf Expertenwissen (über das statistische Altersrisiko) rekurriert wurde. Diese pragmatische Grenzziehung ist nun insofern dysfunktional für die Praxis, weil sie nichts anderes bedeutet als eine zwangsläufige »Für-Gesund-Erklärung« aller Frauen unter 35 Jahren – und damit die bewusste Inkaufnahme eines geringen »Fahndungserfolgs«.[10] Eine solche Zielsetzung lässt sich im obigen Zitat aus der Charakterisierung des Altersscreenings als eines »besonders dümmlichen« Screenings erschließen.

Derzeit lässt sich erkennen, wie die pragmatische Grenzziehung infolge verfeinerter diagnostischer Verfahren von einer medizinisch-wissenschaftlich begründeten abgelöst wird. So wird etwa durch die Nackenfalte-Messung, die in großen Spitälern und Universitätskliniken

die Amniozentierung aller über 35jährigen auch viele gesunde Kinder verlieren wird, denn auch diese älteren Frauen haben ja immer noch eine relativ geringe Risiko-Wahrscheinlichkeit.)

10 In konkreten Zahlen: Das individuelle Risiko für ein behindertes Kind ist zwar für Frauen über 35 Jahre zweifellos höher (nach Expertenschätzungen stammen 30 Prozent aller Trisomie-Kinder von den ca. 11 Prozent Schwangeren über 35), jedoch bringen die Frauen unter 35 Jahren in Summe rund 70 Prozent der Trisomie-Kinder zur Welt.

bereits Routine ist, das individuelle Risiko ein Stück weit spezifizierbar. Eine wichtige Grundlage der Risikoberechnung ist zwar weiterhin das Alter; der enge Zusammenhang zwischen Alter und Risikozuschreibung wird nun allerdings aufgebrochen. Das konkrete Ergebnis einer Nackenfalte-Messung trägt dazu, den rein statistisch ermittelten Risikowert zu korrigieren. Es wird also für den Arzt möglich, beispielsweise einer 20jährigen Patientin mitzuteilen: »Sie haben zwar rein statistisch gesehen das Risiko einer 20jährigen, also ein minimales Risiko, ca. 1 zu 1400. Aber aufgrund der auffälligen Nackenfalte ihres Embryos, die wir im Ultraschall sehen, müssen wir diese Zahl korrigieren: Sie haben demnach das Risiko einer 40jährigen, also 1 zu 100.« Die Ablösung der Altersindikation bedeutet insofern eine Individualisierung der Diagnose (wobei diese Diagnose die Form einer statistischen Information behält).

## 2. Die Universalisierung des Risikos und neue Rationalitätsansprüche

Welche Folgen sind mit einer derartigen Verwissenschaftlichung der professionellen Praxis verbunden? Was bedeutet eine solche individualisierte Risikoabschätzung für die Klientinnen? Und was bedeutet sie für den Begriff des Risikos selbst oder für die kognitionsorientierende Grenze zwischen gesund und krank?

Blenden wir zur Beantwortung dieser Fragen noch einmal zurück. Die Altersindikation hatte gewissermaßen eine Entlastungsfunktion, und zwar nicht nur für die Kassen, sondern auch – wenngleich in paradoxer Form – für die Frauen: Mithilfe dieser Konstruktion wurde zwar eine Minderheit der Schwangeren (ab 35) letztlich als krank definiert; Frauen unter 35 Jahre durften jedoch quasi als gesund gelten. Damit waren beide Gruppen von einem Entscheidungsdruck weitgehend entlastet. Das Alter galt als so schicksalhaftes wie entscheidungsrelevantes Datum. An diesem kleinen Beispiel wird sichtbar, wie Unsicherheit durch eine pragmatische Grenzziehung in eine (wie auch immer labile) Sicherheit transformiert wurde (im Einzelfall mag die Angst vor dem Ungewissen nur umso größer gewesen sein). Diese Situation ändert sich nun schlagartig, sobald die alte Konvention als nicht wirklich wissensbasiert kritisiert wird und neue Tests auf den Markt kommen (Nackenfalte-Messung, Triple-Test). Von nun an gilt: Vor diesen neuen, nichtinvasiven Tests sind alle Frauen gleich – sowohl in einem zeitlichen wie auch sachlichen Sinne. Zwar sind sie aufgrund ihres spezifischen Alters mit einem statistisch unterschiedlichen »Basis-Risiko« ausgestattet, doch dieses Risiko hat nicht mehr einen derart determinierenden Charakter. Erst die individuelle Spezifizierung des Risikos soll das neue

Entscheidungskriterium für bzw. gegen eine weitergehende, invasive Diagnostik darstellen.

(1) Mit der Ablösung der Altersindikation wird die Grenze zwischen gesund und krank unscharf. Fortan müssen zunächst einmal alle Frauen als potenzielle »Krankheitsträger« gelten. Nur durch die Absolvierung der einschlägigen Untersuchungen wird es möglich, sich von diesem Verdacht zu befreien. Insofern setzt die – oft beklagte – Pathologisierung der Schwangerschaft infolge der Verwissenschaftlichung der Pränataldiagnostik auf einer neuen Stufe an: Der Versuch, die Definition von gesund und krank in medizinisch-wissenschaftlichen Terms zu reformulieren, resultiert in einer Universalisierung des Risikos, die einer heimlichen Pathologisierung gleich kommt. Es gibt nun vorab keine definitiv kranken, aber auch keine wirklich gesunden Frauen mehr – und zwar unabhängig von deren individuellem Zustand und Befinden. Eine Frau, die ihre Schwangerschaft ohne weitere Auffälligkeiten oder Beschwerden durchlebt, gilt nicht etwa als gesund, sondern – um es im Klinik-Jargon zu formulieren – als »low risk«-Patientin.

Der Versuch, das Risiko individuell zu bestimmen, führt also dazu, dass das Risiko letztlich nicht positiv, sondern negativ bestimmt wird: Die Schwangeren müssen sich durch die Inanspruchnahme bestimmter Tests erst einmal von dem Generalverdacht des Risikos »frei machen«. Damit drohen sich allein durch die Existenz der Screening-Tests nicht allein die Anwendungsvoraussetzungen dieser Tests zu ändern, sondern letztlich auch die Definitionsverhältnisse: Krank ist nicht mehr länger, wer die medizinische Assistenz braucht, sondern wer sie verweigert.

(2) Mit der Ablösung der Altersindikation eröffnen sich für die Frauen neue Entscheidungsspielräume – und neue Entscheidungszwänge. An die Stelle der Expertendirektive und eingeschliffener Handlungsroutinen tritt im Idealfall eine bewusste, selbständige Entscheidung – allerdings auf Basis uneindeutiger, auf Wahrscheinlichkeiten beruhender Expertenaussagen über das individuelle Risiko. Denn im Rahmen der frühen Pränataldiagnostik (Nackenfalte-Messung, Triple-Test) erhält die Frau nicht eine definitive Aussage über die genetische Qualität des Kindes, sondern eine Risikokennziffer, also eine Information über die individuelle Wahrscheinlichkeit, ein behindertes Kind zu bekommen, zum Beispiel: »Sie haben ein Risiko von 1 zu 500«. Oder »1 zu 850« oder ähnliches. An die Stelle der traditionellen Ja/Nein-Diagnose tritt eine statistische Information. Nicht: »gesund« oder »nicht-gesund«, sondern: wahrscheinlich gesund, aber möglicherweise auch nicht gesund. Ob ein Risiko von 1 zu 500 dann eher gesund oder vielleicht doch eher nicht gesund heißt, muss der individuellen Interpretation überlassen bleiben. Das unsichere Wissen der Experten formuliert also allem Anschein nach eine neue Anforderung an die Patientin: Sie sollte idealerweise schon vor allen Untersuchungsergebnissen wissen, was sie will. Schließlich gibt

es keine medizinisch-wissenschaftlichen Kriterien für einen »Ausstieg« aus dem zeitlich gestaffelten Untersuchungsprogramm der Pränataldiagnostik.[11] Aus der Hoffnung auf eine Entscheidungsentlastung durch Expertenwissen kann sich eine fatale Situation ergeben. Die Frau macht – in der Hoffnung, dass irgendein Untersuchungsergebnis irgendwann einmal eine eindeutige Präferenz ergeben möge – die gesamte »Palette« des pränataldiagnostischen Angebots durch.

> Gerade vor kurzem haben wir eine Patientin gehabt, die hatte ein IVF-Kind, die wollte zuerst die Nackenödemmessung. Haben wir die Nackenödemmessung gemacht, war in Ordnung. Da hat sie ein Risiko gehabt von 1 zu 500. Und aufgrund ihres Alters hätte sie gehabt: 1 zu 200. Ja, aber sie möchte einen Triple-Test. Sag' ich: Na, was haben Sie jetzt mit dem Triple-Test? Jetzt wissen Sie's eh schon, jetzt haben Sie das Risiko 1 zu 500 für Trisomie 21. Jetzt kommt beim Triple-Test dann heraus: 1 zu 150, das heißt nicht, dass Ihr Kind krank ist, aber dann hängen Sie erst wieder. Nein, sie möchte ihn machen. Haben wir einen Triple-Test gemacht. Natürlich kommt heraus: 1 zu 150. Dann haben wir eine Amniozentese gemacht, dann kommt heraus: Normaler Chromosomensatz. So dass wir die ganze Palette durchgemacht haben. Im Endeffekt ist dann eh herausgekommen: Alles in Ordnung. (29:13/206:219)

Genetische Beratung erscheint vor diesem Hintergrund nicht unbedingt als ein Prozess der Meinungsbildung; eher ist es ein Prozess, in dem die eigene Meinung »angereichert« wird. Denn die Informationen der Experten machen nur auf der Basis einer bestimmten Disposition Sinn. Schließlich müssen abstrakte Zahlenwerte und Auffälligkeitsbeschreibungen mit einer Bedeutung versehen werden.[12] Andernfalls entsteht im Rahmen einer rastlosen Suche (letztlich:) nach Bedeutungen eine »Sogwirkung« der Technologie, die die Medizin angesichts einer Fülle überflüssiger Untersuchungen nur zufrieden oder ratlos kommentieren kann.

Die gängige Vorstellung geht dahin, dass eine modernisierte Beratungs- oder Dienstleistungsmedizin den mündigen, emanzipierten Patienten befördere. Vor dem Hintergrund unserer Beobachtungen scheint

11 Ob es andere, zum Beispiel psychologische Gründe für einen solchen Ausstieg gibt (Angst, Uninformiertheit, Desinteresse usw.), ist eine andere Frage.

12 Diese eher theoretisch abgeleitete Interpretation deckt sich im Übrigen mit empirischen Befunden. So hat z. B. Hartog (1996) im Rahmen der Analyse von Gesprächsverläufen die These entwickelt, dass subjektive und objektive Risikoabschätzung sich in der Praxis nur selten entsprechen. Die Autorin geht davon aus, dass die Perzeption des Risikos von der grundsätzlichen Haltung der Frau zum diagnostischen Angebot abhängt.

evident, dass ein solches Patientenideal eine praxisnotwendige Fiktion der modernen Beratungsmedizin darstellt. Schließlich sind die neuen Entscheidungsspielräume potenziell mit Uneindeutigkeiten und Entscheidungskonflikten belastet, die nicht länger durch den Rückgriff auf Expertenwissen gelöst werden können.

## 3. Reine Wissenschaft?

Eine dritte bemerkenswerte Konsequenz aus dem oben dargestellten Verwissenschaftlichungsprozess ergibt sich im Hinblick auf die professionellen Handlungsorientierungen. Die beschriebene Individualisierung der Risikodiagnose lässt sich als Element einer Entwicklung begreifen, die zum Leitbild einer verwissenschaftlichten, strikt auf den Einzelfall bezogenen Medizin passt – dem Gegenentwurf zum Kollektivismus der historischen Eugenik (vgl. C.II.3). Vor diesem Hintergrund sind die Folgen der Verwissenschaftlichung eine besondere Herausforderung für die Experten. Denn es liegt nahe, dass zur Optimierung der individuellen Risikofeststellung auf irgendeine Form des Massenscreening zurückgegriffen werden müsste. Diese vollständige Erfassung der Schwangeren unter einem generalisierten Verdachtsmoment würde in der Praxis freilich nichts anderes als eine »Großfahndung« nach Behinderungen bedeuten. Obwohl sich einige Experten dieses Problems durchaus bewusst sind, finden sich gleichwohl keine *wissenschaftlichen* Gründe gegen eine solche Praxis.

> Von einem generellen Screening halte ich überhaupt nichts. Wir haben extreme Irrwege gehabt beim Triple-Test, wie in Deutschland teilweise, wo die Frauen nicht einmal gefragt werden. Da wird Blut abgenommen im Rahmen des Mutterpasses, und da wird – ohne die Frauen zu interviewen – ein Triple-Test mitgemacht. Das halte ich für das typischste Beispiel eines Irrwegs in der Pränatalmedizin. Weil nämlich eine Untersuchung gemacht wird, ohne vorher eine Beratung zu machen. (...) Es gibt ja auch Frauen mit einem höheren Risiko sogar, die in Kenntnis eines hohen Risikos keine Abklärung wünschen. Und das ist in Ordnung, das muss respektiert werden. Und ich kann auch nicht von einem Screening sprechen und sagen: Jetzt tun wir alle zwischen 20 und 30 Jahren mit dem Triple-Test durchscreenen. Das ist absolut der schlechteste Weg, wenn auch vielleicht statistisch und wissenschaftlich interessant. (21:48/636:655)

Es bedarf paradoxerweise der Integration nicht-wissenschaftlicher Kriterien in der Praxis, um eugenische Konsequenzen der Verwissenschaftlichung zu vermeiden. Schließlich wäre ein Massenscreening unter der Zielperspektive eines maximalen »Fahndungserfolgs« ganz offensichtlich ein effizientes Mittel. Verschärft wird dieses Problem durch die Gefahrlosigkeit und Unaufwändigkeit der neuen Methoden. So ist der frühe Ultraschall in der 10. bis 13. Woche gar nicht ausschließlich auf die Suche nach Indikatoren für eine Chromosomenaberration gerichtet; es können jedoch im Rahmen dieser Routine-Untersuchung auch derartige Hinweiszeichen (»Soft-Marker«) gefunden werden. Das heißt, es fallen beim frühen Ultraschall Informationen über den Fötus an, die die Frau vielleicht gar nicht haben will, die der Experte aber aufgrund seiner Routine gleich mit erhebt bzw. aufgrund rechtlicher Verpflichtungen kommunizieren muss. Damit löst sich die Illusion auf, dass eine Verwissenschaftlichung der Medizin gleichbedeutend sein muss mit einer automatischen Gewährleistung ihrer moralischen Verantwortbarkeit. Nicht zuletzt im Sinne der Vergrößerung von Entscheidungs- und Autonomiespielräumen wäre es angeraten, jede Frau zu testen, um möglichst lückenlos medizinisch relevante Informationen bereitstellen zu können. Insofern bedeutet der Verweis auf den individuellen Willen der Frau als Behandlungskriterium für den untersuchenden Arzt eine teilweise Außerkraftsetzung der medizinisch-wissenschaftlichen Logik.

Zusammenfassend lässt sich festhalten: Verwissenschaftlichung im oben dargestellten Sinne bedeutet eine Auflösung von wissenschaftlich fragwürdigen Routinen durch die Vorschaltung risikoärmerer Eingriffe vor die invasive Untersuchung und damit einhergehende Entscheidungs- und Autonomiezuwächse für die Patientinnen. Auf der anderen Seite führt dieser Prozess zu neuen Problemen: Die Generalisierung des Risikoverdachts entspricht einer Auflösung etablierter Grenzziehungen, die mit der hierarchisierenden Ordnung von gesund und krank verbunden waren. Damit kommt es zu einer Pathologisierung der Schwangerschaft, die über das bisher bekannte Niveau hinausgeht. Konkret: Während zuvor alle Frauen ab 35 als »Risikofälle« und damit als potenziell krank galten (und nur diese), so hat der Krankheitsbegriff heute keine gleichermaßen scharfen Begrenzungen mehr. Das Wissen um Risiken wird im Kontext neuer Aufklärungstechniken zur Quelle eines neuen (Be-) Handlungsimperativs. Es gibt keine unabhängig von der Untersuchung Gesunden mehr; Bereiche traditioneller Entscheidungentlastetheit lösen sich auf.

Im Zuge der Verwissenschaftlichung muss es – zweitens – tendenziell zur Etablierung neuer Rationalitätsstandards kommen. Mit der Überwindung der konventionellen Risikokonstruktion (Altersgrenze) entsteht für die Schwangeren der Anspruch, sich präventiv zu diesem Risiko zu verhalten bzw. sich als »Risikofall« zu verstehen – und zwar völlig unabhängig von physiologischen Parametern und dem individuellen Befinden. Perspektivisch werden den schwangeren Frauen damit neuartige Risikokompetenzen abverlangt. Aufgrund der Ungewissheit eines Expertenwissens, das keine Kriterien für die individuelle Entscheidung pro oder contra weitergehende, invasive Pränataldiagnostik liefert, werden diese Rationalitätsansprüche verstärkt.

Drittens haben die Experten im Zuge der Verwissenschaftlichung mit dem Problem zu tun, dass es der Integration nicht wissenschaftlicher Kriterien in die Forschungs- und Beratungspraxis bedarf, um eugenischen Tendenzen zu begegnen. Die Universalisierung des Risikos, die damit einhergehende Transformation der gesunden Schwangeren zur »low risk«-Patientin und die Etablierung neuer Rationalitätsansprüche sowie die potenzielle Gefahr der Etablierung eugenischer Praktiken – all diese Tendenzen sprechen dafür, dass die in diesem Kapitel analysierte Verwissenschaftlichung keineswegs unproblematisch ist. Vielmehr führen gerade die Verwissenschaftlichung und die Generierung neuen Wissens – ganz entgegen dem traditionellen Selbstbild der Wissenschaft – im Bereich pränataler Diagnostik und Beratung zu einer Zunahme von Unsicherheiten.

# IV. Der Funktionswandel von Experten und Expertenwissen

Aus den Ansprüchen eines neuen Kommunikationsideals in der Beratung ergibt sich ein Funktionswandel von Experten und Expertenwissen. Dieser Funktionswandel und seine Folgen stehen im Mittelpunkt der folgenden Ausführungen. Zunächst wird dargelegt, inwiefern die genetische Beratung als ein Ort der Konstruktion von Bedeutung verstanden werden muss. Dies schließt an Überlegungen aus Kapitel C.I. an. Anschließend wird jenes professsionelle Selbstverständnis moderner Humangenetiker rekonstruiert, das der neuen Bedeutung der Beratung entspricht. Eine solche Rekonstruktion auf der Basis von Experteninterviews muss natürlich den Einwand hervorrufen, dass hier Idealisierungen bzw. Artefakte als Praxiswirklichkeit gehandelt würden. Doch das unzweifelhafte und oft kritisierte Spannungsverhältnis zwischen Beratungsideal und Beratungsrealität steht hier nicht im Mittelpunkt. Interessant erscheint vielmehr, jene Probleme und Konflikte in den Blick zu nehmen, die aus dem – noch von aller Praxis unbeschädigten – Kommunikations*ideal* folgen. Abschließend wird in Form eines Ausblicks die Frage angerissen, welche Mechanismen in der genetischen Beratung der Ungewissheitsentlastung dienen. Dies führt die Diskussion um neue Rationalitätsansprüche und Entscheiden unter Ungewissheit weiter, die in Kapitel C.III. eröffnet wurde. Die hier vertretene These lautet, dass Entscheiden unter Kontingenz und Uneindeutigkeit der Konstruktion von Gewissheitsäquivalenten bedarf.

## 1. Beratung und die Konstitution von Bedeutung

Verschiedene soziologische Analysen des bioethischen und humangenetischen Expertendiskurses haben die Klientenorientierung in der genetischen Beratung, die nicht zuletzt von den Berufsverbänden gefordert wird (z. B. Gesellschaft für Humangenetik 1996), als einen Formwandel von Machtverhältnissen analysiert (Waldschmidt 1996; Lemke 2000; Lösch 2001). In diesem Zusammenhang wird die Ablösung eines expertendominierten, direktiven Beratungsstils durch ein patientenzentriertes, nicht-direktives Beratungsideal als eine Öffnung neuer und ambivalenter Autonomiespielräume interpretiert. Der subtile Zwang zu einem eigenverantwortlichen, vorausschauenden Umgang mit medizinischen Informationen zum Zweck einer expertenwissensbasierten »Optimierung« der eigenen Lebensweise wird als Ausdruck eines neoliberalen Imperativs zu einem gesellschaftlich funktionalen Selbstmanagement gelesen (vgl. A.I.1).

Hier ist die Perspektive eine andere: Der Wandel des Arzt-Patient-Verhältnisses wird vor dem eingangs dargelegten wissenssoziologischen Hintergrund interpretiert. In dieser Perspektive repräsentieren die Trisomie 21 – aber auch andere chromosomale Anomalien wie das Turner- oder Klinefelter-Syndrom – genetisch beschreibbare Phänomene, die sich nicht einfach dem medizinischen Kategoriensystem subsumieren lassen und daher neuartige Herausforderungen für etablierte Grenzziehungen und Entscheidungsprozesse darstellen. Diese Phänomene verkörpern ein breites Spektrum an Uneindeutigkeit – und geben damit gleichzeitig komplizierten Aushandlungsprozessen und flexiblen Entscheidungsstrategien auf der Basis individueller bzw. gesellschaftlicher Wertvorstellungen breiten Raum. In der Regel finden die Experten eben gerade keine Antwort auf die Frage, welche Konsequenzen aus der pränatalen Diagnose resultieren sollen (schon die Formulierung von Kriterien, wann eine Pränataldiagnostik indiziert ist, erscheint als eine schier unlösbare Aufgabe). Das heißt, die notwendige Definition des »lebenswerten« oder lebenswürdigen Lebens muss in einer Weise gelöst werden, die zwar die Bedeutung des Expertenwissens berücksichtigt (andererseits wäre die Pränataldiagnostik im Rahmen der medizinischen Vorsorge sinnlos), gleichzeitig aber über dieses Wissen hinausgehen muss.

Dass das Expertenwissen im Fall der Pränataldiagnostik überhaupt als problem- und beratungsrelevant gilt, ist freilich keine Qualität dieses Wissens per se. Denn selbst wenn es der Medizin möglich sein sollte, bestimmte Phänomene medizinisch zu deuten, so ist damit noch keineswegs ausgemacht, dass diese Deutungen auch als legitim gelten. So geht beispielsweise heute verstärkt der Streit darum, inwiefern die Genetik für die Erklärung bestimmter Verhaltensauffälligkeiten von Nutzen ist (z. B. Alkoholismus, Schizophrenie). Damit verbunden ist natürlich im Weiteren auch die Frage, inwiefern genetische Erklärungen oder biomedizinisch fundierte Problemlösungsstrategien als zulässig gelten, inwiefern ein biomedizinischer Deutungsrahmen als problemadäquat angesehen wird usw. Diese Option auf alternative Zurechnungen, auf konkurrierende Expertisen aus anderen Feldern zeichnet die Humangenetik in besonderer Weise aus. Zwar werden konkurrierende Expertisen auch in der konventionellen Medizin immer eine Rolle spielen. So mag zum Beispiel im Fall einer Herzoperation umstritten sein, ob der Eingriff mit den vorhandenen Mitteln zu dem entsprechenden Zeitpunkt unter Zugrundelegung einer bestimmten Prognose zulässig ist. Die konkurrierenden Einschätzungen werden jedoch in der Regel aus dem gleichen Feld, der Medizin, stammen (oder zumindest wird der Rückgriff auf Expertisen aus anderen Feldern nicht als sonderlich hilfreich begriffen werden). In der Humangenetik verhält sich dies anders.

Während also eine Medizin, die eine entsprechende Gestaltungsmacht entwickelt hat, in der Regel darauf verpflichtet wird zu tun, was sie kann, ist sie dies im Rahmen genetischer Beratung nicht. Denn was zu tun oder zu unterlassen ist, ist nicht mehr nur Verhandlungssache im Rahmen eines medizinisch-genetischen Relevanzsystems, sondern unterliegt auch individuell-ethischen Erwägungen. Diese Anerkennung alternativer Expertise lässt sich als Hinweis darauf werten, dass die medizinische »Aneignung« von Behinderung im Rahmen der Schwangerschaftsvorsorge (das heißt die Suche nach Auffälligkeiten, die Diagnose von Fehlbildungen bzw. Behinderungen) nicht (mehr) völlig normalisiert bzw. noch nicht (oder nicht mehr) ganz selbstverständlich ist. Im Gegensatz zur Bekämpfung von Krankheiten sehen sich die Berater und Experten mit Phänomenen konfrontiert, die aus unterschiedlichen Gründen keine ähnlichen Routinen ermöglichen. Oder anders gesagt: Behinderung ist nicht in ähnlichem Maße einer kulturellen Verselbstverständlichung unterworfen bzw. unterliegt konkurrierenden Deutungen, die eine solche Normalisierung bis zu einem gewissen Grad unterlaufen. Die Experten bekommen es hier mit Phänomenen zu tun, denen sie manchmal gar keinen spezifischen medizinischen »Wert« zuschreiben und für die sie kraft ihres Wissens keine verbindlichen »Behandlungsregeln« formulieren können.[13] Die neue Kooperativität der Experten wird dementsprechend als Ausdruck einer Suche nach Bedeutung gelesen, die die Medizin allein nicht lösen kann.

Die Bedeutung dieser Bedeutungssuche könnte man anhand eines fiktiven Dialogs zwischen einem Pränataldiagnostiker und einer Patientin illustrieren. Die mögliche Nachfrage einer aufgeklärten Schwangeren könnte etwa lauten: »Warum erzählen Sie mir eigentlich vom Down-Syndrom und der Möglichkeit seiner vorgeburtlicher Abklärung, wenn Sie dessen medizinische Relevanz gar nicht kennen? Wenn Sie mir gar nicht überzeugend beibringen können und wollen, aus welchen Gründen ich mich dieser pränatalen Untersuchung unterziehen muss? Wenn es letztlich vielleicht gar keine medizinischen Gründe gibt?« Eine Antwort könnte nun lauten: »Gnädige Frau, ich bitte Sie. Ich werde mich als Arzt doch nicht in Ihre Angelegenheiten einmischen. Das will und darf ich ja gar nicht. Also, welche Konsequenzen aus unseren Informationen folgen, können wir Ihnen nicht sagen. Das dürfen wir ja gar nicht.« Das ist die Antwort des Standespolitikers, der offensichtlich ein bisschen überfordert ist. Die historisch kontingente Form der Praxis erscheint ihm als Notwendigkeit, wenngleich diese Praxis – gestaltet unter anderem durch Moden, Standesregeln oder

13 Dies gilt gerade für die Trisomie 21. Die Argumentation vieler Experten geht dahin, die Legitimität der Pränataldiagnostik nicht auf die Struktur oder das »Wesen« dieses Phänomens zu beziehen, sondern auf den gesellschaftlichen Wertekonsens, der gegenüber solchen Behinderungen bestehe. Eine solche Argumentation trifft sich in Bezug auf die Diskursivierung von Behinderung mit jenem zweiten, »psychologisch« gelagerten Argumentationstyp (C.II.4).

rechtliche Zwänge – für die Patientin unbefriedigend sein mag. Wie müsste die weitergehende Auskunft eines Experten lauten, der schon im Studium das Nebenfach Soziologie geliebt hat und zu der hier entwickelten Sicht der Dinge neigt? Vielleicht folgendermaßen: »Wir geben Ihnen hier in der Klinik nur solche Informationen, die ein System wie unseres, dessen Referenzen die magischen Aprioris von Normalität und Gesundheit darstellen, geben kann. Da die Welt aus einem Kontinuum an größeren und kleineren Abweichungen besteht, bringen Ihnen diese Informationen erst einmal gar nichts. Unser Problem und unser Glück sind, dass wir nun einfach einmal die technischen Möglichkeiten haben, Chromosomenaberrationen (die uns die Genetik bekannt gemacht hat) und die entsprechenden Hinweiszeichen darauf zu diagnostizieren. Wir wissen, welche Chromosomenaberrationen es gibt, wir wissen, mit welcher Wahrscheinlichkeit sie bei einer bestimmten Altersstufe auftreten. Wir können Ihnen nun aber ohne die Mobilisierung außer-medizinischer Begründungen gar nicht erklären, warum wir Ihnen davon berichten. Das sind Informationen, deren Bedeutung aus unseren technischen Apparaten und dem Schein der Normalität geboren sind. Aber keine Angst, so richtig neu ist das Problem eigentlich gar nicht. Die Medizin hat noch nie das Wesen, die eigentliche Bedeutung jener Phänomene angeben können, mit denen sie sich zu schaffen gemacht hat. Die Medizin kann die Phänomene nicht begreifen, sie kann ihnen nur eine Bedeutung verleihen durch ihre Aneignung, Behandlungsweise, Institutionalisierung. Und die konkrete Behandlungsweise ist letztlich ja auch wiederum ein Indiz für den ›Medikalisierungsgrad‹ des Phänomens. Daher rate ich Ihnen: Machen Sie sich über die von uns diagnostizierten Phänomene doch selbst ein Bild, zum Beispiel anhand einschlägiger Erfahrungsberichte und des Praxiswissens, das in den Behindertenorganisationen und Selbsthilfegruppen kursiert. Oder indem Sie Ihre Wertpräferenzen sortieren oder einfach Ihre Gefühle befragen. Über die medizinische Relevanz der Phänomene können, ja müssen Sie sich schon selbst aufklären. Auf Wiedersehen und viel Glück.«

## 2. Der Experte als »Informator«

Individualisierung, die Orientierung auf den Einzelfall, und Verwissenschaftlichung, die Überwindung pragmatisch bestimmter Entscheidungskriterien – diese zwei Elemente sind in den vorigen Kapiteln als zentrale Eckpfeiler eines professionellen Selbstverständnisses charakterisiert worden, das die moderne Humangenetik als eine aufgeklärte und reflexive Praxis begreift. Dies verbindet sich, wie erwähnt, auf der Interaktionsebene mit einer klientenorientierten Beratung.[14] In

14 Um Missverständnissen vorzubeugen: Es wird hier und im Weiteren von einem Wandel genetischer Beratung hin zu einem Konzept der Non-Direktivität ausgegangen, der nicht zuletzt durch die Ausführungen vieler der von mir befragten Experten gestützt wird. Die kritisch gemeinte

dem Maße, in dem das Expertenwissen seine handlungsleitende Kraft verliert, gewinnen Aushandlungsprozesse an Bedeutung und damit die Kommunikation zwischen Experte und Laie. Mit diesem Bedeutungszuwachs der Kommunikation geht, wie sich leicht zeigen lässt, ein grundlegend gewandeltes Selbstverständnis des Experten einher. Den expertiellen Beschreibungen einer idealen Beratungssituation zufolge kann und will der Arzt nicht mehr »Weisungsgeber« sein. Nicht zuletzt das historische Experiment der Eugenik hat ein Modell diskreditiert, in dem die aufgeworfenen Wertfragen von den Experten selbst und damit letztlich nach politischem Kalkül beantwortet werden.

Zum anderen, und dies macht die Selbstrelativierung des Experten jenseits der historischen Reflexion so nachhaltig, lassen sich die in der Pränataldiagnostik zu verhandelnden Phänomene und Probleme nicht einfach der Logik des medizinischen Kategoriensystems subsumieren. Das Expertenwissen liegt gewissermaßen »quer« zu den aufgeworfenen Wertfragen; dies wurde unter den Schlagworten Nichtwissen bzw. Ungewissheit weiter oben ausgeführt (C.I., III.). Insofern ist die Abkehr von einem paternalistischen Modell der Arzt-Patient-Beziehung nicht unbedingt nur eine politische »Vorsichtsmaßnahme«, ein professioneller Selbstschutz, sondern ebenso sehr probleminduziert. Der traditionelle Paternalismus, der mit der Sicherheit der Medizin zusammenhing, eine bestmögliche Lösung für ein eindeutiges, scharf umrissenes und gewissermaßen voll medikalisiertes Problem zu liefern, löst sich (zumindest dem professionellen Anspruch nach) auf in den Kommunikationszwängen einer neuen Symmetriebeziehung zwischen Arzt und Patient.

Die Pränataldiagnostik als Beratungsmedizin formuliert an den Arzt den Anspruch, mit der Patientin in einen Entscheidungsprozess einzutreten, in dem der Experte nur mehr unterstützend, nicht aber gestaltend aktiv wird. Diesem Selbstverständnis zufolge ist der Experte jemand, der lediglich ein Informationsangebot zur Verfügung stellt. Die folgende Passage bringt die Veränderungen, die mit der Umstellung von »Sachfragen« (Krankheit) auf Wertfragen (Behinderung) verbunden sind, auf den Punkt.

> Erstens einmal ist es mir ganz, ganz wichtig, dass Sie bei der ganzen Pränataldiagnostik den Leuten immer ganz klar sagen: Müssen tun Sie gar nichts. Sondern Sie kriegen von uns Medizinern Informati-

Nachfrage, ob dieser Anspruch im Beratungsalltag jedoch tatsächlich realisiert werde, berührt die Tragfähigkeit unserer Argumentation gar nicht wirklich. Schließlich wird in den nächsten Kapiteln unter Bezug auf dieses Ideal eine Expertenkritik formuliert, die im Falle von Normabweichungen in der Praxis nur ein stärkeres Gewicht erhalten würde. Vgl. dazu auch Teil D, Fn. 5.

onen, da unterscheide ich mich auch von anderen. Meine innere Überzeugung ist, dass wir uns in ein Dienstleistungsunternehmen entwickeln in der Medizin. Und es kann nicht mehr so sein, dass Sie als Patient zu mir kommen, und ich sage: Passen S' auf, reden brauchen S' mit mir nicht, ich bestimme für Sie, was für Sie gut ist. Sondern die Medizin entwickelt sich meiner Ansicht nach in eine ganz andere Richtung. Sie kommen zu mir und sagen: Erzählen Sie mir, was Sie mir anzubieten haben, sagen Sie mir die Vor- und Nachteile, und dann werde ich Ihnen sagen, was ich mache. Und das ist ganz besonders dort relevant, wo die Vorteile einer bestimmten Vorgehensweise nicht ganz klar auf der Hand liegen. Ich gebe Ihnen ein Extrembeispiel: Wenn Sie zu mir mit einem durchbrochenen Blinddarm kommen, dann ist es zwar auch eine Frage der Höflichkeit, dass ich Ihnen erkläre, was ich jetzt mit Ihnen mache, aber Sie haben wenig Spielraum. Weil es nicht wirklich viel Sinn macht, wenn Sie sagen: Ich schau', dass ich das alternativ durchstehe. Aber bei der Pränataldiagnostik, wo diese ganzen ethischen Implikationen sind, wo ich das Risiko der Invasivität habe, ohne dass ich wirklich weiß, ob das Kind was hat, mit der ganzen Verunsicherung etc. etc., da glaube ich, das ist das absolute Extrembeispiel, wo es meine Aufgabe nur sein kann, Ihnen Information zu übermitteln, alle Ihre Fragen zu beantworten und Sie dann entscheiden zu lassen. (1:95/364:403)

Die Selbstrelativierung, die mit der Selbstdeutung des Experten als eines Informationsanbieters verbunden ist, bedeutet freilich nicht einen prinzipiellen Bedeutungsverlust des Expertenwissens für die individuelle Entscheidung. Im Gegenteil. Die individuelle Entscheidung wird ja im Beratungsprozess im Wesentlichen durch die Verarbeitung von *Informationen* strukturiert. Auf diese Weise wird das »technische« Expertenwissen (das Wissen über Vererbungsregeln, Anomalie-Häufigkeiten usw.) für den Prozess einer subjektivierten Bedeutungszuschreibung relevant. Das heißt, der Verlust von Gestaltungsmacht infolge der Umstellung auf Kooperation scheint eine Bedingung dafür zu sein, als Experte in den Entscheidungsprozess integriert zu bleiben und auch medizinisch uneindeutige oder »bedeutungslose« Phänomene im medizinischen Relevanzrahmen verhandelbar zu belassen. Das Ende einer absoluten Geltung des Expertenwissens befestigt also dessen Relevanz für den Umgang mit Behinderung im vorgeburtlichen Bereich. Im Szenario einer zukünftig sich etablierenden Dienstleistungsmedizin erscheint der Experte als ein objektiver, wertneutraler Aufklärer. Als problematisch gilt allenfalls ein paternalistischer Expertentyp, nicht jedoch ein Experte, der sich auf die reine Vermittlung von Fakten beschränkt und sich dementsprechend als »Informator« beschreibt.

Ich sehe mich weniger als Berater, sondern als Informator. Nicht? Weil entscheiden muss jeder selber, ich kann nur aufwarten mit Zahlen. Zahlen, die ganz objektiv sind. Zum Beispiel, wie hoch ist das Risiko für ein Down-Syndrom mit 35 Jahren? Kann ich sagen: 1 zu 250. Die Frau fragt, wie groß ist das Risiko für die Fruchtwasserpunktion? Sage ich: Ungefähr in dieser Größenordnung. Gut, dann muss jeder für sich entscheiden, welches Risiko er eher eingeht. (18: 14/174:180)

Die Bedeutung der Beratung liegt in der Eröffnung von Aushandlungsspielräumen für die Bedeutungskonstitution. Diese Feststellung führt zu einer völlig neuen Interpretation der Beratung. Selbst bis weit in die sozialwissenschaftlich orientierte Literatur hinein wird voraussetzungslos davon ausgegangen, dass die Beratung vor allem eine Hilfeleistung für die Patienten darstelle. Susan Michie und Theresa Marteau (1996: 104) etwa beschreiben die Beratung als »a communication process aimed at helping people with problems associated with genetic disorders or the risk of these in their family.« Dies ist natürlich nicht falsch, aber aus wissenssoziologischer Perspektive ist es im Fall der Pränataldiagnostik eben auch umgekehrt: Die Beratung ist ein Mittel, um mit dem Nichtwissen und der Ungewissheit in einer Weise konstruktiv umzugehen, die die Autorität und Definitionsmacht der Medizin nicht in Frage stellt. Natürlich wird das Bedürfnis nach medizinischer Beratung durch die realen Risiken einer invasiven Pränataldiagnostik (Abortusrate) verschärft. Doch abgesehen von der notwendigen Vermittlung von Informationen über das jeweilige Eingriffsrisiko (das die Pränataldiagnostik im Übrigen nicht von anderen medizinischen Operationen unterscheidet), kann die herausgehobene Bedeutung, die der Beratung im Rahmen der Pränataldiagnostik zukommt, dahingehend verstanden werden, dass hier die Geltung der expertiellen Relevanzen bestätigt wird. Vermittels der Beratung geschieht eine »Indikationsstellung« für das Expertenwissen. Das soll nicht heißen, dass der Experte in der Beratung der Patientin seine persönliche Meinung aufdrängt, Zwang ausübt oder ähnliches. Sondern: Die Beratung ist der Ort, an dem die Legitimität geschaffen wird, die zu verhandelnden Probleme und Phänomene in einen bestimmten professionellen Relevanzrahmen zu stellen. Die Aufklärung über genetische Risiken, Vererbungsregeln, statistische Verteilungskurven, Eintrittswahrscheinlichkeiten von bestimmten Anomalien, kurz: die Vermittlung von biologischem und genetischem Grundwissen in der Schwangerenvorsorge markiert den Objektbereich als einen medizinischen. In der Beratung legitimiert sich das medizinisch-genetische Expertenwissen als das für den vorgeburtlichen Umgang mit Behinderungen relevante. Darüber tritt die Frage, warum man in der Schwangerschaft ausgerechnet oder ausschließlich mit einem medizinischen Experten über Anomalien und Behinderungen redet, in den Hintergrund.

## 3. Expertenwissen und Entscheiden

Im Folgenden werden die durch die neue Beratungsform induzierten Konfliktpotenziale dargestellt. Gemäß unserer Methodenwahl muss es sich um eine Exploration auf der Basis des im letzten Abschnitt skizzierten Kommunikationsideals handeln. Das heißt, es geht hier nicht darum, die sich im Beratungsalltag herausbildenden subtilen Zwänge und Machtbeziehungen, Missverständnisse und Fehlleistungen zu denunzieren. Mit Bezug auf unsere Leitmetaphorik der Grenzpolitik ist es ausreichend, jene Konfliktpotenziale zu skizzieren, die sich logisch aus dem Beratungsideal ergeben.

In der Praxis werden von den Experten jene Situationen als konflikthaft beschrieben, die durch ein eklatantes Missverhältnis zwischen medizinischem Fachwissen und individueller Entscheidung charakterisiert sind. Dieses Auseinanderklaffen von Wissen und Werten wird in der Regel durch einen anthropologisch fixierten oder gesellschaftlich geprägten elterlichen Wunsch nach einem perfekten Kind erklärt. Bei den von den Experten beschriebenen Konfliktfällen handelt es sich regelmäßig um das Vorliegen einer leichten oder minimalen Behinderung des Kindes (oft sind es geschlechtschromosomale Aberrationen wie das Klinefelter- oder das Turner-Syndrom), die bei den Eltern zum Wunsch nach einer Abtreibung führen. Dieser Wunsch, sofern er von den Experten als nicht legitim eingeschätzt wird, führt bei ihnen zu Irritationen, die als Gewissenskonflikt empfunden werden. Nun bringt es die humangenetische Formulierung von Wertfragen ja gerade mit sich, dass das medizinische Expertenwissen nicht mehr entscheidungsdeterminierend wirken kann – insofern gibt es für die Experten auch keine wirksamen Interventionsmöglichkeiten.

In diesen Wertekonflikten lässt sich eine spannungsvolle Dissoziation des Mediziners als Experte und als »Privatmann« konstatieren. Der Arzt agiert über weite Strecken der Beratung nur mehr als »Privatmann in Weiß«, und in Konfliktsituationen interveniert er mit seinen Moralvorstellungen gleichsam von »außen«. Die zugrunde liegende Problematik bleibt dem Expertenwissen äußerlich. Der Arzt kann, wenn er will, um eine moralisch verantwortbare Entscheidung feilschen, bis zu einem gewissen Grad. Das heißt, er kann das, was aufgrund hegemonialer Normalitätsvorstellungen als »Tabu« oder Verstoß gegen die »guten Sitten« gilt, zu korrigieren versuchen. Aus dem Expertenwissen heraus ergibt sich jedoch kein ähnlicher »Interventionsauftrag«, wie dies eben bei einer akuten Krankheit der Fall wäre.

Also ich hatte eine Konfliktsituation, ja. Das war ein Turner-Syndrom, das heißt, das ist Kleinwuchs. Bei Mädchen tritt das auf mit (?), die aber an und für sich geistig normal und leistungsfähig sind. Es gibt auch Ärztinnen, die Turner-Syndrom haben. Und als wir diese Diagnose stellten, hatte ich ein sehr großes Problem da zuzustimmen, dass die Schwangerschaft jetzt unterbrochen werden muss. Weil das war für mich, ja, ein, ein Kind, das eine Behinderung hatte, das wussten wir. Die Behinderung war halt die, dass das Kind sich nicht fortpflanzen konnte, ja. Und das als Anlass zu nehmen, eine Schwangerschaft abzubrechen, war für mich eine ziemliche Konfliktsituation. Aber letztlich muss das freilich die Frau entscheiden, ich habe nur eine beratende Funktion. Ich kann nur aufzeigen, Risiken aufzeigen, beraten. Entscheiden muss das Paar selber. (31:16/220:234)

Dem Konflikt liegt eine Werte-Differenz zugrunde, die nicht durch die Vermittlung von medizinischem Wissen überbrückt werden kann bzw. die durch die Vermittlung von normalisierendem Expertenwissen (»ihr Kind hat keinen normalen Chromosomensatz«) noch verstärkt wird. Mit der Diagnostik von Behinderungen betritt der Arzt ein Feld, auf dem es kein privilegiertes Wissen gibt oder genauer: wo die medizinische Analyse, die Diagnose und Beschreibung von Phänomenen für medizinisch verantwortbares Handeln nicht mehr allein maßgeblich ist. Die Verhandlung der Phänomene auf einer medizinisch-genetischen Sachebene und die Selbstbeschränkung der Experten darauf, ausschließlich Fakten und Informationen zu liefern, sind offenbar geradezu eine Voraussetzung dafür, die Entscheidung als eine individuell-ethische zu legitimieren (dass den »reinen« Fakten natürlich eine implizit wertsetzende Funktion zukommt, wurde im Zusammenhang mit dem Begriff der Definitionsmacht thematisiert).

Die nach Einschätzung reflektierter Experten verantwortungsvolle Entscheidung konstituiert sich nicht mehr ausschließlich durch den Rekurs auf das Expertenwissen. Das Expertenwissen kann das Handeln und Entscheiden der Patientinnen nicht mehr (de-)legitimieren. Das medizinische Expertenwissen kann letztlich nur mehr eine bestimmte »ethische Grundhaltung« der Entscheider autorisieren, eine bestimmte Werte-Entscheidung plausibilisieren. Das Expertenwissen kann nicht länger in einer gewissermaßen sozial verbindlichen Weise auf die individuelle Entscheidung zugreifen. Die expertielle Gestaltungsmacht löst sich auf. Dies markiert einen wesentlichen Unterschied zu vergleichbaren Konfliktsituationen in der traditionellen Medizin, wo der Patient ja auch frei entscheiden kann – allerdings in der Regel in Bezug auf eine deutliche Empfehlung der Experten. Die Relativierung des Expertenwissens im Bereich der Biomedizin darf nun freilich nicht mit dessen Irrelevanz verwechselt werden. Das Expertenwissen gilt gerade in der genetischen Beratung weiterhin – und gerade vermittels seiner Relativierung – als problemrelevant. Mit anderen Worten: Nur ein – durch normative und kognitive Unsicherheiten erzwungener – Funktionswandel des Expertenwissens vermag dieses Expertenwissen als ein für diese spezifische Phänomene (Behinderungen) relevantes Wissen zu autorisieren. Dass dieser Funktionswandel zu Konflikten führt, ist nur Ausdruck der Tatsache, dass die Behauptung von Definitionsmacht mit einem Verlust von Gestaltungsmacht verbunden ist.

## 4. Exkurs: Die Konstruktion von Gewissheitsäquivalenten

Genetische Beratung charakterisiert eine Situation, in der unter Ungewissheit entschieden werden muss. In Kapitel C.III. wurde gezeigt, dass die Zunahme an Ungewissheit mit der Verwissenschaftlichung der Pränataldiagnostik in Verbindung steht. Nun wird auch in anderen Kontexten im Bewusstsein darüber entschieden, dass man nicht alle entscheidungsrelevanten Faktoren kennt bzw. kennen kann. Es sind im Folgenden die expertiellen Strategien zur Reflexionsentlastung, die uns interessieren. (Entsprechende Strategien der Frauen müssen aufgrund unserer Datenlage außer Betracht bleiben.) Aus den Experten-Beschreibungen des konkreten Beratungsprozesses lässt sich rekonstruieren, dass bestimmte »Zeichen« oder Symboliken im Beratungsverlauf genutzt werden, um ein diffuses Gewissheitsgefühl in einer Weise zu stabilisieren, so dass sich eine bestimmte Entscheidung gewissermaßen in zwangloser Übereinkunft zwischen Arzt und Klientin ergibt. Dies ist nicht gleichzusetzen mit dem Versuch, der Klientin etwas vorzuschreiben oder ihr Informationen vorzuenthalten. Es ist vielmehr der Versuch, aufgrund bestimmter Zeichen oder Symboliken die uneindeutige Gemengelage zwischen Gewissheit und Ungewissheit zu asymmetrisieren. Man könnte auch sagen: Die Experten führen in ihren verschiedenen Beschreibungen von Beratungsprozessen vor, wie ein Entscheiden unter Kontingenz möglich wird – und zwar vermittels der Funktionalisierung bestimmter Zeichen oder Symboliken für die Herstellung von Gewissheitsäquivalenten.

Diese Gewissheitsäquivalente werden im konkreten Fall durch bestimmte Beratungsmechanismen realisiert. Diese bilden sich dort heraus, wo es unmöglich ist, eine sachlich begründete Schließung der Informationssuche bzw. -weitergabe vorzunehmen. Die Quantifizierung einer Risikowahrscheinlichkeit gibt keine Sicherheit, und das Vorliegen irgendwelcher Anomalien oder Auffälligkeiten ist prinzipiell immer möglich. Doch in der Praxis resultiert daraus keine »totale« Aufklärung im Sinne einer endlosen Suche nach Details oder der ärztlichen Mitteilung auch unwahrscheinlichster Eventualitäten. Der Experte kann und will nicht über alles informieren, was prinzipiell untersuch- und mitteilbar wäre. Es müssen daher Mechanismen der Informationsschließung gefunden werden, gewissermaßen informationelle Grenzziehungen. Solche Grenzziehungen sind auf verschiedene Weise möglich. Im Folgenden werden einige Varianten dargestellt. Damit ist natürlich nicht der Anspruch verbunden, eine empirisch erschöpfende Typologie vorzulegen. Dies ist aufgrund des Datenmaterials nicht möglich, und es wäre für unseren Zweck letztlich auch unnötig. Unser Ziel ist explorativer Natur. Es geht hier um die empirisch gestützte Sensibilisierung dafür, dass Gewissheitskonstrukte, gewissermaßen situationsbezogene Reformulierungen von Grenzziehungen, notwendig sind für Entscheidungen. Daher werden einige diskursive Mechanismen zur Herstellung solcher Gewissheitsäquivalente dargestellt. Es lassen sich drei Typen unterscheiden. Diese könnte man den »traditionalistischen«, den »psychologischen« sowie den »pragmatischen« Typ nennen.

Eine erste Form solcher Beratungsmechanismen (»traditionalistischer Typ«) rekurriert auf einen »natürlichen« Schicksalsglauben. In dieser Sichtweise entstehen die wirklichen Probleme erst durch die Technisierung der Schwangerschaft, durch den menschlichen, interessengeleiteten Eingriff in die natürliche Ordnung der Dinge. Im Kontrast zu jenen Handlungen und Routinen, die heute als Bestandteile einer Basisversorgung und damit gleichsam als »natürlich« gelten, werden darüber hinausgehende pränatale Untersuchungen als medizinische Hybris, als ein gleichsam naturwidriges Übermaß an Aufklärung gezeichnet. Die forcierte Pränataldiagnostik führt in dieser Perspektive nur zu verstärkter Verunsicherung und überflüssigen Komplikationen. Ein medizinischer Nutzen ergebe sich jedoch daraus nicht. Der Versuch der Experten, möglichst lückenlos alles abzuklären, ist daher ein kontraproduktiver Eingriff in das natürliche Gleichgewicht. Dieses Gleichgewicht stellt sich durch die allgemeine Erwartung her, dass ohnehin alles gut und in Ordnung sein wird. Insofern bildet ein natürlicher Schicksalsglaube auf Seiten des Arztes das Korrektiv gegen eine problematische »Über-Aufklärung«. Inwiefern dieses Korrektiv, das sich auf die implizit normativ aufgeladenen Begriffe von Natur, Schicksal oder Zufall gründet, eine tragfähige Basis zur informationellen Grenzziehung sein kann, wird allerdings nicht nur innerhalb der Expertenschaft sehr umstritten sein.

Eine zweite Form der Informationsschließung (»psychologischer Typ«) setzt nicht auf quasi-natürliche, sondern auf interaktiv festgelegte Grenzen. Der Arzt reguliert seine Informations-Weitergabe auf der Basis seiner Einschätzung der Frau: Deren psychische Verfassung und das Maß an Selbstverständlichkeit, mit der die Frau ihre Schwangerschaft trägt, werden zum Kriterium für den Experten, nach dem er seine Informationen dosiert. Aus dem Auftreten der Frau, ihrer Sprechweise über die Schwangerschaft und letztlich wahrscheinlich auch aufgrund äußerer Merkmale, die kulturell codiert sind (Kleidung), versucht der Experte Indizien zu gewinnen, um seine Beratung zu konzipieren. Kurz: Die Selektivität der Information, die informationelle Grenzziehung funktioniert in diesem Fall auf der Basis einer psychologischen Ad-hoc-Expertise.

> Es gibt ja sehr viele, ich will nicht sagen »einfache«, aber sozusagen so natürliche Schwangere, mit einem selbstverständlichen Selbstwertgefühl, so: man wird schwanger, kriegt ein Kind, das ist gesund, und so läuft's. Und wenn Sie dann anfangen zu sagen: Na ja, das könnte auch eine Trisomie haben, und das kann man untersuchen usw. – abgesehen von der Mühe für den Geburtshelfer, die das ganze bedeutet, ist es ja auch eine tatsächliche Verunsicherung. Weil man muss natürlich zugeben: Über 99 Prozent aller Kinder haben keine Trisomie. Gott sei Dank, nicht? (9:103/961:979)

Ein dritter Beratungsmechanismus (»pragmatischer Typ«) wird durch den Versuch der Experten charakterisiert, die Reflexion über die Bedeutung einer Aussage oder Diagnose an einer bestimmten, »plausiblen« Stelle abzubrechen. Dies ist nicht gleichbedeutend mit der Unterstellung, der Experte würde die Frau nicht korrekt aufklären. Die informationelle Grenzziehung funktioniert hier auf einer anderen Ebene. Es handelt sich nicht um eine bewusste Täuschung oder um das Vorenthalten von Befunden, Auffälligkeiten usw. Es geht vielmehr um eine Komplexitätsreduktion auf der Basis eines voraussetzungsreichen »Agreements« zwischen Arzt und Patientin. Der Berater vermittelt der Patientin die korrekte Information, ohne aber die Tragweite, die Unschärfe und das »Restrisiko« dieser Aufklärung explizit zu thematisieren. Der latente Bedrohungsgehalt, der von ärztlichen Aussagen ohne Sicherheitsgarantien ausgehen kann, wird ausgeblendet, und zwar in der Annahme, dass dies auch im Sinne der Frau ist.

> Die Frau kommt und geht von uns vom Ultraschall weg mit einem Normalbefund, sie ist sehr beruhigt, glaube ich, weil wir sagen: Schaut sehr schön aus, das Bild ist ganz normal, das Kind wächst ganz normal, hat ganz normale Organsysteme, man sieht das Organsystem sehr gut heute, und es ist alles richtig angelegt. Also der Ultraschall ist in Ordnung. Trotzdem sagen wir natürlich auch nicht – das wissen aber die Frauen eh, nur wollen wir sie ja beruhigen, und das heißt eh schon sehr viel, wenn der Ultraschall so schön ist. Aber wir können ihr auch nicht sagen, ob es eine Cystische Fibrose hat oder irgendeine Stoffwechselerkrankung. Das heißt, so entlassen wir die Frau, und das ist eine korrekte Auskunft: Es gibt keine Hinweise auf irgendwelche Fehlbildungen im Ultraschall, keine Auffälligkeiten, normaler Ultraschall. Dann sage ich aber nicht dazu, wenn sie bei der Tür steht: Aber, das heißt noch nicht gesundes Kind! Nicht? Das wäre ein Unsinn. Weil die Aufklärung damit ja trotzdem kor-

rekt ist, wenn man sagt: Es fällt im Ultraschall nichts auf, schaut alles gut aus. Alle Organe sind da, Herz sieht man gut, Magen usw. Keine Auffälligkeiten. Das ist korrekte Aufklärung. Nicht dass man sagt: Ja, super Befund, Ihr Kind ist gesund. Ist auch nicht die richtige Information. Weil die Frau versteht es eh richtig, wie man es meint. Nämlich: Unauffälliger Ultraschall ist eine große Beruhigung. (21: 63/822:843)

Weil die Thematisierung sämtlicher Ungewissheiten mit einer Vervielfachung der Verunsicherung verbunden wäre, wird die Reflexion an einer bestimmten Stelle abgebrochen. Dieser Reflexionsabbruch ist in dem vorliegenden Beispiel durch den normalen Ultraschall-Befund indiziert. Die Feststellung einer normalen, durchschnittlichen Anatomie ist hier das medizinische Kriterium für das erfolgreiche Erreichen des Untersuchungsziels »Beruhigung«. Dieses Ziel ist zwar nur eine labile Konstruktion, eben weil es keine Sicherheit für »Normalität« gibt; doch trotz deren Labilität trägt sie solange, als keine übermäßigen Irritationen durch weitere Informationen ausgelöst werden.[15]

Aufgrund der prinzipiellen Unerreichbarkeit absoluter Gewissheit bedarf es im Beratungsalltag also der Herstellung von Gewissheitsäquivalenten. Derartige Konstruktionen finden ihre Legitimation in einem gemeinsamen, vorsprachlichen Einverständnis zwischen Arzt und Patientin. Gerade das (vom Experten vorausgesetzte) gemeinsame Wissen darum, dass es keine Sicherheiten gibt, macht die Kommunikation über die Notwendigkeit von Substituten überflüssig. Über die Unerreichbarkeit von Sicherheit zu reden, macht in der Praxis wenig Sinn. Die Aufgabe des Beraters ist es, Methoden, Verfahrensformen und Sprachregelungen zu finden, sprich: bestimmte Zeichen (wie das Erscheinungsbild der Schwangeren in der Beratung) oder Symboliken (wie das Ergebnis des Ultraschalls) in einer Weise zu deuten bzw. zu funktionalisieren, die die Herstellung von Gewissheitsäquivalenten ermöglicht; die das Leben mit Ungewissheit für die Frauen erträglich machen. Auf diese Weise funktionieren die Gewissheitsäquivalente im intendierten Sinn einer Reflexionsentlastung. Entscheiden unter Kontingenz bedarf im Alltag bestimmter Entlastungskonstruktionen. In der genetischen Beratung sind die genannten Strategien ein wichtiger Mechanismus zur Herstellung einer wie auch immer labilen Gewissheit.

15 Es spricht – wieder einmal – für das Reflexionsniveau der Experten, dass sich aus dem vorhandenen Datenmaterial nicht so etwas wie ein »expertokratischer Typ« rekonstruieren ließ, also das Festhalten an kontrafaktischen Sicherheitsbehauptungen auf Seiten technizistisch orientierter Experten.

# v. Gestaltungszwänge und Grenzziehungen – zur kulturellen Prägung professioneller Handlungsorientierungen

Dieses Kapitel greift – zum Teil in Anlehnung an frühere Bemerkungen (Bogner 2003a, 2005) – die Grenzziehungsthematik im Kontext neuartiger Entscheidungs- und Gestaltungszwänge in der Praxis auf. Es geht um Grenzziehungsdiskurse der Experten, die sich als Reaktion auf bestimmte, durch den wissenschaftlichen Fortschritt und/oder kulturelle Praktiken induzierte Entgrenzungen verstehen. Diese Entgrenzungen sind also unterschiedlicher Natur; ihre Gemeinsamkeit finden sie jedoch daran, dass sie sich auf aktuelle und zum Teil drängende Probleme wie etwa die Spätabtreibung oder die Abtreibung nach pränataler Geschlechtsbestimmung (»Sex-Selection«) beziehen. Damit befinden wir uns auf einer anderen Ebene von Grenzziehungsdiskursen, als dies beispielsweise in Kapitel C.II. der Fall war. Dort ging es um Diskurse, in denen sich die moderne Humangenetik von bestimmten Prinzipien und Praktiken abgrenzte (z. B. Eugenik) und damit gewissermaßen um programmatische Diskurse in Reaktion auf eine öffentlichkeitsrelevante Wissenschaftskritik. Die hier behandelten Grenzziehungsdiskurse sind Ausdruck einer Suche nach Neuorientierungen jenseits überkommener Leitdifferenzen und Unterscheidungen, und zwar anlässlich ganz bestimmter praktischer Probleme. Allerdings wird auch die folgende Rekonstruktion von Grenzziehungen wiederum mit Blick darauf durchgeführt, welche Rückschlüsse auf die Strukturierung von professionellen Handlungsorientierungen sich daraus ergeben.

Die Rekonstruktion dieser Grenzziehungen wird demnach als »Königsweg« zu den professionellen Handlungsorientierungen und kulturellen Leitbildern verstanden.[16] Denn sie markieren das Feld der realen

---

16 Unter dem Begriff kulturelles Leitbild bzw. kultureller Leitwert wird im Folgenden ein normativ wirksames, kulturell bedingtes und diskursiv verregeltes Prinzip der Handlungsstrukturierung und Handlungslegitimation verstanden. Ein solches Prinzip kann als eine Verdichtung bzw. als ein Teil aus dem Gesamt jener gesellschaftlichen Normalitätsvorstellungen verstanden werden, die in Zusammenhang mit zivilisatorischen Grundfragen stehen (was ist der Mensch? was ist eine gute Gesellschaft? was ist gesund, gerecht usw.?). Kulturelle Leitwerte müssen den handelnden Akteuren nicht unbedingt reflexiv verfügbar sein; ihre Praxiswirksamkeit erklärt sich meist gerade darüber, dass sie nicht reflektiert werden. Ihre konkrete Form ist nur aus den Praktiken, Legitimationen und Selbstdeutungen der Experten rekonstruierbar. Während sich also kulturelle Leitbilder auf das Feld der Normalitätsvorstellungen bezie-

oder imaginierten Gestaltungszwänge und werden daher analytisch fruchtbar für die Rekonstruktion jener Orientierungsmuster, die den Akteuren nicht unbedingt reflexiv verfügbar sein müssen, in der Praxis aber sowohl erkenntnis- und entscheidungsleitend als auch handlungsmotivierend wirken. Es werden in diesem Kapitel exemplarisch zwei Praxisfelder professionellen Handelns und Entscheidens angeschnitten, die beide dadurch charakterisiert sind, dass es infolge des medizintechnischen Fortschritts und neuer diagnostischer Verfahren zur Öffnung von Entscheidungsspielräumen kommt, die weder traditionell gesichert noch formal geregelt sind. Der erste Fall bezieht sich auf die Frage nach dem expertiellen Umgang mit der technischen Möglichkeit pränataler Geschlechtsbestimmung. Im zweiten Fall geht es um das drängende Problem der Spätabtreibungen nach Pränataldiagnostik. Die unscharf gewordene Grenze zwischen Leben und Tod im Pränatalbereich führt hier zu riskanten Gestaltungszwängen. In Reaktion darauf konstituiert sich im klinischen Alltag so etwas wie eine expertielle Subpolitik der Moral, und es wird dargestellt, auf welche Weise klinikinterne Regelmuster erarbeitet werden. Im Anschluss daran wird dargestellt, durch welche Leitwerte und Normen die kollektiven Orientierungen strukturiert sind und welche Konsequenzen sich daraus für die medizinische Praxis selbst, aber auch hinsichtlich gesellschaftlicher Machtverhältnisse ergeben. In einem abschließenden Exkurs wird der Versuch vorgestellt, die zunehmende Bedeutung der Rechtsprechung für das professionelle Handeln als ein Indiz der der erfolgreichen Durchsetzung medizinischer Definitionsmacht zu lesen.

## 1. Sex-Selection: Gesellschaftliche Diskurse und Expertenhandeln

Die Thematisierung von Seiten der Experten, welche Praktiken und Wertorientierungen die Pränataldiagnostik legitimierten bzw. delegitimierten, ist gleichermaßen ein Indiz für das Brüchigwerden traditioneller Selbstverständlichkeiten wie auch ein Hinweis für die Notwendigkeit der »Abstimmung« professionellen Handelns mit gesellschaftlichen Normalitätsvorstellungen. Die professionelle Autorität der Experten ergibt sich nicht zuletzt daraus, dass sie prinzipiell in Übereinstimmung mit den gesellschaftlichen Erwartungshaltungen danach handeln, was

hen, stellen professionelle Handlungsorientierungen situationsspezifisch konkrete und problemlösungsrelevante Normen für eine bestimmte berufliche Personengruppe dar. Die vorstehende Definition grenzt sich erkennbar von einem Verständnis von Leitbildern ab, wie es zum Beispiel in der Technik- oder Organisationssoziologie geläufig ist.

als Aufgabe der Experten anerkannt ist, was als wissenswert und sagbar gilt und welche Tabus es gibt. Professionelle Handlungsorientierungen bringen also immer auch die spezifischen sozialen Voraussetzungen wissenschaftlicher Praxis zum Ausdruck. Eine solche Perspektive unterstreicht die Bedeutung einer soziologischen Analyse der expertiellen Handlungsorientierungen für ein vertieftes Verständnis der Durchsetzung und Legitimation von Professionalität. Gleichzeitig ist eine solche Perspektive gegen jene rollentheoretischen Ansätze gerichtet, die die professionelle Autorität der Experten zwar kritisch als einen Herstellungsprozess begreifen, dessen Analyse jedoch auf das strategische Handeln der Akteure beschränken (vgl. Pfadenhauer 2003). In diesem Sinne bedeutet eine Analyse kollektiver Orientierungen immer auch, Aufschluss zu geben über die Voraussetzungsfülle einer nur zu selbstverständlich erscheinenden professionellen Praxis, die eben nicht nur dramaturgisch herzustellen ist.

Dieser Zusammenhang wird sogleich deutlich, wenn wir uns die Bedeutung von bestimmten Grenzziehungen für die professionelle Praxis vergegenwärtigen. Solche Grenzziehungen – wie etwa die von der Mediziner-Elite informell durchgesetzte Ächtung der pränatalen Diagnostik von spät-manifestierenden Krankheiten (z. B. Chorea Huntington) oder des Geschlechts – werden von den Experten als Barrieren gegen ein »Ausufern« verstanden, ja als eine »Imprägnierung« ihrer wissenschaftlichen Praxis gegen einen »Befall« durch gesellschaftliche Wertvorstellungen. Das heißt, solange sich die Humangenetik auf ihre »eigentlichen« Aufgaben besinnt und nicht auf jene Phänomene zugreift, die (zumindest im deutschsprachigen Raum) noch nicht als legitime Objekte einer genetisch informierten Verfügungsfreiheit gelten, kann das professionelle Handeln gewissermaßen entkontextualisiert werden – es wird den Experten möglich, ihre Praxis als eine esoterische, a-soziale zu begreifen.

So erklärte beispielsweise ein Humangenetiker, dass in der Öffentlichkeit sehr oft übertriebene Ängste vor potenziellen Gefahren der Humangenetik artikuliert und auf diesem Weg unsachliche, ja überflüssige Diskussionen prolongiert würden, insbesondere über derart spekulative Verfahren wie das Klonen.[17] In unmittelbarem Anschluss an diese Behauptung führte er aus, es gebe im Wesentlichen nur ein einziges wirklich gravierendes Problem, und zwar jenes der so genannten Sex-Selection, also die Abtreibung nach pränataler Geschlechtsbestimmung.[18]

17 Zum Zeitpunkt des Interviews waren die Ankündigungen des exzentrischen Biophysikers Richard Seed, demnächst einen Menschen zu klonen, in aller Munde und forcierten die Debatten um die moralische Zulässigkeit des reproduktiven Klonens, vgl. Bogner (1999).

18 Vgl. zu einer empirischen Untersuchung der stark differierenden internationalen Praxis die Studie von Wertz/Fletcher (1993). Mit den

Ich glaube, die wirklichen und massiven Probleme sind die Tendenzen, pränatal das Geschlecht zu bestimmen und Schwangerschaften von Mädchen zu unterbrechen. Diese Tendenzen sind aber aus dem Kulturkreis bestimmter Länder erwachsen, da sind Mädchen unerwünscht. (...) Die Mädchen sind dort nun mal unwertes Leben, und die soziale Einstellung und der kulturelle Background sind so tief verwurzelt, das Streben danach, einen Buben zu haben, ist dermaßen intensiv, dass sie diese Mittel in Anspruch nehmen werden, wenn sie ihnen zur Verfügung stehen, um das Geschlecht pränatal in Erfahrung zu bringen. Mädchen kommen dann erst gar nicht mehr zur Welt. Das, glaube ich, sind heute die wirklichen Probleme. (28: 21/591:631)

Sex-Selection im Rahmen der Pränataldiagnostik wird hier als eine definitive Grenze begriffen, als ein Zeitpunkt, wo Pränataldiagnostik wirklich problematisch wird – weil hier gewissermaßen die gesellschaftlichen Wertvorstellungen die Wissenschaft zu dominieren begännen.[19] Die Handlungen und Entscheidungen der Experten beziehen sich positiv auf die gesellschaftlichen Vorstellungen darüber, was legitimerweise im Bereich der Reproduktionsplanung als Aufgabe der Wissenschaft gelten kann. Diese Wissenschaftlichkeit bezieht sich im Fall der Pränataldiagnostik auf die methodisch-systematische Bestimmung von Behinderungen (z. B. Trisomie 21). Vor diesem Hintergrund liegt die These nahe, dass von Seiten der Experten die pränataldiagnostische »Fahndung« nach dem Geschlecht als ein Ausdruck der gesellschaftlichen »Überformung« von wissenschaftlicher Praxis bewertet wird, jene nach Behinderungen hingegen nicht. Anders gesagt: Während die Hierarchisierung der Geschlechter in den Expertenkreisen ganz offenbar als ein kulturelles Produkt, als ein Resultat von Zuschreibungen gedeutet wird, wird Behinderung eher als eine substanzielle Normverletzung bzw. als eine symbolische Bedrohung interpretiert (vgl. C.II.4).

geringsten Vorbehalten ist die pränatale Geschlechtsselektion in Indien belastet.

19 Die Frage, inwiefern die Argumentation der Experten tatsächlich einen tragfähigen Einspruch gegen die pränatale Geschlechtsbestimmung in den westlichen Industrienationen darstellt, soll hier zwar nicht vertieft, jedoch vorsorglich bezweifelt werden. So dürfte zumindest in Westeuropa kaum eine realistische Gefahr bestehen, dass die Sex-Selection im Rahmen der Pränataldiagnostik zu einer verstärkten Frauendiskriminierung führen würde; eher kann man davon ausgehen, dass sie gerade von aufgeklärten Eltern im Sinne eines »family balancing« genutzt würde. Die mangelhafte Logik der expertiellen Argumentation macht insofern deutlich, dass der Expertenkonsens im Wesentlichen ein Reflex des hegemonialen kulturell-normativen Selbstverständnisses ist.

Die spezifischen Grenzziehungen sind gewissermaßen ein Indiz für die Art und Weise der gesellschaftlich hegemonialen Normalitätsvorstellungen. Denn erst diese Vorstellungen darüber, was behandlungsbedürftig bzw. diagnosebedürftig ist und was nicht, welche Phänomene wissenswert sind und welche nicht, machen die Wissenschaft handlungsfähig. Sie schärfen den Blick dafür, was beobachtet, worauf geachtet werden soll, wer oder was Gegenstand der Forschung sein darf und welche Phänomene der Wissenschaft (in der Markierung als nicht-relevante Fragestellungen, als Tabus usw.) entzogen bleiben sollen. Auch die Humangenetik ist also von Diskursen abhängig, um überhaupt etwas suchen bzw. »sehen« zu können; und dann auch »bearbeiten«, behandeln, untersuchen zu können. So wird etwa das dreifache Vorhandensein eines Chromosoms mit der Nummer 21 für die medizinische Forschung bedeutsam und für den praktizierenden Gynäkologen mittelungsrelevant erst vor dem Hintergrund bestimmter gesellschaftlicher Normalitätsvorstellungen. Was als Faktenwissen der Medizin erscheint, konstituiert sich immer auch über das Wissen (oder das Gefühl) um diese Normalitätsvorstellungen. Zu kollektiven Orientierungsmustern verdichtet erweisen sich derartige Normalitätsvorstellungen in der Praxis gleichermaßen als wissensorientierend wie als handlungsmotivierend. Welche handlungsmotivierende Kraft der positive Bezug auf diese Leitvorstellungen freisetzt, mag die folgende Passage verdeutlichen, in der ein Experte davon berichtet, dass er das informelle Tabu der pränatalen Sex-Selection auch gegen große Widerstände und selbst auf die Gefahr einer nachhaltigen Schädigung des eigenen Rufs als Professioneller hin durchgesetzt hat.

> Es ist also bei uns so, dass wir in Österreich ein ganz einheitliches Vorgehen haben. Bei der Chorionbiopsie, die in der Frühschwangerschaft gemacht wird, wird das Geschlecht nicht mitgeteilt. Definitiv nicht. Nicht vor der 16. Woche. Und da kann sein, was will. Ich selbst war schon beim Schiejok[20] wegen der Sache. Da hat mich eine Patientin hingezerrt, weil ich ein böser Arzt bin, der die Diagnose nicht mitteilt, nicht? Bis zum Schiejok waren wir. Ich hab' das zum Glück rüberbringen können, worum es gegangen ist. Damit war dann für mich die Sache positiv erledigt. Aber das hätte auch anders ausgehen können (...) Also die Frage... das ist eine kulturelle Geschichte. Für mich ist das das Frauenfeindlichste, was es überhaupt gibt, eine Sex-Selection zu machen pränatal. Also es kommt für uns nicht in Frage. Ganz einfach. (18:35/447:466)

---

20 Der Journalist Walter Schiejok moderierte in Österreich seit den 80er Jahren verschiedene und sehr populäre Bürgerrechts- und Konsumentenschutzsendungen im öffentlich-rechtlichen Rundfunk (ORF).

Um an dieser Stelle noch einmal auf den oben angesprochenen Zusammenhang zwischen professionellen Handlungsorientierungen und gesellschaftlichen Diskursen zurückzukommen: In dem Maße, in dem die professionellen Handlungsorientierungen mit hegemonialen Diskursen verschränkt sind, entledigt sich die professionelle Praxis ihres gesellschaftlichen Charakters. Als gesellschaftlich bedingt erscheinen in der Folge nur jene Praktiken, die jenseits dieser spezifischen Routinen angesiedelt sind. Vermittels der engen Kopplung von Wissenschaft und Gesellschaft wird verdeckt, was offenzulegen die prominente Aufgabe der Soziologie ist: dass die Zuständigkeit der Humangenetik für bestimmte Phänomene überhaupt nicht selbstverständlich ist, sondern Resultat eines Herstellungsprozesses, der eben auch ganz zentral über den Rekurs auf arbeitsweltlich, massenmedial inszenierte oder alltäglich normalisierte Körperbilder und Lebensstilideale vermittelt ist. Die Entkontextualisierung der Wissenschaft über den positiven Rekurs auf hegemoniale gesellschaftliche Normalitätsvorstellungen eröffnet daher die Möglichkeit, die eigene, historisch kontingente Praxis als »reine« Wissenschaft misszuverstehen. Dies vorausgesetzt darf man vermuten, dass die professionelle Autorität der Humangenetiker so weit stabil bleibt, wie Politisierungen dieser Wissenschaft vermieden werden. Ein Beitrag der Profession, Politisierungen zu vermeiden, besteht eben darin, bestimmten »Entgrenzungen« entgegen zu wirken, zum Beispiel, indem man sich (vorsorglich) bestimmte Beschränkungen auferlegt. (Dies muss gar kein strategischer Akt sein; in unserem Fall erweist sich die professionspolitische Funktionalität von Grenzziehungen erst ex-post und aufgrund einer bestimmten Analyseperspektive.) Es ist vor diesem Hintergrund nur evident, dass Definitionsmacht und Expertenstatus nicht befriedigend mit einem Sonderwissen, einer »höheren Rationalität« usw. der Experten zu erklären sind. Sie sind vielmehr immer auch ein Effekt der erfolgreichen Verschränkung von Diskursen.

Professionelle Handlungsorientierungen und gesellschaftliche Diskurse sind aber nicht ein System prästabilisierter Harmonie. Gerade im Fall einer »Dienstleistungsmedizin« wie der Pränataldiagnostik, wo – in Form der offiziell akklamierten Non-Direktivität genetischer Beratung – der Patientenautonomie ein verstärktes Gewicht zukommt und die Funktion des Arztes sich idealtypisch auf jene eines Informanden beschränkt, ist jede Entscheidung immer auch Gegenstand von Aushandlungsprozessen. Der Wandel von professionellen Handlungsorientierungen muss daher als ein ko-evolutiver Prozess gedacht werden: Die konkreten Aushandlungsprozesse werden die Handlungsorientierungen der Humangenetiker nicht unberührt lassen, und ein Wandel kultureller Leitvorstellungen wird darum auf die professionelle Praxis von Grenzziehungen zurückwirken. Umgekehrt werden ebenso neue gendiagnostische Verfahren die Erwartungshaltungen der Klienten verändern und unter Umständen zu einer Normalisierung von Praktiken beitragen, die im Kontext der Pränataldiagnostik heute noch tabuisiert sind. Ein Blick über die nationalen Grenzen hinaus zeigt das sehr eindringlich. Um bei unserem Beispiel der Sex-Selection zu bleiben: Diese ist nicht etwa nur in Indien oder China ein probates Mittel zur Reproduktionskontrolle, auch in westlichen Demokratien gilt die Geschlechtswahl – wenn auch unter ganz anderen normativen Vorzeichen – als ein legitimes Mittel der Familienplanung. Unter dem Schlagwort des »family balancing« sorgt die pränatale Sex-Selection etwa in den USA längst nicht mehr für Aufregung. Gerade im Rahmen von künstlicher Befruchtung (IVF) und einem davor geschalteten Test zur genetischen Qualitätskontrolle des Embryos (Präimplantationsdiagnostik) scheint die Sex-Selection vielmehr zur Routine zu werden.

## 2. Spätabtreibungen: Die pränatale Grenze zwischen Leben und Tod

In eine juristisch heikle Position geraten Gynäkologen dann, wenn sie ein Kind, das voraussichtlich behindert zur Welt kommen würde, noch etwa nach der 22. bis 24. Schwangerschaftswoche abtreiben. Denn in diesem Stadium ist das Kind in der Regel heute bereits lebensfähig; und es ist zu erwarten, dass aufgrund der Fortschritte in der Neonatalmedizin diese Grenze der Lebensfähigkeit tendenziell sich noch weiter nach vorne verschieben wird. Der Abbruch einer derart weit fortgeschrittenen Schwangerschaft – etwa weil die Ergebnisse einer Amniozentese erst spät vorliegen – kann die Ärzte in ein Dilemma mit gravierenden Konsequenzen bringen. Die deutsche Öffentlichkeit wurde spätestens im Juli 1999 auf spektakuläre Weise auf das Problem der Spätabtreibungen aufmerksam. Damals berichtete DER SPIEGEL über den »Zittauer Fall« (Friedrichsen/Ludwig 1999):

»Eigentlich war der Junge im Bauch der 29jährigen Frau aus einem kleinen Ort bei Dresden ein Wunschkind. Das änderte sich schlagartig an jenem Tag, als ein Frauenarzt feststellte, dass der Nachwuchs vermutlich behindert zur Welt kommen werde. Diagnose: Chondrodystrohpie, Zwergwuchs. Mit der Aussicht auf ein krankes Kind fühlte sich das Ehepaar aus Sachsen überfordert. Es entschied sich für Abtreibung, suchte Rat in Krankhäusern der Umgebung und sprach in Berliner Kliniken vor. Doch die Schwangerschaft war schon zu weit fortgeschritten, kein Mediziner wollte den Eingriff mehr vornehmen. Erst im Kreiskrankenhaus von Zittau, einer 30 000-Einwohner-Stadt im Dreiländereck von Deutschland, Polen und Tschechien, traf das Ehepaar schließlich auf Verständnis. Rolf Pfeiffer, 61, Chefarzt der Abteilung Frauenheilkunde und Geburtshilfe, erklärte sich bereit, den Fötus operativ zu entfernen. Eine für den Mediziner fatale Entscheidung. Inzwischen ermittelt die Staatsanwaltschaft in Zittau gegen den Arzt. Das Kind soll nach der Entbindung für einen kurzen Augenblick noch gelebt haben. Kollegen beschuldigen Pfeiffer, er habe die Versorgung des Kindes unterbunden, er soll sogar eigenhändig Mund und Nase zugedrückt haben, um die Atmung zu unterbrechen. Die Ermittler sehen den Tatbestand der vorsätzlichen Tötung erfüllt. (...) Pfeiffer erklärte vor dem Eingriff, er könne keine Herztöne mehr hören, das Kind sei wohl tot. Kollegen warfen ihm später vor, dass er sich nicht mit ihnen beraten habe, er habe ihnen sogar die Einsicht in die Krankenakten untersagt. (...) Wegen starker Blutungen der Frau ordnete Pfeiffer wenig später einen Noteingriff an, einen Kaiserschnitt unter Vollnarkose. Der Junge kam zur Welt und wurde in ein Nebenzimmer gebracht, wo der Chefarzt der Abteilung für Anästhesie und Intensivtherapie den Zustand des Kindes dokumentieren sollte. Nach einigen Minuten stellte der Arzt fest, dass das Kind zu atmen begann. Zusammen mit einer Oberärztin, so die Aussage vor der Staatsanwaltschaft, habe er sofort unterstützende Maßnahmen eingeleitet – offensichtlich mit Erfolg, der Kreislauf des Kindes sei in Gang gekommen. Doch dann sei Pfeiffer, der den Operationssaal zwischenzeitlich verlassen hatte, zurückkehrt mit der Bemerkung: ›Was machen Sie denn da?‹ Das habe keinen Zweck mehr, habe er noch gesagt, und dann das Kind an sich gedrückt, ihm mehrere Minuten lang Nase und Mund zugehalten, bis es tatsächlich tot war. Einer der Ärzte informierte sofort die Klinikleitung. Tilmann Verbeek, ein Kinderheilkundler und Ärztlicher Direktor des Krankenhauses, fiel ›aus allen Wolken‹, weil zu keinem Zeitpunkt ›im Interesse des Kindes gehandelt worden ist‹. Noch am gleichen Tag wurde Pfeiffer vom Dienst suspendiert, später beurlaubt und im Mai fristlos entlassen. Die Krankenhausleitung zeigte ihn bei der Staatsanwaltschaft an.«

Rund 1500 Abtreibungen, so heißt es in dem Artikel weiter, würden jährlich in Deutschland nach der 22. Schwangerschaftswoche vorgenommen. 190 waren es nach einer Meldung des Statistischen Bundesamtes im Jahr 1997, doch auch der Chef des Klinikärzteverbandes Marburger Bund, Frank Ulrich Montgomery, glaubt, dass es viel mehr sind. Er geht von etwa 800 Spätabtreibungen jährlich aus (Sperber 2001).

Innerhalb der deutschen Ärzteschaft war die Diskussion um Spätabtreibungen infolge der Reform des Abtreibungsrechts im Jahre 1995 aufgeflammt. Mit der Gesetzesänderung war die »embryopathische Indikation«, die vormals eine Behinderung ausdrücklich als Grund für eine Abtreibung anerkannte, durch eine »medizinische Indikation« ersetzt worden. Unter dieser Bezeichnung werden nach der Reform zwar auch weiterhin behinderte Föten abgetrieben, allerdings nun mit der offiziellen Begründung, dass in bestimmten Grenzfällen die Gesundheit der Schwangeren beeinträchtigt sei. Gleichzeitig ist im Zuge dieser Reform nun auch eine zeitliche Befristung für die Abtreibung entfallen, die zuvor mit der 22. Woche vorgegeben war. Wird der Fötus als »Gefahr« für den körperlichen oder seelischen Gesundheitszustand der Schwangeren eingestuft, darf der Arzt mit Einwilligung der Schwangeren prinzipiell bis kurz vor der Geburt einen Abbruch einleiten (StGB § 218a, Abs. 2). In der Folge dieser Neuregelung sahen sich die Gynäkologen mit einem Ansteigen der Nachfrage nach solchen späten Eingriffen konfrontiert.[21] Die Bundesärztekammer erklärte in einem Diskussionsentwurf zur »Erklärung zum Schwangerschaftsabbruch nach Pränataldiagnostik« zunächst den Fetozid »für unzumutbar und mit dem ärztlichen Ethos nicht vereinbar« (Bundesärztekammer 1998b). In die endgültige Formulierung der Stellungnahme fand diese Formulierung nicht Eingang (Bundesärztekammer 1998a). Dort ist vielmehr von »besonderen Ausnahmefällen« (ebd.: 3015) die Rede, die von der geforderten zeitlichen Befristung ausgenommen bleiben sollten. In Österreich herrscht strafrechtlich eine vergleichbare Situation. Hier ist es aufgrund der seit 1975 geltenden Abtreibungsregelung möglich, praktisch bis kurz vor der Geburt eine Abtreibung unter eugenischer Indikation durchzuführen. In § 97 StGB heißt es dazu, dass der Schwangerschaftsabbruch innerhalb der ersten Monate nach Beginn der Schwangerschaft nicht strafbar ist (Fristenlösung); er ist aber auch dann (und unabhängig von diesem zeitlichen Limit) nicht strafbar, wenn »eine ernste Gefahr besteht, dass das Kind geistig oder körperlich schwer geschädigt sein werde (...)«. (Abs. 1, Pkt. 2)

Spätabtreibungen sind in Deutschland und Österreich also nicht verboten, und insofern darf ein Mediziner auf dringlichen Wunsch der Frau hin den Eingriff prinzipiell durchführen. Auf der anderen Seite jedoch bedeutet ein solcher Eingriff nichts anderes als die Einleitung einer Geburt mit der Hoffnung darauf, das Kind möge tot zur Welt kommen. Um sicher zu gehen, wird in Einzelfällen ein so genannter Fetozid durchgeführt: Das ungeborene Kind wird vor dem Eingriff mittels einer Kaliumchlorid-Spritze ins Herz getötet. Im Frühjahr 2002 wurde der erste Fall von Fetozid in Österreich publik. Eine Wiener Medizinerin hatte bei einer 22jährigen Frau, an deren Embryo Spina bifida diagnostiziert worden war, einen Spätabbruch in der 26. Woche durchgeführt und die Frau – nach dem Fetozid – zur Geburtseinleitung in die Wiener Universitätsklinik gebracht. Der Fall sorgte innerhalb der dortigen

---

21 So berichtete Joachim Hackelöer vom Hamburger Allgemeinen Krankenhaus Barmbeck dem Focus: »Die Nachfrage nach dem Eingriff nimmt zu. Schon heute kommen Paare mit dem Wohnmobil durch die Republik gereist und versuchen mich unter Druck zu setzen.« (Albers 1998) Das Deutsche Ärzte-Blatt präsentierte zur gleichen Zeit Zahlen des Statistischen Bundesamtes, die einen deutlichen Anstieg von Spätabtreibungen belegen. Waren 1994 und 1995 die Zahl der Spätabtreibungen (nach der 23. Woche) mit 26 stabil gewesen, so wurden 1996 bereits 159 und 1997 dann 190 Spätabtreibungen offiziell erfasst (Klinkhammer 1999).

Pränataldiagnostiker für heftige Erregung, sogar der österreichische Bundeskanzler wurde darüber in Kenntnis gesetzt (Enigl 2002). Während die Kritiker aus den Reihen der Pränataldiagnostik monierten, mit dem »Herzstich« sei eine ethische Barriere der Pränataldiagnostik überschritten worden, verteidigten sich die Befürworter dieser Praxis mit dem Hinweis, dass nun endlich eine Ära der Scheinheiligkeit zu Ende sei – denn zuvor waren ähnliche Fälle nach England oder Holland überwiesen worden.

Mit der faktischen Freigabe der Spätabtreibung ist für die Ärzte eine durchaus ambivalente Situation verbunden. Zum einen arbeiten sie in einer juristischen »Grauzone«, mit der Gefahr, dass die Orientierung an den Wünschen ihres Klientels zu katastrophalen Entscheidungsfolgen führen kann. Der ostdeutsche Chefarzt ist hier sicher ein Extrembeispiel, aber eben ein bezeichnendes. Denn selbstverständlich entsteht dann ein absurdes und unauflösbares Dilemma, wenn eine (nicht strafbewehrte) Abtreibung aufgrund von Zufällen und Unvorsehbarkeiten zur aktiven Euthanasie werden muss, um nicht die mit ihr verbundene ursprüngliche Handlungsintention aufgeben zu müssen – weil andernfalls das (postnatal gerettete) Kind noch wesentlich stärker behindert wäre, als zu dem Zeitpunkt, wo die (juristisch unanfechtbare) Entscheidung zur Abtreibung getroffen wurde. Auf der anderen Seite ist nicht zu übersehen, dass diese riskanten Freiheiten für die Mediziner zu einer Praxis führen, die durch die kollektiven Orientierungen der Experten selbst reguliert wird. Denn auch das macht der geschilderte Fall aus Ostdeutschland deutlich: Wenn die beteiligten Ärzte der Zittauer Klinik die Handlungsweise ihres Chefs gebilligt hätten, wäre das Geschehene erst gar nicht an die Öffentlichkeit gekommen.

In unserem Zusammenhang ergeben sich daraus zwei weiterführende Fragen. Zum einen: Welches sind die normativen und entscheidungsleitenden Ressourcen der expertiellen Subpolitik? Durch welche Leitwerte und Normen sind die kollektiven Orientierungen strukturiert? Und zweitens: Wie konstituiert sich die expertielle Subpolitik der Moral in der Praxis? Das heißt, auf welche Weise werden so etwas wie klinikinterne Regelmuster oder Normen erarbeitet und sozial verbindlich? Im folgenden Abschnitt werde ich zuerst auf Letzteres eingehen. Der anschließende Abschnitt 4 bringt uns dann zurück zum Thema der engen Kopplung von kulturellen Leitwerten und professionellen Handlungsorientierungen.

## 3. Klinikkultur: Die Expertenpolitik der Moral

Aus dem oben geschilderten Fall wird deutlich, dass die Frage der ethischen Zulässigkeit der Spätabtreibung letztlich jenem informellen Konsens überlassen bleibt, der innerhalb der maßgeblichen Expertenzirkel, des Instituts oder der Klinikabteilung erarbeitet wird. Gerade Probleme wie die Spätabtreibung, die sich einfach formalisierbaren Handlungsregeln praktisch entziehen, sensibilisieren für die potenzielle Vielfalt der von Experten vertretenen Handlungsstrategien. Man muss davon ausgehen, dass die Entscheidung, zum Beispiel eine Spätabtreibung durchzuführen, in der Regel nicht lediglich der spontanen Gemütsregung des gutmütigen oder ahnungslosen Klinikvorstands entspringt. Tatsächlich handeln die Pränataldiagnostiker in teaminternen Absprachen, in abteilungs- oder klinikinternen Diskussionen den ihnen vertretbar erscheinenden Umgang mit dem jeweiligen Problem aus. In der Praxis erhalten die kollektiven Orientierungen der Experten genau dadurch ein starkes regulatives Gewicht: Dass eben den Unsicherheiten, zu denen etwa die fehlende Entscheidungsentlastung mittels gesetzlicher Vorgaben und Vereindeutigungen (z. B. durch Indikationenkataloge) beiträgt, auf der Basis professionsintern verhandelter und extern anschlussfähiger Handlungsnormen begegnet wird.

Professionsinterne Versuche der Unsicherheitsreduktion finden ihre formale Konstitutionsbedingung sowie ihren konkreten Ausdruck in dem, was man »Klinikkultur« nennen kann. Die Klinikkultur bezeichnet nicht nur eine bestimmte Form der Organisation der Pränataldiagnostik in medizinisch-wissenschaftlicher Hinsicht, wie zum Beispiel differierende forschungspraktische Schwerpunktsetzungen oder unterschiedliche Präferenzen für bestimmte Methoden in den einzelnen Pränataldiagnostik-Zentren. Sie umfasst auch jene Verfahrensformen sowie die in bestimmten Routinen sedimentierten Orientierungen und Leitvorstellungen, die für Versuche der (Ab-)Sicherung einer moralisch verantwortungsbewussten Praxis von großer Bedeutung sind. Die Klinikkultur prägt sich also einerseits in der Formalisierung von Entscheidungsprozessen aus. Es etablieren sich im Lauf der Zeit bestimmte, klinikspezifische Vorgehensweisen, die es für die Ärzte möglich machen, mit ethisch problematischen oder auch juristisch heiklen Grenzfällen in einer Weise zurechtzukommen, die dem professionellen Selbstverständnis einer expertenwissensbasierten Entscheidungsfindung entspricht. Das heißt, in jenen Fällen, wo aufgrund des eigenen Expertenwissens keine Entscheidungssicherheit hergestellt werden kann, aber entschieden werden muss, sucht man Hilfe aus den eigenen Reihen. Da gibt es Kooperationen innerhalb der Abteilung, die sich beispielsweise in regelmäßigen, ein- bis zweiwöchigen »Ethik-Runden« manifestieren; oder es gibt – gerade im Rahmen der Geburtsvorbereitung von »Risikofällen« – Kooperationen mit anderen Abteilungen. Um die Frau auf mögliche (intensiv-)medizinische Interventionen unmittelbar nach der Geburt vorzubereiten oder aber auch, um ihr die Entscheidung über einen Abbruch zu erleichtern, ziehen Pränataldiagnostiker zum Beispiel einen Kinderchirurgen hinzu; oder es treffen sich Gynäkologen und Genetiker, um Neuigkeiten auszutauschen (etwa über neuartige Methoden) und um gemeinsame Vorgehensweisen zu besprechen.

> Sicher, es gibt bei uns immer Konfliktfälle. (...) Manche Pränatalmediziner sind zum Beispiel der Meinung, dass man beim Zwillingstransfusions-Syndrom den Schwangerschaftsabbruch anbieten sollte, weil aus größeren Studien bis zu 10 Prozent cerebrale Handicaps berichtet werden. Also, das sehe ich hier nicht so. Aber prinzipiell ist das bei jedem einzelnen Krankheitsbild in dieser Dimension einsehbar. Wenn ich einem schwer wachstumsretardierten Kind mit unter 1000 Gramm geschätztem Geburtsgewicht einen Fall gegenüberstelle, wo ich weiß, dass das Handicap vielleicht auch in diesem Bereich liegen könnte, vor allem bei sehr niedrigen Wochen und Gewicht unter 500 Gramm, dann müsste ich dort auch schon den Schwangerschaftsabbruch anbieten. Das trifft zum Beispiel zu mit Präeklampsie und Help-Syndrom und sehr niedrigem Geburtsgewicht. Das heißt, da ist man immer in der Schere drin, und das beschränkt sich nicht auf die chromosomale und genetische Diagnostik und Problematik. Also, die gesetzlichen Vorgaben sind im Bereich der Diagnostik sehr vage. Man hat da einen Spielraum und kann das im Einzelfall ausverhandeln, und man hat ja das perinatologische Team. Diese Fälle werden ja mit dem Neonatologen, dem Kinderchirurg – je nachdem wer betroffen ist – immer auch gemeinsam diskutiert. Man hat nicht die Bürde allein auf den Schultern. (24:25/285:306)

Wenn der Oberarzt zum Chef der Abteilung geht, um mit ihm einen Problemfall zu besprechen; wenn der Gynäkologe den Kinderarzt oder den Humangenetiker zur Beurteilung einer Diagnose hinzuzieht; wenn Mediziner auf Fachkongressen bestimmte Praktiken und Entscheidungslogiken zur Diskussion stellen – in all diesen Fällen geht es immer auch um eine professionsinterne Aushandlung von Grenzen. Es geht darum, innerhalb des medizinischen Relevanzsystems Regeln und Vorgehensweisen diskutierend auszuprobieren. Und es geht natürlich für den Ratsuchenden darum zu testen, inwieweit die eigenen Entscheidungskriterien und Handlungsorientierungen in diesem konkreten Fall mit dem professionell Vertretbaren kompatibel sind. Der befragte Abteilungschef bzw. die mitdiskutierenden Fachkollegen werden gewissermaßen zum »generalisierten Anderen«, zu Vertretern gültiger professioneller Handlungsorientierungen. Das Erfahrungswissen der Kollegen, ihr Gefühl für die Situation und ihr Augenmaß sind wichtige Orientierungshilfen für die Beurteilung spezifischer Entscheidungen.

Diese Beispiele von Kooperationen bedeuten eine Art und Weise, über eine Vielzahl von Einzelfällen einen Kodex des moralisch Vertretbaren und professionell Gebotenen herauszuarbeiten. Jede Klinik, jedes Zentrum funktioniert auf der Basis einer solchen Klinikkultur, einem Set an spezifischen Handlungs- und Entscheidungsmustern. Die Uneindeutigkeit der Phänomene, die juristischen Grauzonen und der daraus resultierende Gestaltungszwang, der ethische Charakter des Entscheidens, kurz: die Fülle an Ungewissheiten und Unsicherheiten machen eine expertinterne Koordination notwendig. Über weite Strecken erscheint die Konfigurierung des professionellen Handlungsrahmens wie ein großer, dezentralisierter »Ethik-Workshop« zur Konstituierung dessen, was im Fachjargon dann »good clinical practice« heißt.

Es ist schon so, dass es einen gewissen good clinical practice-Kodex gibt. Dass man gewisse Dinge in diesem Bereich macht und nicht macht. Und ich denke – ich spreche jetzt mal für unsere Klinik –, dass es da sehr genaue Vorgaben gibt und in Bereichen, wo es wirklich Entscheidungsschwierigkeiten gibt, weil es fast eine Dilemmasituation darstellt, heftig diskutiert wird. (...) Wenn zum Beispiel ein Paar eine Spätabtreibung wünscht, obwohl das Kind lebensfähig ist und wir die Abtreibung – also die Einleitung, muss man dann schon sagen – nicht durchführen wollen; weil das für uns in dem Bereich von good clinical practice nicht möglich ist. Diese Konfliktfälle haben wir, zwar selten, aber doch immer wieder. (...) Sie wissen ja, im Fall der Spätabtreibungen hat man quasi keine Vorgaben, es gibt keine Indikationsliste beispielsweise. Und es ist natürlich einerseits ein großer Vorteil, einen Entscheidungsspielraum zu haben. Andererseits natürlich ist es manchmal schwer, keine Orientierungshilfe in dem Bereich zu haben. Und deswegen finde ich die Teamabsprache was ganz, ganz Wichtiges. (...) Wir treffen uns wöchentlich, um schwere Fälle zu besprechen. Wir haben da eine abteilungsinterne Ethik-Kommission, die formlos zusammentritt, bestehend aus MTA's, Schwestern, Hebammen und Ärzten, wo eben in einem Zweifelsfall konsensuell versucht wird, eine einheitliche Meinung zu finden zu einem bestimmten Grenzfall. (19:15/223:290)

Doch die Klinikkultur ist nicht nur eine Form von kommunikativer Infrastruktur, die aus der Not heraus geboren ist. Sie ist mehr als ein Netz von formalen Strukturen. »Klinikkultur« bezeichnet (als strukturierendes Prinzip) einerseits die materialen Bedingungen der individuellen Aneignung von Handlungsorientierungen. Andererseits erscheint die Klinikkultur als Ausdruck oder Folge dieser individuellen Aneignung kollektiver Orientierungen und damit als komplexe soziale Praxis (oder Struktur). Das heißt, unter Klinikkultur wird unter anderem jene Infrastruktur beruflicher Normenbildung gefasst, die die Verfestigung und Modifikation von Orientierungsmustern als Reaktion auf gesellschaftliche Herausforderungen ermöglicht. Hinter diesem Konzept verbirgt sich leicht erkennbar die Annahme, dass Handlungsorientierungen sich nicht einem genuin individuellen Schöpfungsakt verdanken, sondern vielmehr eine Art strukturierendes Prinzip darstellen, also in der Praxis immer schon »vorliegen«. Allerdings werden Handlungsorientierungen nicht nur passiv angeeignet, sondern in diesem Prozess auch aktualisiert und modifiziert.

Die experteninterne Diskussion von »Fallgeschichten« bedeutet in der Summe so etwas wie die Erarbeitung eines ethischen Kodex innerhalb einer Klinik oder einer Abteilung. Das heißt, die jungen Ärzte, die ihre Facharztausbildung absolvieren, durchlaufen immer auch eine Form von »ethischer Sozialisation«, ihre Ausbildung verläuft auf dem Hintergrund bestimmter professioneller Handlungsorientierungen, die im Laufe der Zeit herausgebildet, bestätigt und modifiziert werden. Mit anderen Worten: Die Mediziner wachsen in einer Klinik innerhalb einer bestimmten kulturellen Tradition auf. Die Materialität eines solchen Ethik-Kodex wird insbesondere in jenen Fällen deutlich, wo klinikübergreifend bzw. innerhalb der gesamten Expertenschaft auf nationaler Ebene bestimmte Grenzziehungen vorgenommen werden. Um näher auf die Vermitteltheit dieser Handlungsorientierungen einzugehen und vertiefend deren konstitutiven Bezug zu kulturellen Leitwerten zu analysieren, wird der Blick im nächsten Abschnitt auf die Ebene der konkreten Entscheidungsfindungsprozesse gerichtet.

## 4. Die Pluralisierung der Leben/Tod-Unterscheidung

Es wurden bisher nicht näher spezifizierte gesellschaftliche Normalitätsvorstellungen bemüht, um die normativen und kognitionsorientierenden Ressourcen einer Expertenpolitik der Moral zu benennen, die das professionelle Handeln und Entscheiden in »Grauzonen«, also unter gravierender Unsicherheit, in den meisten Fällen gegen eine öffentliche Thematisierung und Politisierung abschirmt. Was genau versteckt sich nun eigentlich hinter diesen Normalitätsvorstellungen? Durch welche Leitwerte und Normen sind die kollektiven Orientierungen strukturiert? Und zweitens: Welche Konsequenzen resultieren aus einer impliziten oder expliziten Orientierung professionellen Handelns an diesen Leitwerten und Normen? Um diese beiden Punkte zu klären ist es lohnend, noch einmal auf das Problem der Spätabtreibungen zurückzukommen.

Die pränatale Grenze zwischen Leben und Tod – vor ihrer Auflösung im Zuge der Abtreibungsreform – war in Deutschland durch das Recht gezogen worden, das gleichwohl auf den medizinischen Sachstand (»Grenze der Lebensfähigkeit«) orientiert war. In Österreich schwelt das Problem der Spätabtreibungen – und damit die Notwendigkeit

professionsinterner Grenzziehungen – aufgrund der erwähnten straf-
rechtlichen Situation schon viel länger. Für uns wird nun die Frage interessant, welche Rolle naturwissenschaftliches, juristisches oder aber
geisteswissenschaftliches Wissen für die Neukonstruktion dieser Grenze spielt. In jedem Fall wird das Problem der Spätabtreibungen heute
nicht durch formales Recht reguliert, sondern durch eine informelle
Grenzpolitik der Experten: Es sind die Experten, die in Publikationen
(z. B. von Kaisenberg et al. 2005), in Richtlinien oder Stellungnahmen
der Standesvertretungen (z. B. Deutsche Gesellschaft für Gynäkologie
und Geburtshilfe 2003: 37 ff.), auf Symposien und Kongressen oder
auch auf der alltagsweltlichen Ebene von klinikinternen Kooperationen
und Teambesprechungen Aushandlungsprozesse für den Umgang mit
diesem Problem anstoßen. Diese Subpolitisierung muss dabei nicht
gleichbedeutend sein mit einer ausschließlichen Orientierung an medizi-
nisch-genetischem Expertenwissen. Im Folgenden soll vielmehr gezeigt
werden, dass gerade auch ethisches oder philosophisches Wissen für die
Reformulierung von Grenzen von Bedeutung ist.

Im Expertendiskurs wird die Grenzziehungslogik an der Thematisierung von Ausnahmefällen rekonstruierbar. In Bezug auf die konkrete
Markierung von Ausnahmefällen seitens der Experten lassen sich analytisch zwei Argumentationstypen unterscheiden. Zum einen gibt es den
Versuch, für die Grenzziehung auf medizinische Kriterien zu rekurrieren,
und das bedeutet: Die Legitimation der Spätabtreibung wird über die
Prognose mangelnder Überlebensfähigkeit des Fötus begründet. Auf diese
Weise wird aber nicht einfach die pragmatische Grenze des alten Abtreibungsrechts durch den Rekurs auf die Lebensfähigkeit erneuert. Denn
schließlich bezieht sich dieses Kriterium nun auch auf jenen entscheidungsoffenen Zeitraum jenseits der 22. Schwangerschaftswoche. »Nicht-
lebensfähige Fehlbildungen« oder »unbehandelbare Krankheiten« stellen
den von mir befragten Experten zufolge legitime Ausnahmefälle für Spätabtreibungen dar. In dem Versuch, derartige interpretationsbedürftige
Begriffe zu konkretisieren, tendieren die Experten dazu, sich möglichst
auf medizinisch eindeutige Fälle zurückzuziehen. Ein konkretes Beispiel
ist etwa der Anenzephalus, der von den Experten aufgrund der geringen
Überlebenschance als ein »dem Tod gleicher« Zustand charakterisiert
wird. In einem solchen Fall wird die Fortführung der Schwangerschaft
üblicherweise als sinnlos bzw. als ein unnötiges Risiko für die Frau
erachtet. Die Diagnose »Anenzephalus« ist demzufolge assoziiert mit
der Grenzziehung tot/lebendig. In diesem Argumentationstyp wird also
letztlich die Unterscheidung Leben/Tod gewissermaßen auf der Seite des
Lebens (jenes entscheidungsoffenen Zeitraums ab der Lebensfähigkeitsgrenze) wieder eingeführt. Mit Blick auf die Interpretationsabhängigkeit
des Einzelfalls kann hier von einer Pluralisierung der Grenzziehung gesprochen werden.

Im Hinblick auf den zweiten Argumentationstyp lässt sich ebenfalls von einer Pluralisierung der Grenzziehung sprechen, allerdings in einem stärkeren Sinne, weil hier eine andere als die medizinische Rationalität zum Tragen kommt. In diesem Fall legitimieren die Experten Spätabtreibungen nicht gemäß der oben skizzierten Leben/Tod-Unterscheidung; die Grenzziehung, die handlungsorientierend wird für Problemfälle jenseits der Lebensfähigkeitsgrenze, bezieht sich auf die Unterscheidung zwischen personalem und nicht-personalem Leben. In elaborierter Form liegt eine solche Unterscheidung jenem bioethischen Diskurs zugrunde, der die Zuerkennung des Lebensrechts an das Kriterium der Personalität bindet (z. B. Tooley 1979, Singer 1979).[22] Die folgende Interviewpassage steht illustrativ für diesen zweiten Argumentationstyp und bringt ihn in einer sehr reflektierten Form auf den Punkt.

Experte (E): Das Problem der Spätabtreibungen, das haben wir gemeinsam, Prof. N. und ich, glaube ich, ganz vernünftig gelöst da in der Abteilung, dass wir eine Formulierung vom T. aus L. übernommen haben. (Pause durch eine kurze Unterredung mit der eintretenden Sekretärin) Wir haben eine Formulierung, dass wir einen Schnitt mit der 23. plus nullten Woche haben. Also Beginn der 24. Woche, danach – und das ist jetzt diese Formulierung vom T. – muss die Sicherheit der Pränataldiagnostik einerseits und ein schweres Fehlen einer kognitiven Entwicklung andererseits sehr, sehr wahrscheinlich sein. Ja? Also, wenn Sie vom Ende der Skala angehen: Anenzephalus. Für den Anenzephalus gibt es keine Gestations-Altersgrenze.

Interviewer (I): Spina bifida?

E: Nein. Na ja, Spina bifida muss man dann sehr gut diagnostizieren. Wenn sie assoziiert ist mit einem großen Hydrozephalus, ja, dann ist genau das der Fall, wo man sich diese Formulierung überlegen muss.

22 »Something is a person if and only if it is a continuing subject of experiences and other mental states that can envisage a future for itself and that can have desires about its own future states.« (Tooley 1979: 91) – Ein wichtiger praktischer Anlass für die bioethische Elaborierung des Person-Begriffs als rationales, nicht-metaphysisches Kriterium der Zuerkennung von Sonderrechten (z. B. Lebensrecht) waren von englischen Neonatologen angestoßene Diskussionen um die moralische Zulässigkeit der Früheuthanasie. Vgl. dazu als Ausgangspunkt der Debatte Lorber (1975), Hare (1993) sowie Harris (1990). Tooley hatte – mit Blick auf den physiologischen Entwicklungsstand von Säuglingen – für eine zeitlich Begrenzung der Kindstötung zunächst den Zeitraum von einer Woche nach der Geburt vorgeschlagen, erweiterte diesen später – unter Rekurs auf neuere neurophysiologische Erkenntnisse – jedoch auf eine Dauer von zehn bis zwölf Wochen, vgl. Tooley (1983: 347 ff.).

I: Also was heißt dann schwerer kognitiver Defekt?

E: Nun ja. Ja, ich hab' die Formulierung der Personalität, die wird im philosophischen Schrifttum verwendet. Also, jemand hat kein Bewusstsein von sich selbst, kein Gefühl der Vergangenheit und Zukunft und keine Interaktion mit anderen. Das wären so die Kriterien der Personalität, und solche Kinder gibt's. Das lässt sich operationalisieren bis zu einem gewissen Grad.

I: Also das lässt sich wirklich operationalisieren?

E: Ja. Ja, das lässt sich schon operationalisieren. Also wenn klar ist, dieses Kind wird nie Interaktion mit einem Gegenüber haben, wenn man das philosophisch jetzt oder theologisch nimmt, es wird kein Bewusstsein von sich selbst entwickeln, es wird kein Bewusstsein von Vergangenheit und Zukunft und irgendeiner Perspektive entwickeln, na ja. (2:113/632:677)

Man kann diesen zweiten Argumentationstyp nun insofern reflexiv nennen, als die Fiktion einer klaren Differenzierungsmöglichkeit vermittels des Lebensfähigkeitskriteriums aufgegeben wird. Es treten damit auch Diagnosen in den Blick (z. B. Spina bifida), die uneindeutig sind, und im ersten Argumentationstyp ausgeblendet bleiben und in der Praxis dann ad hoc entschieden werden müssen. Die professionellen Handlungsorientierungen sind in diesem zweiten Fall erkennbar an Kriterien orientiert, die nicht medizinisch, sondern ethisch begründet sind. Schließlich wird die Abgrenzungsproblematik nicht unter Rekurs auf medizinische, sondern auf ethische Kategorien zu lösen versucht.

Mit dem Begriff der Personalität bzw. Person tritt ein bioethischer Diskurs hervor, der sich als radikale Kritik an einer weltanschaulich oder religiös geprägten Ethik kontinentaleuropäischer Prägung versteht. Insbesondere in Peter Singers Variante des Utilitarismus ist diese Kritik an der »Heiligkeit des Lebens« (Kuhse 1990) zum Ausgangspunkt für die Formulierung einer Ethik geworden, die zwar – vor allem innerhalb des deutschen Sprachraums – nach wie vor umstritten, jedoch stilprägend und sehr einflussreich geworden ist (vgl. Bogner 2000). Im Mittelpunkt dieser Ethik steht die Überzeugung, dass bestimmte (Vor-)Rechte des Menschen heute nicht länger aufgrund von Gattungszugehörigkeit oder seiner »Gottesebenbildlichkeit« legitimiert seien. Diese liberale Bioethik zielt daher darauf, die Legitimation von Grundrechten über empirisch nachvollziehbare Kriterien neu zu fundieren.[23] Über den Begriff der

---

23 Vgl. zu Begriff und Kritik einer liberalen Bioethik Braun (2000), Bogner (2003b). Die liberale Bioethik bleibt bei der Begründung von Lebensrechten in jedem Fall auf den Begriff der Person verwiesen – egal, ob nun die Lebensqualität über die Rekonstruktion von potenziellen Lebensinteressen oder, wie bei deontologischen Theorien, über das Au-

Personalität wird die Menschheit ausdifferenziert in rein biologische Wesen und Personen, die durch Autonomie und Interaktionsfähigkeit charakterisiert sind. Für die Legitimation der Spätabtreibung läuft dies letztlich auf eine subjektivierte Unterscheidung zwischen lebenswürdigem und unwürdigem Leben hinaus (und nicht aus einer an einem eugenisch objektivierbaren »Lebenswert« orientierten Perspektive). Die Begriffe von Autonomie und Selbst-Bewusstheit bezeichnen dabei gesellschaftliche Leitwerte, die im bioethischen Konzept der Person im Wesentlichen eine logisch konsistente Zuspitzung zu einem universellen Konzept der Lebensbewertung erhalten.

Die gesellschaftlichen Normalitätsvorstellungen operationalisieren sich in dem hier analysierten Beispiel in Form eines bestimmten Rationalitätsideals. Es sind die Kategorien von Autonomie, Interaktivität und Zielbewusstheit, die als kulturelle Leitwerte einer *reflektierten* professionellen Praxis fungieren. Die Experten ziehen Grenzen also nicht im blinden Vertrauen auf die Gültigkeit ihrer Definitionsmacht. Wie im zweiten Argumentationstypus deutlich wurde, wendet sich der Blick der Profession vielmehr nach außen. Doch – wie am Beispiel des bioethischen Diskurses gezeigt wurde – mit dem kulturellen Leitwert der Autonomie verbindet sich ein positiver Bezug professionellen Handelns auf ganz konkrete Machtverhältnisse.

Die Frage nach dem – keineswegs bruchlosen[24] – Verhältnis von bioethischem Diskurs und gesellschaftlichen Normalitätsvorstellungen wird bedeutsam, wenn man die generelle Frage nach der Bedeutung von Normalitätsvorstellungen für professionelles Handeln und Entscheiden in den Blick nimmt. Denn es stellt sich ja – über unseren Zusammenhang hinaus – die Frage, auf welchen Handlungsrahmen zum Beispiel der nicht einschlägig bioethisch gebildete Experte unter Entscheidungszwang rekurriert. Nach der hier entworfenen Perspektive wird dies ein Handlungsrahmen sein, der eben auf eine logisch konsistente Weise von einer Bioethik, in deren Zentrum der Leitwert der Autonomie steht, abgesteckt worden ist. Schließlich befindet sich eine solche liberale Po-

tonomieprinzip rekonstruiert wird. Einen gut strukturierten Überblick über verschiedene Ansätze in diesem Spektrum bietet Weir (1984).

24 So wird etwa das logisch nur zwingende Plädoyer der Utilitaristen für die Freigabe der Tötung Neugeborener (da diese bis zu einem bestimmten Zeitpunkt ihrer Entwicklung niemals »Personen« sein können) zweifellos auf intuitive Vorbehalte in der Bevölkerung stoßen. Doch es ist genau die Stringenz der analytischen Operationen, die im Zusammenspiel mit dem Rekurs auf die Normalität die Suggestivität eines bestimmten Handlungszwangs erzeugt: dass nämlich die biopolitischen Normen und Regulierungen in einer Weise zu adaptieren seien, die eben auch die rechtliche Freigabe bestimmter kontra-intuitiver Praktiken bedeuten würden.

sition in Übereinstimmung mit den Werten der Mehrheit, ja mehr noch: In der liberalen Bioethik, die fundamentale Rechte von akzidentiellen Eigenschaften abhängig macht, wird im Endeffekt der Wertekanon einer Mehrheit zum Ersatz für die traditionelle, weltanschaulich-religiös geprägte Moral. Denn die liberale Bioethik ist ja auf metatheoretischer Ebene durch eine Perspektive radikaler Immanenz charakterisiert: Das moralisch Gebotene wird aus dem gesellschaftlich hegemonialen Wertsystem erschlossen, das Normative strikt an das empirisch Beobachtbare rückgebunden. Das heißt, die medizinische Behandlung bzw. der Behandlungsabbruch orientiert sich via »Person« an den gesellschaftlichen Vorstellungen darüber, was ein lebenswürdiges Leben ausmacht. (Dass aber eine Operationalisierung dieser weichen Kriterien in der Praxis alles andere als leicht ist, illustriert der angestrengte und letztlich erfolglose Versuch des Experten in der oben zitierten Interviewpassage, vermittels bestimmter Syndrome eine definitive Grenzziehung vorzunehmen.) Daher muss der bioethische Diskurs gleichermaßen als Vermittlung wie als Elaborierung und Generalisierung von gesellschaftlichen Normalitätsvorstellungen verstanden werden, die sich an den Grundfragen kristallisieren: Was ist ein lebenswertes Leben? Was ist der Mensch?

Die folgende Abbildung versucht das komplexe Vermittlungsverhältnis, in dem bioethischer Diskurs, professionelle Handlungsorientierungen und kulturelle Leitwerte zueinander stehen, zu veranschaulichen.

Natürlich greifen die Experten nicht nur auf hegemoniale Diskurse zu, sondern sie machen diese Diskurse auch bedeutungsvoll, bestätigen deren Relevanz für die Gestaltung der professionellen Praxis. Auf diese

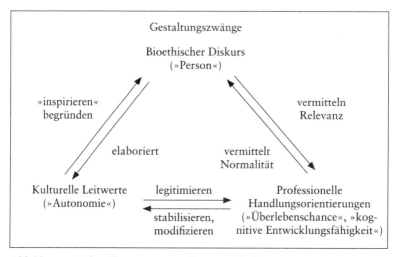

*Abbildung 1: Kulturelle Leitwerte und Grenzpolitik*

Weise wird die liberale Bioethik zu dem, was sie in programmatischer Abgrenzung zu jenen als anwendungsfern begriffenen Spielarten der Ethik immer schon propagiert hat: zu einer praktischen Ethik. Eine solche praktische Ethik wie der Utilitarismus, der mithilfe weniger Kategorien logisch konsistente Antworten auf sämtliche »Lebensfragen« (von der Abtreibung über die Stammzellforschung bis hin zur Euthanasie) findet, bietet für eine naturwissenschaftlich orientierte Medizin ganz offensichtlich bessere Anschlussstellen als solche Ansätze, die auf kritischer Begriffsarbeit und komplexen theoretischen Vorannahmen basieren. Es ist von daher weder kontingent noch zufällig, dass Mediziner auf Ethiken angelsächsischer Tradition zurückgreifen, wenn man die Linie Locke-Mill-Hare-Singer als eine solche bezeichnen will – und weniger auf Ethiken kontinentaleuropäischer Tradition, zum Beispiel die Diskurs- oder Tugendethik.

## 5. Exkurs: Verrechtlichung und Definitionsmacht

Es ist in erster Linie der haftungsrechtliche Aspekt, der die Pränataldiagnostik in den letzten Jahren immer wieder auf die vorderen Seiten der Tageszeitungen gebracht hat. Im Zuge diverser gerichtlicher Grundsatzurteile zu der Frage, inwiefern die Geburt eines behinderten Kindes als »Nachteil« oder »Schaden« zu bewerten sei, sind öffentlichkeitswirksam die Tendenzen einer zunehmenden Verrechtlichung der Pränataldiagnostik hervorgetreten und deren Folgen für das Verhalten der Ärzte und Eltern absehbar geworden. Grundlage derartiger Verfahren sind in der Regel von den Eltern angestrengte Prozesse wegen übersehener Fehlbildungen und Behinderungen. In den USA gibt es mittlerweile eine kaum mehr überschaubare Fülle von Rechtsstreitigkeiten, die unter dem Stichwort »wrongful birth« geführt werden, und auch in Deutschland ist diese Form des Rechtsstreits seit Anfang der 7oer Jahre geläufig (Degener 1998).[25]

Erst im Sommer 2002 gelangte wieder ein solcher Fall in die deutschen Medien. Unter dem Titel »Ärzte haften für falsche Schwangeren-Beratung« informierte die *Süddeutsche Zeitung* über ein Urteil des Bundes-

---

25 Eine detaillierte Kritik der »wrongful-birth«-Rechtsprechung, die verschiedenste Fälle »schadhafter Familienplanung« umfasst (wie z. B. auch fehlerhafte Sterilisation), hat Degener (1999) vorgelegt. Aufgrund verschiedener Prozesskonstellationen wäre noch genauer zwischen »wrongful birth«-Klagen (in denen die Eltern den Arzt auf Schadensersatz verklagen) und »wrongful life«-Klagen zu unterscheiden (hier handelt es sich um Konstruktionen, in denen das Kind aufgrund seiner »schadhaften« Existenz den Arzt bzw. seine Eltern verklagt).

gerichtshofs (BGH). Mit der Begründung, dass bei Abtreibungen in der
22. Schwangerschaftswoche noch keine Spätabtreibung vorliege und
daher das Lebensrecht des ungeborenen Kindes noch nicht das Recht
der Mutter auf Gesundheit überwiege, sprach der BGH den Eltern eines
behinderten Kindes, die den Fötus bei rechtzeitiger Aufklärung durch
ihre Ärztin über die zu erwartenden Fehlbildungen abgetrieben hätten,
den vollen Unterhalt für das Kind zu. Die *Süddeutsche Zeitung* berichtete (Kerscher 2002):

»Die klagenden Eltern sind seit der Geburt ihres Sohnes Sebastian rund um
die Uhr mit seiner Pflege beschäftigt. Sebastian war im Oktober 1996 im
bayerischen Schwaben mit schweren Fehlbildungen der Extremitäten zur
Welt gekommen. Beide Oberarme, ein Oberschenkel und beide Wadenbeine
fehlten, ein Oberschenkel war verkürzt, beide Füße wiesen eine so genannte
Knick- Hackfußstellung auf. ›Ein totaler Schock‹ sei das gewesen, berichtete
der Vater nach der BGH-Verhandlung am Dienstag, als die Hebamme ihm
das Kind gezeigt habe. Seine Frau leide seit der Geburt an depressiven Störungen, die laut einem Gutachten Krankheitswert haben. Mittlerweile müsse
Sebastian alle zwei oder drei Monate eine Prozedur über sich ergehen lassen,
bei der neue Prothesen angepasst würden, was jeweils mit Eingipsen der
Gliedmaßen verbunden sei. Nach Ansicht der Eltern hätte die behandelnde
Frauenärztin die Fehlbildungen bei einer der elf Ultraschalluntersuchungen
erkennen müssen, spätestens bei der, die in der 20. Schwangerschaftswoche
vorgenommen wurde. Bei dieser Untersuchung hatte der Vater wie schon zuvor häufig gefragt, ob mit dem Kind alles in Ordnung sei. Die Ärztin bejahte
dies. Die Mutter erklärter später, sie hätte die Schwangerschaft abbrechen
lassen, wenn sie über die Fehlbildungen informiert worden wäre. Der seit
1995 gültige neue Paragraf 218 a hätte dies wegen der drohenden Gefahr
für die Gesundheit der Frau zugelassen. Nach Ansicht des BGH hatte die
Ärztin ihre Pflichten aus dem mit den Eltern geschlossenen Behandlungsvertrag verletzt. Sie hätte nämlich über die erkennbare Schädigung der
Leibesfrucht informieren müssen. Ein Schwangerschaftsabbruch nach einer
medizinischen Indikation wäre damals auch zulässig gewesen. Angesichts
der zu erwartenden sehr schweren Behinderungen des Kindes sei sowohl
die Gefahr eines Suizidversuchs der Mutter als auch einer schwerwiegenden
Beeinträchtigung ihres Gesundheitszustandes zu befürchten gewesen, entschied der BGH. (...) Richterin Müller sagte, es sei in diesem Prozess nicht
um die moralische Billigung eines Schwangerschaftsabbruchs gegangen. Das
Gericht habe nur über die haftungsrechtlichen Konsequenzen entscheiden
müssen, wenn ein Arzt seine Pflicht aus einem Behandlungsvertrag nicht
oder schlecht erfüllt habe.«

In Frankreich war erst kurz zuvor, im Dezember 2001, ein ähnlicher
Fall unter dem Schlagwort »Kind als Schaden« verhandelt worden. Ein
Pariser Obergericht, der *Court de cassation*, hatte damals entschieden,
dass es gewissermaßen ein einklagbares Recht darauf gebe, gar nicht
erst geboren zu werden. Ein Junge war mit Down-Syndrom zur Welt

gekommen, und seine Mutter hatte den Arzt verklagt, der im Rahmen der Schwangerenvorsorge Anomalien übersehen hatte, die auf eine Behinderung hindeuteten (Kröncke 2001). Das französische Parlament verabschiedete daraufhin im Eiltempo ein Gesetz, das nur noch Schadensersatzansprüche der Eltern, nicht aber der »geschädigten« Kinder vorsieht (Tolmein 2002). In Frankreich und Deutschland stellten die geschilderten Fälle jeweils nur eines von vielen Verfahren dar, in denen Eltern behinderter Kinder Schadenersatz vom behandelnden Arzt verlangten. In Österreich war es um derartige Streitfälle lange Zeit still gewesen. Erst im Sommer 1999 ereignete sich auch hierzulande der erste Aufsehen erregende Fall. Damals sprach der Oberste Gerichtshof erstmals Eltern Schadenersatz für ein unerwünschtes Kind zu. Der Entscheidung lag ein Ereignis aus dem Jahre 1987 zugrunde. Damals war beim Ultraschall in einem Wiener Großspital übersehen worden, dass das Kind im Mutterleib keine Arme hatte. Die Eltern gaben an, sie hätten das Kind abtreiben lassen, wären sie über die Fehlbildung aufgeklärt worden. Es war das erste Mal, dass das Höchstgericht klagenden Eltern einen Schadensersatz zusprach. Bund und Gemeinde Wien mussten als Träger des Krankenhauses den Eltern den Mehraufwand für das Kind ersetzen.

Verschiedene Autoren haben als eine Konsequenz dieser Rechtsprechung insbesondere den zunehmenden Druck auf die Ärzte problematisiert, im Rahmen der genetischen Beratung möglichst eindringliche Warnungen vor einem behinderten Kind zu artikulieren.[26] Die Ärzte könnten heute einer möglichen Haftpflicht nur entgehen, »wenn sie Schwangeren zu allen Möglichkeiten der Pränataldiagnostik raten und damit die Ängste vor einem behinderten Kind schüren« (Degener 1999: 90). Letztlich bestünde demnach ein – vermittels rechtskräftig gewordener Urteile – wachsender Druck zur direktiven Beratung.[27]

In der Rechtsprechung zur genetischen Beratung, so argumentieren Humangenetiker, verkenne die Justiz die Unsicherheit und Uneindeutigkeit des humangenetischen Wissens (Vogel 1995). Durch die Übertragung der Erfolgshaftung bei fehlerhafter Sterilisation auf das

26 Darunter auch viele Vertreter der Humangenetik. Stellvertretend sei hier der Beitrag von Schroeder-Kurth (1994) genannt.

27 Weiters wird von den Experten in Reaktion auf den juristisch vermittelten Zwang zur Maximierung des Wissens um den genetischen »Qualitätszustand« des Kindes die Tendenz einer »Defensivmedizin« thematisiert. Diese präge sich einerseits in vorsorglichen, aber wahrscheinlich sehr oft überflüssigen Überweisungen an hochspezialisierte Zentren aus; aber auch von Abtreibungen aus Angst vor einer unsicherheitsbehafteten oder sogar fehlerhaften Pränataldiagnostik berichteten von mir befragte Experten.

komplexe Feld genetischer Beratung stelle die Justiz gewissermaßen die in Unschärfe- und Unsicherheitsbereichen operierende und darum kommunikativ orientierte Humangenetik mit der »normalen« Medizin auf eine Stufe. Alle Hinweise der Humangenetiker auf das – medizinisch irreduzible – Basisrisiko der Schwangeren für eine Fehlbildung, das die Garantie eines gesunden Kindes ausschließt, helfen da nicht weiter. Aus der hier entwickelten Perspektive trifft der Vorwurf der Humangenetiker, die Justiz hätte einen falschen Risikobegriff bzw. ein schlechtes Augenmaß in Sachen Risiko (Vogel 1995), den Kern des Problems nicht völlig. Denn die Tatsache, dass das Basisrisiko für eine Fehlbildung bei zwei bis vier Prozent liegt und daher jede »normale« Schwangere von Haus aus immer schon gefährdeter ist als eine Schwangere mit einem altersspezifisch erhöhten Risiko, sieht von der gesellschaftlich gestrickten Anwendungslogik der Pränataldiagnostik ab. Selbst wenn im Vergleich zum Basisrisiko die Wahrscheinlichkeit von diagnostizierbaren Fehlbildungen als gering einzustufen sein mag, so legt die Rechtsprechung nahe, Aufgabe der Medizin sei es, *alle* Risiken jenseits dieser »natürlichen Gefährdungszone« zu bannen. Das Basisrisiko gilt in dieser Perspektive eben als Schicksal, während das individuelle Risiko als prinzipiell erkennbar und in jedem Fall als wissenswert verstanden wird. Nicht obwohl, sondern gerade weil das Expertenwissen über diese Risiken unsicher ist, sind die Experten zu lückenloser Aufklärung verpflichtet. Von daher ist es kein Wunder, dass der deutsche Bundesgerichtshof in einem Urteil von 1987 schon ein minimal erhöhtes Down-Syndrom-Risiko von 0,68 Prozent als eine ausreichende Indikation für die Durchführung einer Amniozentese ansah (vgl. Waldschmidt 1996: 213).

Damit liegt die Vermutung nahe, dass die zunehmende Verrechtlichung auch als eine Konsequenz der erfolgreichen Institutionalisierung und Normalisierung der Pränataldiagnostik zu verstehen ist. Die Justiz agiert (mit welchen Begründungen auch immer), als handele es sich bei pränataler Diagnostik und genetischer Beratung schlicht um medizinisch notwendige Maßnahmen für Kranke, mögen auch die Experten auf die besonderen Randbedingungen genetischer Beratung hinweisen (Konfliktlösung, autonome Entscheidung), die sich den Anforderungen eines herkömmlichen Vertragsrechts entzögen.[28]

Das heißt: Wenn Behinderung ein hochgeneralisiertes, medizinisch zu »bearbeitendes« Übel ist, dann gilt es eben auch alle verfügbaren Mittel einzusetzen, um damit assoziierte Hinweiszeichen aufzuspüren und schließlich die Krankheit »therapieren« zu können.[29] Die Handlungen

28 Vgl. vertiefend zu dieser Problematik May/Holzinger (2003: 56 ff.).

29 Diese Normalisierung der Pränataldiagnostik, die hier auf der Ebene der Rechtsprechung thematisiert wird, findet ihren Ausdruck längst auch auf der sprachlichen Ebene. So ist im angelsächsischen Raum

des Arztes werden schlicht daran gemessen, was im Rahmen seiner technischen Möglichkeiten machbar gewesen wäre. Im Zuge ihrer Normalisierung wird die Pränataldiagnostik dem Operationalisierungszwang der Rechtsprechung unterworfen. Und diese kann die Pränataldiagnostik dann tatsächlich nicht als ein fragiles Arrangement begreifen, das im Einzelfall von diffizilen Abwägungsprozessen und Pragmatiken getragen ist – kurz: als eine medizinische Dienstleistung, deren Anwendung sich aufgrund von kognitiven und normativen Unsicherheiten eben (auch) nach nicht-wissenschaftlichen oder lebensweltlich orientierten Maßstäben bemisst. So nimmt es nicht Wunder, dass die Experten die Intervention der Justiz als Ausdruck einer Fehlentwicklung verstehen, die aufgrund trügerischer Sicherheitserwartungen und einem gesteigerten Perfektionsanspruch der Bevölkerung langfristig zu Vertrauensverlusten und – natürlich – zu einer finanziellen Bedrohung für die Ärzte führen kann. Doch paradoxerweise bedeutet der juristische Druck zur Pränataldiagnostik vor dem Hintergrund unserer Fragestellung eben auch eines: einen eindeutigen Erfolg für die Experten. Die zunehmende Bedeutung der Rechtsprechung für die Praxis der Pränataldiagnostik lässt sich als ein gewichtiges empirisches Indiz für ihre erfolgreiche Normalisierung begreifen.

der Begriff der »therapeutic abortion« geläufig, der die Pränataldiagnostik implizit als medizinische Diagnose inklusive anschließender »Heilbehandlung« (sprich Abtreibung) charakterisiert.

# Resümee

Erwin K. Scheuch (2003) hat von der »Bedeutung des Zeitgeistes für die Medizin« gesprochen und damit in erster Linie darauf abgehoben, dass medizinkritische Strömungen in aller Regel von Kultur- und Zivilisationskritik geprägt sind. Ausgeblendet bleibt in einer solchen Sicht, dass die Ausdifferenzierung des medizinischen Systems sich ebenfalls vor einem bestimmten geistesgeschichtlichen Hintergrund vollzieht. So spielen etwa bestimmte Wissenschaftsideale für die Konstitution und das Selbstverständnis der modernen Medizin eine Rolle. Mit anderen Worten: Die Ausdifferenzierung der Medizin ist verbunden mit deren Einbettung in historisch spezifische Regel- und Normsysteme. Auf Basis dieser Überlegung lässt sich womöglich der Zusammenhang der in Teil C formulierten Thesen ein wenig transparenter machen.

Genetische Diagnostik und Beratung werden gerade deshalb als medizinische Wissenschaft und Anwendung anerkannt, weil diese Expertenpraxis sich nicht ausschließlich auf wissenschaftliche Relevanzen und Expertenwissen stützt. Der Rekurs auf Erfahrungs- und lebensweltliches Wissen, auf kulturelle Leitwerte und Normen ist für Entscheidungen, die angesichts bestimmter Anfechtungen und Entgrenzungen durch den medizinischen Fortschritt erzwungen werden, von zentraler Bedeutung. Dass auf diese Weise die Wissenschaft ein Stück weit in die Gesellschaft eingelassen wird, bedeutet jedoch nicht, dass das Expertenwissen in seiner maßgeblichen Bedeutung für das »Problemframing« in Frage gestellt würde. Es scheint vielmehr so, als ob dessen Relativierung durch die Aufwertung außerwissenschaftlicher Relevanzen eine zentrale Voraussetzung dafür wäre, das Expertenwissen als problemrelevantes Wissen im Entscheidungsprozess zu bestätigen.

In den folgenden Abschnitten werden aus dieser Argumentation mit Blick auf wissenssoziologische Diskussionen einige Schlussfolgerungen gezogen. Zunächst wird noch einmal zusammenfassend darauf hingewiesen, dass in der Rekonstruktion der expertiellen Handlungsorientierungen Grenzüberschreitungen zwischen Wissenschaft und Gesellschaft kenntlich werden. Anschließend steht die Frage im Mittelpunkt, ob die Anerkennung der Ungewissheit und Uneindeutigkeit des Expertenwissens durch die Experten selbst als empirisches Indiz für ein »Reflexiv-Werden« der humangenetischen Praxis zu werten ist. Die abschließende Kritik der Life-Politics zielt auf die falsche Selbstgewissheit der modernen Humangenetik, eine Entstaatlichung und Individualisierung der Biopolitik sei gleichbedeutend mit einer reflexiven Praxis. Eine kurze Diskussion von Nutzen und Grenzen der Analyse beschließt diese Arbeit.

## 1. Professionelle Handlungsorientierungen und gesellschaftliche Leitwerte

Im Kontext rechtlich ungesicherter Handlungsspielräume und daraus resultierender Gestaltungszwänge ergeben sich neuartige Herausforderungen an expertielles Handeln und Entscheiden. Die konkreten professionellen Handlungsorientierungen beziehen ihre kognitionsorientierende und legitimatorische Kraft aus dem impliziten Rekurs auf gesellschaftliche Leitwerte und Normalitätsvorstellungen. Dies wurde nicht zuletzt aus der Rekonstruktion maßgeblicher Entscheidungslogiken im Kontext des Spätabtreibungs-Dilemmas deutlich (C.V.4). Die Humangenetik lässt sich offenkundig als eine sozial voraussetzungsvolle Expertenpraxis charakterisieren. Den Experten fällt ihre Zuständigkeit für bestimmte Phänomene nicht aufgrund einer glücklichen Korrespondenz von Wissen und Objektwelt zu. Schließlich ist die Bedeutung verschiedener Anomalien und Behinderungen im Referenzsystem der Medizin nicht hinreichend plausibilisierbar. Die expertielle »Verwaltung« eines bestimmten Objektbereichs ist nicht zwangsläufiges Resultat einer systematischen Erforschung der »Außenwelt«. Dass zum Beispiel die Trisomie 21 wie selbstverständlich als ein Problemgegenstand der Pränatalmedizin verhandelt wird, ist demnach Resultat eines Herstellungsprozesses, nicht Ausdruck einer Notwendigkeit. Trisomie 21 ist nicht ein »Objekt«, ein »Zustand« oder Ähnliches, der aufgrund des Fortschritts zu einem Hauptbetätigungsfeld der Pränatalmedizin werden musste. Die erfolgreiche Behauptung von Zuständigkeit und Handlungsfähigkeit ist vielmehr ein Produkt bestimmter Praktiken der Experten.

Diese Praktiken dürfen aber nicht in jedem Fall mit einem strategisch-intentionalen Handeln der Experten gleichgesetzt werden. Für unsere Analyse war vielmehr die Annahme interpretationsleitend, dass bestimmte Praktiken und Deutungen ex post als funktional für die Legitimation professioneller Autorität gelesen werden können – weil sie gewissermaßen unsichtbar machen, dass sich das Expertenwissen als *problemrelevantes Wissen* erst in der Assoziation mit den gesellschaftlichen Vorstellungen darüber konstituiert, was als wissenswert und wissenschaftsrelevant gilt. Ganz im Gegensatz zu der landläufigen Annahme, dass sich die professionelle Autorität auf ein Spezial- oder Sonderwissen der Experten gründet, wird hier also davon ausgegangen, dass professionelle Autorität sich ganz zentral auf eine spezifische Praxis der Experten, auf spezifische Handlungs- und Entscheidungsroutinen gründet.

Das heißt, das Expertenwissen ist nicht gleichzusetzen mit einem privilegierten Wissen über bestimmte Objekte, mit einer tieferen

Einsicht in die »wirkliche« Bedeutung bestimmter Phänomene. Das Expertenwissen ist – das war das Thema von Kapitel C.V – nicht nur im Bereich der Wissenschaft angesiedelt, sondern gleichermaßen in der Gesellschaft beheimatet. Ohne das Wissen darum, was »politisch korrekt« ist, ohne ein gewisses Gefühl für die kulturellen Leitwerte, ohne die Abstimmung mit den hegemonialen Normalitätsvorstellungen ist das Expertenwissen »blind«, einflusslos oder ideologieverdächtig. Das Expertenwissen konstituiert sich immer auch in Bezug darauf, was als beforschbar, wissenswert und bedeutungsvoll gilt. Expertenwissen funktioniert erst dann als Expertenwissen, wenn es als problemrelevant und gegenstandsadäquat begriffen wird. Dass diese Herstellung von Gegenstandsadäquanz die Funktion des Expertenwissens nicht unberührt lässt, war Gegenstand der Diskussionen in Kapitel C.IV. Der Funktionswandel von Expertenstatus und Expertenwissen – im Kontext der gesteigerten Bedeutung von Patientenautonomie und Wahlfreiheit – ist eine wichtige Legitimationsvoraussetzung für die Kennzeichnung von Behinderung als Untersuchungsfeld der Pränatalmedizin.

Worin besteht nun der Nutzen dieser Arbeit, wenn man das eingangs formulierte Ziel einer Analyse des Verhältnisses von Wissenschaft und Gesellschaft zugrunde legt? Zunächst: In Bezug auf das Verhältnis von Wissenschaft und Gesellschaft wird man heute noch oft vor eine falsche Alternative gestellt. Entweder erscheint Wissenschaft als ein gesellschaftsfernes, esoterisches Unterfangen und die Resultate wissenschaftlicher Arbeit als Emanation einer »höheren«, formalen Rationalität. Oder aber die Wissenschaft erscheint als ein Reich von dieser Welt, das aber durch den Herrschaftsanspruch anderer Reiche (der Politik, der Ökonomie) als bedroht gelten muss (Verzerrungen und Entstellungen der Wahrheit sind die Folge). In diesem Modell wird die Wissenschaft als ein »epistemologischer Kern« und die Gesellschaft als Kontext gedacht (vgl. Latour 2000: 109 ff.).

Vor diesem Hintergrund wird der Nutzen der vorliegenden Studie sogleich offensichtlich. Es ging darum zu zeigen, worin sich Wissenschaft und Gesellschaft konkret berühren.[1] So wurde in Kapitel C.III dargestellt, dass die Verwissenschaftlichung der Pränataldiagnostik (die Ablösung der pragmatischen Indikation durch eine fachwissenschaftlich begründete) in der Praxis zu einem Anwendungsdruck der frühen Diagnostik führen kann, der von vielen Medizinern aus medizinfrem-

---

1 Natürlich wurde die Gesellschaft nur in einem sehr beschränkten Ausschnitt zum Gegenstand der Analyse. Die Ökonomie spielte keine Rolle, auch nicht die Politik, und selbst das Recht kam nur am Rande zur Sprache (Kap. C.V.5). Genau genommen wurde die Gesellschaft lediglich auf der Ebene der Kultur berücksichtigt, auf der Ebene von Leitbildern, Denkmustern und Wertorientierungen.

den (ethischen oder ökonomischen) Gründen abgelehnt wird. In Kapitel C.IV wurde am Beispiel der genetischen Beratung die programmatische Ablösung autoritativer Expertenschaft durch den Typ eines »kooperativen Informators« analysiert. Dieser Funktionswandel des Experten hat zur Folge, dass auf die individuellen Reproduktionsentscheidungen durch den Experten kraft seines Spezialwissens nicht mehr zugegriffen werden kann. Für die Praxis ist nicht länger relevant, was dem Experten als vernünftig gilt, sondern was mit Rücksicht auf die gesellschaftlichen Leitbilder und Erwartungen als ethisch vertretbar erscheint.

Auf besonders eindrucksvolle Weise wurde der Zusammenhang von professionellem Handeln und gesellschaftlichen Diskursen am Problem der Spätabtreibungen deutlich. Die Straffreiheit einer fristlosen Abtreibung (bei medizinischer bzw. eugenischer Indikation) verbunden mit einem kontinuierlichen Absenken der Lebensfähigkeitsgrenze vermittels des medizinischen Fortschritts konstituiert für die Experten eine Situation der Entgrenzung, der ein erheblicher Gestaltungs- und Entscheidungszwang korrespondiert. Vor diesem Hintergrund wurde die Bedeutung bioethischer Leitwerte zur Entwicklung konkreter Grenzziehungskriterien deutlich (Kapitel C.V.4). Der ausschließliche Bezug auf medizinisches Fachwissen gilt in diesem Fall als nicht mehr ausreichend bzw. angemessen. Eine Technowissenschaft wie die Humangenetik funktioniert offenbar nur dann, wenn sie nicht vollständig der fachwissenschaftlichen Eigenlogik gehorcht. Sie funktioniert jedenfalls nicht aufgrund einer »höheren« Einsicht in das Wesen der Erscheinungen und einer sich darauf gründenden Verfügungssicherheit über die Welt der Dinge. Sie funktioniert vielmehr unter anderem durch Grenzziehungen, die durch den (gar nicht strategischen oder bewussten) Rekurs auf gesellschaftliche Diskurse und Normalitätsvorstellungen fundiert sind.

Ohne das Wissen um die »kritischen« Potenziale der Humangenetik, ohne das Gefühl für Tabus, ohne eine gewisse Sensibilität für die ethischen Aspekte der eigenen Disziplin und Praxis, ohne den Bezug auf die gesellschaftliche Normalität, kurz: ohne die Harmonisierung von Humangenetik und Gesellschaft keine legitime Expertenpraxis. Nur der konstruktive Bezug der Experten darauf, was um ihre Wissenschaft herum vorgeht, hält die Wissenschaft am Laufen. Es gibt keine »reine« Wissenschaft, und die beschriebenen Expertenpraktiken sind keine »Entstellungen« (und auch keine Prozeduren der »Reinhaltung«) dieser Wissenschaft. Sie sind konstitutiv dafür, dass es diese Wissenschaft in dieser Form gibt. »Technology is society made durable«, lautet die bekannte Formel Latours (1991), und das Funktionieren der Humangenetik repräsentiert ein Stück dieser durch Technologie gehärteter bzw. in Technologie verhärteter Normalität.

## 2. Reflexive Experten?

Die Reflexivität der Experten ist in den vergangenen Kapiteln auf so vielfältige Art und Weise hervorgetreten, dass die Frage dieses Abschnitts rhetorisch erscheinen mag. Es sei nur an die Thematisierung ethischer Aspekte der Pränataldiagnostik erinnert (C.I.1); an die Reflexion der historischen Bürde der Humangenetik und der sich daraus ergebenden ethischen Verpflichtungen (C.II.); an die Problematisierung der Unschärfe humangenetischer Diagnosen (C.III.2); an die Problematisierung eugenischer Tendenzen von Massenscreenings (C.III.3); an die Selbstrelativierung des Experten im Kontext eines wertneutralen, prozessorientierten und klientenzentrierten Beratungsideals (C.IV.2); an die Pluralisierung der Grenzziehung von Leben/Tod im Kontext der Spätabtreibungsproblematik und den Rekurs auf ethische bzw. lebensweltliche Rationalitäten (C.V.4). Letztlich kann die Frage daher nur lauten, welchen normativen Gehalt man dem Begriff der Reflexivität zugrunde legt, um die Eingangsfrage zu diskutieren.

Im Anschluss an Hitzler und Pfadenhauer (1999) haben May und Holzinger (2003) die Frage, ob sich in der Humangenetik ein reflexiver Expertentyp herausbilde, bejaht (A.I.3). Aus einer wissenssoziologischen Perspektive, die die dem Beratungs- und Entscheidungsprozess zugrunde liegenden Rationalitäten in den Blick nimmt, sind freilich Vorbehalte an der Reflexivitätsthese angebracht. Zwar ist den Experten in der Regel bewusst, dass die in der Praxis notwendigen Grenzziehungen (zwischen »guter« und »schlechter« Praxis, »lebenswürdigem« und »unwürdigem« Leben usw.) Konstruktionen sind, die nicht allein auf der Basis von Expertenwissen getroffen und legitimiert werden können. Dies mag es nahe legen, von Reflexivität zu sprechen. Jedoch: Die soziokulturellen Quellen, auf die die maßgeblichen Unterscheidungen und Grenzziehungen der Experten rekurrieren, also die einflussreichen Richtig-Falsch-Vorstellungen und hegemonialen Normalitätsvorstellungen, werden nicht reflektiert.

Ein zweites: Man kann die Vergrößerung der Autonomiespielräume der Klienten in der humangenetischen Beratungspraxis mit einer allmählichen Auflösung der traditionellen Dichotomie von Experte und Laie in Verbindung bringen. Doch die (unzweifelhafte) Auflösung eindeutiger Hierarchien im Arzt-Patient-Verhältnis muss im Kontext der hier vorgelegten Interpretation anders gelesen werden denn als Hinweis auf die Konturen einer »reflexiven« Moderne. Denn die Vergrößerung der Autonomiespielräume bedeutet zwar zweifellos einen Verlust von professioneller Gestaltungsmacht. Einen Verlust von Definitionsmacht wird man daraus jedoch nicht zwangsläufig schlussfolgern können. Denn das medizinische Fachwissen bleibt der interpretatorische und legitimatorische »Fluchtpunkt« allen praktischen Handelns und Entscheidens. Der Experte, der sich als ein wertneutral und klientenorientiert Informierender begreift und dessen Entscheidungen und Grenzziehungen letztlich durch hegemoniale Normalitätsvorstellungen strukturiert sind, wird daher nicht fragwürdig, sondern im Gegenteil. Sein Wissen, seine Begrifflichkeiten, seine Profession bleiben maßgeblich für die Auseinandersetzung mit dem Phänomen Behinderung. Das Expertenwissen bildet daher auch den (Deutungs-)Rahmen, innerhalb dessen die individuelle Entscheidung verhandelt wird – trotz oder gerade weil dieses Expertenwissen als unsicher und uneindeutig anerkannt wird. Das Problembewusstsein der Laien ist also nicht abzulösen von der Sensibilisierung durch Kategorien, die ganz maßgeblich durch das medizinische Fachwissen geprägt sind. Um es in den Worten von Fritz Schütze (1992: 141) zu sagen: »(...) die professionellen Praktiker (definieren) die Kriterien und Begrifflichkeiten, mit Hilfe derer über diese Dinge in der Gesellschaft nachgedacht wird.«

In der genetischen Beratung wird das »technische« Expertenwissen zu einem praxisrelevanten Wissen, das maßgeblich wird für die Auseinandersetzung mit genetischen Abweichungen in der Schwangerschaft. Technisches Expertenwissen meint: das Wissen des Experten über Vererbungsregeln, Risikoverteilungen und Anomalie-Häufigkeiten, also ein humangenetisch-stochastisches »Lehrbuch-Wissen« (vgl. B.I.2.2). Dieses technische sowie Erfahrungswissen der Experten wird relevant vor dem Hintergrund einer gemeinsam geteilten Auffassung über die Bedeutung dieses Wissens. Schließlich müssen die zu bearbeitenden Dinge erst einmal zu legitimen Objekten der Forschungspraxis gemacht werden. In diesem Prozess verwandeln sich die komplexen und uneindeutigen Dinge selbst – sie werden nun nicht mehr im Modus unspezifischen Nichtwissens wahrgenommen, sondern in jenem des Wissens oder zumindest eines nur mehr vorläufigen Nichtwissens. Unter bestimmten Voraussetzungen erscheint also Nichtwissen als Unsicherheit, als Unzulänglichkeit und Unschärfe des Expertenwissens. Das heißt, das Nichtwissen der Humangenetik wird gar nicht problematisier- oder politisierbar, und zwar aufgrund der konkreten professionellen Handlungsorientierungen, die im Umgang mit Gestaltungszwängen und im Kontext eines neuartigen Beratungsideals Gestalt annehmen.

Diese Kritik versteht sich nicht als ein tragfähiger Einwand gegen die Theorie reflexiver Modernisierung. Es dürfte vielmehr offensichtlich geworden sein, dass diese Theorie als ein sensibilisierendes Konzept für die Analyse von Grenzpolitiken fruchtbar ist. Man darf nur die auf den empirischen Befunden basierende Analyse nicht zu früh abbrechen. Allein die Tatsache, dass Experten Ungewissheit eingestehen, muss noch gar nichts am Status des Experten oder der medizinischen Definitionsmacht ändern. Wer, wie May/Holzinger (2003), die Reflexivität an die Selbstrelativierung der Experten bindet, vernachlässigt das Spannungsverhältnis zwischen dem *Modus* der Entscheidung und der dieser zugrunde liegenden *Rationalität*. Doch erst die Reflexion dieses Spannungsverhältnisses lässt ermessen, inwiefern der Umgang mit Gestaltungs- und Entscheidungszwängen auf humangenetische Kategorien und Erklärungsmuster verwiesen bleibt.

Die Selbstrelativierung der Experten ist nicht gleichbedeutend mit Selbstentmachtung.[2] Es gilt – frei nach dem Motto »divide et impera« – das Gegenteil. *Der Verlust von Gestaltungsmacht bedeutet in der Praxis eben auch eine Sicherung von Definitionsmacht.* Der Experte von heute verfügt nicht länger über die Macht, zu entscheiden und Direktiven zu geben; doch er verfügt über die Macht, darüber zu befinden, wer unter welchen Bedingungen am Entscheidungsprozess partizipieren darf und mit welchen Begrifflichkeiten dies getan wird. Die Entscheidung ist (dem Anspruch nach) eine individuell-ethische geworden; die Vermittlung eines naturwissenschaftlichen »Sachstandes« in der Beratung ist eine zentrale Voraussetzung dafür, dass eine solche individuell-ethische Entscheidung legitim, ja zwingend erforderlich erscheint.

Reflexivität im normativen Sinn aber hätte zur Voraussetzung, dass im Rahmen der Schwangerenvorsorge strukturell die Chance verankert wäre, mit den expertiellen Deutungsschemata und Relevanzen reflexiv umzugehen. Praktisch liefe dies auf eine Institutionalisierung von alternativen Wissensformen hinaus. Bislang haben nur Humangenetiker und Gynäkologen im Rahmen der Beratung die Möglichkeit, in Form medizinisch-genetischer Beschreibungsweisen bestimmte fachspezifische Relevanzen und Sinngebungen zu kommunizieren.

## 3. Kritik der Life-Politics

In der humangenetischen Praxis werden heute das Individuum und die individuellen Wertvorstellungen zum maßgeblichen Bezugspunkt professionellen Handelns. Dies wurde nicht zuletzt aus unserer Rekonstruktion diverser Grenzziehungspraktiken und -diskurse der Experten

2 Wir haben im Zusammenhang mit der Selbstrelativierung in idealtypisierender Weise vom Experten als »Informator« gesprochen. Tatsächlich ist es mit dem »Informator« in der Praxis gar nicht so weit her: So werden aus professionspolitischen Gründen den Eltern bestimmte Informationen vorenthalten (z. B. das Geschlecht des Kindes, vgl. C.V.1). Bei geschlechtschromosomal vererbten Behinderungen und Krankheiten (z. B. Hämophilie) wiederum wird das Geschlecht den Eltern mitgeteilt. Die Selbstdeutung der Experten als Vermittler umfassender und wertneutraler Informationen blendet also aus, dass sich diese Praxis implizit am Kriterium des gesellschaftlich Informationswürdigen bemisst.

deutlich. Nun erscheint eine derartige Individualisierung im Licht des ethischen Diskurses als professionelle Anerkennung des Selbstbestimmungsprinzips der Patienten und damit gewissermaßen als logische Reaktion auf die zentrale Bedeutung liberaldemokratischer Grundwerte wie Autonomie und Entscheidungsfreiheit. Eine solche Lesart ist nicht falsch und doch nicht die ganze Wahrheit. Schließlich lassen sich diese expertiellen Handlungsnormen als Ausdruck von Nichtwissen verstehen, eines Nichtwissens, das mit der Komplexität und medizinischen Uneindeutigkeit der in genetischer Forschung und Beratung verhandelten Phänomene zu tun hat. Auf dieser Ebene lässt sich das Nichtwissen auch von den Experten reflektieren. Darüber hinaus jedoch wurden hier die beschriebenen Grenzziehungen und Handlungsorientierungen zugleich als ein Faktor dargestellt, humangenetisches Lehrbuchwissen für den Beratungs- und Entscheidungsprozess relevant zu halten und damit ein Stück weit die Institutionalisierung genetischer Aufklärung zu legitimieren. Grenzziehungen und Handlungsorientierungen wurden demnach ex post als funktional für die Aufrechterhaltung von Definitionsmachtmacht und professioneller Zuständigkeit verstanden. Überspitzt gesagt: Nichtwissen wird auf diese Weise in Wissen verwandelt, und zwar nicht im Kontext eines wie auch immer gearteten Wissensfortschritts, sondern aufgrund der (gar nicht unbedingt bewussten) Orientierung an gesellschaftlichen Leitwerten und Diskursen.

Diese Beobachtungen lassen sich an grundsätzlichere Überlegungen zum Wandel biopolitischer Entscheidungs- und Gestaltungsstrukturen anschließen.[3] In diesem Zusammenhang geht es um neue individuelle Handlungsspielräume, veränderte Entscheidungslogiken und neue Verantwortungszuschreibungen. In Teil C wurden unter anderem die sukzessive Durchsetzung individuenspezifischer Indikationen, die Aufwertung der Laien- bzw. Klientenperspektive und eine damit einhergehende Relativierung des Experten konstatiert – allesamt Faktoren, die auf die nachrangige Rolle des Staates als biopolitischer Akteur schließen lassen und damit als Zeichen einer biopolitischen Individualisierung gelten können. In diesem Sinne könnte man von einem Übergang von einem Zeitalter staatlicher oder expertokratischer Biopolitik in die Ära der *Life-Politics* sprechen, in der vor allem die liberalen Leitwerte von Autonomie und Entscheidungsfreiheit maßgeblich sind.[4] Diese Transfor-

3 Der an Foucault erinnernde Begriff der Biopolitik wird im Folgenden ohne spezifischen theoretischen Anspruch verwendet. Er charakterisiert hier ein Ensemble von Gestaltung-, Organisations- und Regulierungslogiken im Feld der Biomedizin.

4 Der von Giddens entliehene Begriff erhält damit eine bestimmte inhaltliche Färbung. Life-Politics bezieht sich im Folgenden zwar ebenfalls auf eine Transformation des Politischen, aber in jenem engeren Bereich (bio-) medizinisch induzierter Entscheidungszwänge und Problemstellungen.

mation der Biopolitik markiert zweifellos eine entscheidende Differenz, und es mag der Schluss nahe liegen, dass eine humangenetische Praxis, in deren Zentrum solche liberalen Leitwerte stehen, reflexiv geworden ist.

Es wäre kurzschlüssig, die biopolitische Individualisierung umstandslos mit Befreiung und Selbstbestimmung in eins zu setzen. Es ist zwar unbestritten, dass Life-Politics einen gravierenden Unterschied zum staatlichen Diktat markieren. Und im Kampf gegen den biopolitischen »Leviathan« mögen die Konzepte von Freiheit und Autonomie – zu denen die liberale Bioethik noch immer ein ungebrochenes Verhältnis pflegt – angemessene Mittel gewesen sein. Doch als positiver Bezugspunkt der Kritik ist das Konzept von Life-Politics problematisch. Sofern der Staat nicht mehr als Organisator einer totalitären Biopolitik auf den Plan tritt, muss sich der Fokus der Kritik verändern. Im Zentrum der Kritik können dann nicht mehr die von oben verfügte Hierarchisierung, Unterdrückung und Kontrolle stehen, sondern jene Konsequenzen, die sich aus der Individualisierung und Entstaatlichung der Biopolitik ergeben.[5]

Die Delegierung von Handlungs- und Entscheidungsmacht an die Klienten bringt auf der gesellschaftlichen Ebene insofern Gefahren mit sich, als sich vermittels der unkoordinierten Einzelentscheidungen im Bezugssystem der expertiellen Relevanzen und auf der Basis bestimmter Wertvorstellungen oder Menschenbilder jene »eugenics by the back door« konstituieren könnte, von der eingangs die Rede war. Die Gefahr

5 Natürlich: Die Kritik der Life-Politics setzt die praktische Wirkmächtigkeit der hier aufgrund von Interviewdaten rekonstruierten Handlungsorientierungen bereits voraus. Tatsächlich verstehe ich die beschriebenen Grenzziehungen als Ausdruck einer realen Neuorientierung der Experten, ohne die klinische Alltagspraxis untersucht zu haben. Dies muss den Einwand provozieren, dass die Aussagen der Experten in naiver Weise für »bare Münze« genommen werden. Doch diese Kritik formuliert bei näherem Hinsehen ein Argument für die Stichhaltigkeit meiner Argumentation. Denn selbst wenn man die rekonstruierten Handlungsorientierungen als analytisches Artefakt einer praxisfernen Selbstinszenierung der Experten begreifen würde, könnte dies die Bedeutung der folgenden Kritik nicht schmälern. Schließlich wird die Bedeutung der theoretischen Argumentation, dass eine neue, aufgeklärte Expertenpraxis mit erheblichen Folgeproblemen belastet ist, durch den empirischen Hinweis, dass die gegenwärtige Praxis einem solchen idealisierten Selbstbild noch lange nicht entspreche, sogar noch verstärkt. Kurz: Die Kritik der Life-Politics zielt auf die Kritik einer idealen und idealisierten Praxis; es geht mir wohl gemerkt nicht darum, Differenzen zwischen Anspruch und Wirklichkeit, zwischen Expertennarrationen und klinischer Alltagspraxis zu diffamieren.

geht heute also nicht mehr länger vom Staat oder der Sphäre des Öffentlichen aus, wie Bauman (2000) in seiner Beschreibung einer sich »verflüssigenden« Moderne zu Recht anmerkt, sondern viel eher von einer Kolonisierung des Öffentlichen durch das Private. Das Beispiel der Humangenetik zeigt eindrucksvoll, dass die Berufung der Kritik auf individuelle Freiheiten und die lebensweltliche Vernunft zu kurz greift. Schließlich realisiert sich individuelle Entscheidungsautonomie in einem sozialen Raum, der durch institutionelle Regeln und Zwänge und die Deutungs- und Relevanzsysteme der Experten strukturiert und begrenzt ist. Der Modus der Entscheidung und deren zugrunde liegende Rationalität bilden ein Spannungsgefüge.

Doch die biopolitische Individualisierung ist nicht nur in ihren gesellschaftlichen Konsequenzen, sondern auch für die Individuen selbst problematisch. Denn die Individuen sind heute durch die Vermittlung von genetischem Wissen aufgefordert und gezwungen, Verantwortung zu übernehmen, und es gibt zunehmend weniger Möglichkeiten, sich dieser Verantwortungsübernahme unter Bedingungen, die nicht frei gewählt sind, zu entziehen (das »Recht auf Nichtwissen«, ein Recht auf ziemlich schwachen Beinen, stellt prinzipiell eine solche Möglichkeit dar). Die Etablierung heimlicher Steuerungsimperative durch genetisches Wissen wird heute, wie erwähnt, mit Blick auf Foucault als Zwang zum Selbst-Management kritisiert. Damit ist ein Spannungsverhältnis indiziert zwischen neuer Selbständigkeit in der Praxis und Selbstbestimmung als einem nach wie vor uneingeholten Ideal. Oder mit anderen Worten: ein Spannungsverhältnis zwischen »formaler« und »realer« Freiheit. Das normative Ideal der Mündigkeit ist mit der Erkenntnis, dass sich die in gesellschaftlichen Kämpfen erstrittene Steigerung der Freiheit unter den gegenwärtigen Bedingungen nicht unmittelbar in Befreiung übersetzt, problematisch geworden. Dies nimmt heute zum Beispiel jene Programmatik einer erneuerten kritischen Theorie ernst, die die allgegenwärtig eingeforderte Mündigkeit des Individuums als deren herrschaftskonforme Funktionalisierung versteht und darum provokativ eine »Befreiung aus der Mündigkeit« (Honneth 2002) fordert.

Die beschriebenen professionellen Handlungsorientierungen sind ein wichtiger Bestandteil dieser Entwicklung, ein strukturierendes wie strukturiertes Element dieser Etablierung individualisierter Life-Politics. Nun darf die hier formulierte Kritik der Life-Politics nicht mit dem Wunsch nach einem neuen biopolitischen »Leviathan« gleichgesetzt werden. Eine historisch-politisch reflektierte Kritik der Humangenetik zielt nicht auf bessere Kontrolle, effizientere Organisation, mehr Staat. Eine solche Kritik verbindet sich vielmehr mit einem Plädoyer für den Ausbau zivilgesellschaftlicher Foren, die eine Reflexion auf all jene Selbstverständlichkeiten forcieren könnten, auf jene handlungsleitenden Diskurse, Begriffe, Menschenbilder, die uns die Normalisierung von Humangenetik und Pränataldiagnostik als ganz normal erscheinen lassen.

Die hier formulierte Expertenkritik trifft sich in manchen Punkten mit jener Kritik, die mit Foucault geführt wird. Gleichwohl sind die theoretischen und methodischen Differenzen zu den an Foucault orientierten Arbeiten offensichtlich. Jene haben die humangenetische Aufklärung aus machtkritischer Perspektive als ein Element neoliberaler Selbststeuerungsdiskurse und damit als eine politische Technologie dechiffriert (A.I.1). Mit diesem Fokus auf die Beratenen geraten die Machteffekte des Expertenwissens in den Blick, nicht jedoch die sozialen Voraussetzungen der Plausibilität und Wirkmächtigkeit dieses Expertenwissens. Genau dies war jedoch die Ausgangsfrage dieser Studie: welche Faktoren dazu beitragen, dass das Expertenwissen zum maßgeblichen Rahmen von Diskussionen, Interpretationen und Entscheidungen wird, und zwar unter den Bedingungen von Unsicherheit, Uneindeutigkeit und Nichtwissen. Die Analyse der Grenzarbeit der Experten wurde als ein Weg verstanden, um eine Antwort auf diese Fragestellung zu finden. Dabei wurden die spezifischen Grenzziehungen als Ausdruck von praxisrelevanten Orientierungsmustern verstanden und damit als ein Mittel, Elemente einer bestimmten Handlungsordnung in der Humangenetik aufzuspüren.

Methodisch stützte sich diese Analyse auf das theoriegenerierende Experteninterview, und man könnte fragen, ob für diese Kritik der Expertenpraxis nicht eine Diskursanalyse die angemessenere Methode gewesen wäre. Dagegen ließe sich einwenden, dass bestimmte Nachteile einer Dokumentenanalyse gegenüber der Durchführung von Experteninterviews auf der Hand liegen. Zum einen handelt es sich im Fall standespolitisch orientierter Stellungnahmen und Verlautbarungen (z. B. der einschlägigen Berufsverbände) um »gefilterte« Daten. Der Kontext dieser Dokumente (politische Debatte, organisationaler Hintergrund, Autorenschaft) wäre erst wieder zu untersuchen. Im Fall des Experteninterviews kann dagegen der spezifische Interaktionszusammenhang, in dem das konkrete Gespräch steht, nach den beschriebenen methodologischen Vorüberlegungen relativ leicht rekonstruiert werden. Außerdem ergibt sich durch Experteninterviews der unschätzbare Vorteil der Authentizität. Hier wird schnell deutlich, welche Gestaltungszwänge und Problemkonstellationen die Experten in der Praxis wirklich bewegen, wie sie im Einzelnen ihre Handlungsstrategien legitimieren usw. Außerdem ist für eine Diskursanalyse eine historische Situation nicht günstig, in der ein medizinisches Anwendungsgebiet nicht in den Fokus gesellschaftlicher Auseinandersetzungen und Konflikte gerät.[6] So haben zum Zeitpunkt der Untersuchung keine öffentlichen, politischen oder auch nur standespolitischen Diskussionen zu Regulierungsdefiziten oder bestimmten Anwendungsmodalitäten der Pränataldiagnostik stattgefunden – im Unterschied etwa zu nachhaltig öffentlichkeitswirksamen und politikrelevanten Themen wie etwa dem Klonen oder der Stammzellforschung. Aus diesem Grund lag die Entscheidung nahe, zu den Experten selbst zu gehen und auf oft mühevolle Weise die Daten zu produzieren.

Natürlich sind in dieser Arbeit einige wesentliche Punkte offen geblieben. Dies betrifft zum Beispiel die Ebene der theoretischen Konzeptualisierung. Wichtige Begriffe oder Konzepte sind aufgrund der gewählten Analyseperspektive unterbelichtet geblieben, und hieraus ergäben sich tatsächlich Argumente für eine stärker diskurstheoretisch informierte Perspektive. So wurden etwa in den letzten Kapiteln eher beiläufig Begriffe wie Diskurs und Macht eingeführt. Daraus entsteht etwa das Problem, dass die Beziehung zwischen Expertendiskursen und gesellschaftlichen oder bioethischen Diskursen ein wenig unscharf bleiben muss, allen Präzisierungsversuchen zum Trotz (C.V.4). Typische diskurstheoretische Fragen bleiben marginalisiert (z. B.: Wie werden Diskurse reproduziert? Welche Konfliktlinien werden dabei – neu – gezogen? Wer spricht mit welchem Machtpotenzial über wen?).

Aufgrund der gewählten Methode musste auch die Frage offen bleiben, auf welche Weise Macht in der Kommunikation zwischen Experten und Laien prozessiert wird. Um diese Frage zu beantworten, wären die Analyse des Vermittlungsprozesses in der Praxis und damit die Rekonstruktion von Beratungsverläufen notwendig gewesen. Zu diesem Zweck wäre methodisch anstelle von Experteninterviews eher teilnehmende Beobachtung und eine nachfolgende Konversationsanalyse angeraten gewesen. Doch eine solche Aufgabe stellt ein eigenes Projekt dar, möglicherweise ein Folgeprojekt zu dem vorliegenden. In einem solchen Projekt wäre die humangenetische Beratungspraxis beobachtend in den Blick zu nehmen, um analysieren zu können, wie die Expertendeutungen – deren praktische Relevanz für die vorliegende Argumentation einfach vorausgesetzt werden konnte – in den konkreten Interaktionsprozessen hergestellt, reproduziert und transformiert werden. In diesem Zusammenhang wäre dann auch näher zu untersuchen, welche diskursiven und nicht-diskursiven Praktiken für die Produktion von Expertise und Laienschaft von Bedeutung sind (z. B. Räumlichkeiten, Sitzpositionen usw.).

Eine Analyse der Interaktionen zwischen Experten und Laien konnte und sollte in dieser empirischen Studie nicht geleistet werden. Der Fokus dieser Studie war ein anderer. Erstmals wurden in diesem Umfang und unter entsprechender methodischer Reflexion die (Selbst-) Deutungen humangenetischer Experten zum Gegenstand einer sozialwissenschaftlichen Untersuchung gemacht. In forschungspraktischer Hinsicht war dies mit den Interaktionsdynamiken verbunden, wie sie im methodischen Teil geschildert wurden. Aus der Reflexion dieser

Besonderheiten des Experteninterviews ergibt sich der besondere methodische Nutzen dieser Arbeit. In theoretischer Hinsicht formuliert sie den Anspruch, abseits ausgetretener Pfade der Expertenkritik empirisch präzise die kognitiven und sozialen Bezugspunkte jener Abgrenzungen und Unterscheidungen rekonstruiert zu haben, die die Experten angesichts mannigfaltiger Legitimations- und Gestaltungsnotwendigkeiten vorzunehmen sich gezwungen sehen. Die Rationalität der Grenzpolitik der Experten ist damit transparenter geworden.

# Anhang

## Transkriptionsregeln

Die Transkriptionsregeln berücksichtigen nur jene für die Analyse relevanten Aspekte wie Betonungen, parasprachliche Kommentierungen oder Satzabbrüche. Dadurch ergibt sich nicht zuletzt auch eine gute Lesbarkeit der Exzerpte. Konversationsanalytische Standards wie Überlappungen, Unterbrechungen usw. werden dagegen nicht berücksichtigt.

kursiv gesetzt = Betonung eines Worts oder Satzteils
(lacht) = nichtsprachliche Bemerkung des Befragten
... = Satzabbruch durch den Interviewten
(...) = Auslassung eines Satzes oder Satzteils bei Redundanzen durch den Autor
(»...«) = Auslassung eines Worts oder Satzteils zum Zweck der Anonymisierung von Personen oder Institutionen
»...« = durch entsprechende Geste des Befragten gekennzeichneter Begriff oder Satzteil in Anführungszeichen
(3) = Redepause des Befragten, gemessen in Anzahl der Sekunden
(?) = unverständliches Wort (aufgrund mangelhafter Aufnahmequalität)
(??) = unverständlicher Satzteil (aufgrund mangelhafter Aufnahmequalität)
(???) = längere, unverständliche Passage (aufgrund mangelhafter Aufnahmequalität)

# Glossar[1]

*Abortus-Risiko:* Höhe des Risikos, mit dem die invasiven Methoden der Pränataldiagnostik (→ Amniozentese, → Chorionzottenbiopsie, → Cordozentese) belastet sind. Experten-Schätzungen zufolge werden in Deutschland jährlich etwa 800 Aborte durch die invasive Pränataldiagnostik verursacht.

*AFP (Alpha-Feto-Protein):* Vom Fötus stammendes Protein im Blutkreislauf der Mutter. Die Menge dieses Proteins im mütterlichen Blut ist ein Hinweis auf Entwicklungsdefekte des Fötus. Große Mengen dieses Proteins weisen beispielsweise auf einen → Neuralrohrdefekt des Fötus hin.

*AFP-Test (Alpha-Feto-Protein-Test):* Ermittlung der Konzentration des → AFP. Die Blutentnahme wird in der 16.-18. Schwangerschaftswoche durchgeführt. Nachweismöglichkeit für bestimmte Hinweise auf ein → Down-Syndrom oder → Neuralrohrdefekte. Der AFP-Test ist mittlerweile weitgehend vom → Triple-Test abgelöst worden.

*Amniozentese:* Fruchtwasserentnahme durch Punktion der Fruchthöhle bei der schwangeren Frau. In der Fruchtwasserprobe, in der fötale Zellen enthalten sind, wird nach Chromosomenanomalien gesucht, wie sie dem → Down-Syndrom oder → Klinefelter- und → Turner-Syndrom zugrunde liegen. In der Regel wird die Amniozentese zwischen der 15. und 18. Schwangerschaftswoche durchgeführt, das → Abortus-Risiko liegt bei unter einem Prozent.

*Anenzephalus:* Schwere Fehlbildung Neugeborener. Aufgrund eines fehlerhaften Neuralrohrschlusses bei der Fötusentwicklung fehlen den Kindern das Schädeldach und wesentliche Teile des Gehirns.

*Autosomen:* Die bei beiden Geschlechtern in gleicher Zahl vorkommenden Chromosomen nennt man Autosomen.

*Chorea Huntington (»Veitstanz«):* Eine sich erkennbar zwischen dem 25. und 55. Lebensjahr ausbildende erbliche Krankheit, die über fortschreitende, nicht therapierbare Gehirnschädigung tödlich verläuft.

*Chorionzottenbiopsie:* Entnahme von Chorionzottengewebe bei Schwangeren. Dieses Gewebe wird vom befruchteten Ei nach der Einnistung in die Gebärmutter gebildet, gehört aber nicht zum Embryo selbst. Es besitzt aber die gleichen → Gene wie der Embryo und kann daher als Material für eine pränatale Diagnose verwendet werden. Wie bei der Amniozentese wird das Gewebe einer Chromosomenanalyse (gegebenenfalls auch einer DNA-Analyse) unterzogen. Die Chorionzot-

---

1 Das Glossar basiert zu großen Teilen auf Buselmeier/Tariverdian (1999), Schmidtke (1997), Stengel-Rutkowski (1997).

tenbiopsie wird zwischen der 11. und 15. Schwangerschaftswoche durchgeführt.

*Chromosomen:* Fadenförmige, aus → DNA und Proteinen aufgebaute Strukturform des Erbmaterials in jedem Zellkern von höheren Lebewesen. Mit Ausnahme derjenigen DNA, die sich in den Zellorganellen (Chloroplasten, Mitochondrien) befindet, ist die gesamte Erbinformation in Chromosomen organisiert. Der Mensch hat zwei mal 23 Chromosomen, ein Chromosomensatz stammt von der Mutter, der andere vom Vater (diploider Chromosomensatz).

*Chromosomenaberration (Chromosomenanomalie):* Veränderung der Anzahl oder der Struktur von → Chromosomen.

*Cordozentese (»Nabelschnurpunktion«):* Entnahme von fötalem Blut aus der Nabelschnurvene zur Untersuchung von Bluterkrankungen oder Stoffwechselstörungen, auch zur Analyse von → Chromosomen. Die Cordozentese wird in der 18. bis 20. Schwangerschaftswoche durchgeführt.

*Cystische Fibrose (»Mukoviszidose«):* Erbliche Stoffwechselstörung, die meist schon im Kindesalter zu schweren Komplikationen der Atem- und Verdauungswege führt. Bei Früherkennung im Neugeborenenalter und konsequenter Therapie können die meisten Patienten das Erwachsenenalter erreichen.

*DNA:* Trägermolekül der Erbinformation (engl.: desoxyribonucleic acid; dt.: Desoxyribonukleinsäure, DNS).

*Down-Syndrom (Trisomie 21, früher: »Mongolismus«):* Das Chromosom 21 liegt in drei statt in zwei Kopien vor. Dadurch entsteht der typische Symptomkomplex dieser Behinderung (z. B. schräge Augenlidachsen, eingeschränkte Intelligenz). Häufigste → autosomale → Chromosomenaberration.

*Duchenne Muskeldystrophie:* Erbliche Krankheit, bei der sich durch Nervenschädigungen eine Kraftlosigkeit bestimmter, je nach Art der Erkrankung unterschiedlicher Muskelgruppen entwickelt; keine Therapiemöglichkeit, vorzeitige Sterblichkeit.

*Gen:* Funktionelle Grundeinheit des Erbgutes; Abschnitt auf der → DNA, welcher die Information zur Bildung eines Proteins oder zur Steuerung anderer Gene birgt.

*Genom:* Gesamtheit der Erbinformation eines Organismus. Über die Anzahl der → Gene im menschlichen Genom besteht nach wie vor Unklarheit.

*Genotyp:* Genetische Konstitution eines Lebewesens.

*Geschlechtschromosomen:* Mit X und Y bezeichnete → Chromosomen, die das Geschlecht festlegen. Personen mit zwei X-Chromosomen sind weiblich, jene mit einem X- und einem Y-Chromosom sind männlich.

*»Golfball-Phänomen« (Echogener Focus im fötalen Herzen):* Als »Golf-

ball« bezeichnet man einen ungewöhnlichen sonographischen Befund: Im fötalen Herzen zeigt sich in der Region der Papillarmuskeln eine dichte Struktur. Eine klinisch relevante Bedeutung erhält diese Diagnose erst in der Interpretation als → Soft Marker.

*Falsch-Positiv-Rate:* Unter der Falsch-Positiv-Rate versteht man die prozentuale Wahrscheinlichkeit für ein »auffälliges« Testergebnis, obwohl beim Kind ein normaler Chromosomensatz vorliegt (→ Chromosomen). Das Gegenstück dazu ist die Falsch-Negativ-Rate.

*Hämophilie:* Angeborene, vererbbare Blutgerinnungsstörung. Die Bluterkrankheit ist eine X-chromosomale Erbkrankheit, die zu einem Mangel oder Defekt eines gerinnungsfördernden Bluteiweißbestandteils führt. Da Frauen zwei X-Chromosomen besitzen (→ Geschlechtschromosomen) und für eine Erkrankung alle vorhandenen X-Chromosomen betroffen sein müssen, ist für Frauen die Wahrscheinlichkeit, an Hämophilie zu erkranken, erheblich geringer als für Männer.

*Help-Syndrom:* Das Help-Syndrom (engl. für: hemolysis elevated liver enzymes, low platelets) ist eine Sonderform der → Präeklampsie, bei der eine Auflösung der roten Blutkörperchen und eine Abnahme der Zahl normal funktionierenden Blutplättchen auftritt.

*Hydrozephalus:* »Wasserkopf«. Durch ein Missverhältnis zwischen Produktion und Resorption von Gehirn- und Rückenmarksflüssigkeit entstehen krankhafte Veränderungen der Hirnkammern.

*Indikation:* Grund zur Anwendung eines bestimmten diagnostischen oder therapeutischen Verfahrens in einem Krankheitsfall, der seine Anwendung hinreichend rechtfertigt. In einem allgemeinen Sinne bedeutet die Indikation eine Feststellung der Dringlichkeit oder Notwendigkeit einer ärztlichen Maßnahme.

*In-vitro-Fertilisation (IVF):* Künstlich herbeigeführte Verschmelzung einer menschlichen Eizelle mit einer Samenzelle außerhalb des Körpers der Frau.

*Klinefelter-Syndrom:* Spontane → geschlechtschromosomale Aberration des X-Chromosoms (meist 47, XXY). Daraus folgt meist ein Mangel an männlichen Geschlechtshormonen, Sterilität, Hochwuchs und vorzeitiger, gesteigerter Knochenabbau (Osteoporose).

*Monogen:* Durch ein einzelnes Gen bedingt.

*Nackenfalte-Messung.* Mit einem Spezial-Ultraschallgerät wird die sog. Nackentransparenz des Fötus gemessen. Dabei handelt es sich um die Flüssigkeitsansammlung im Nackenbereich des Kindes. Diese verdickte Weichteilschicht im Nacken, beim Fötus um die 10. Schwangerschaftswoche herum → sonographisch diagnostizierbar, gilt mittlerweile als ein zuverlässiger → Soft Marker.

*Neuralrohrdefekt:* Entwicklungsstörung des Fötus, insbesondere des sich normalerweise aus dem Neuralrohr entwickelnden Gehirns und Rückenmarks.

*Nierendysplasie:* Fehlbildung bzw. Fehlentwicklung der Nieren.

*Omphalozele (»Nabelschnurbruch«):* Embryonale Entwicklungsstörung. Durch die Verschlussstörung der vorderen Bauchwand kommt es zum Vorfall eines gewissen Teils der Eingeweide (meist Dünndarm und/oder Leber) aus der Bauchhöhle heraus in einen unterschiedlich großen Bruchsack der Nabelschnur. Mit der → sonographischen Früherkennung der Omphalozele verbindet sich das Management zur ehest möglichen chirurgischen Versorgung bei der Geburt. Die Omphalozele gilt als Hinweiszeichen für eine → Chromosomenaberration.

*Phänotyp:* Äußeres Erscheinungsbild eines Lebewesens. Man geht heute davon aus, dass der Phänotyp durch den → Genotyp sowie durch Umwelteinflüsse bestimmt wird.

*Plexus choroideus-Zysten:* Zysten des Produktionsorts der Gehirn- und Rückenmarksflüssigkeit im fötalen Gehirn. Diese werden → sonographisch diagnostiziert und gelten als → Soft Marker.

*Präeklampsie:* Schwangerschaftsbedingter Bluthochdruck, verbunden mit dem Ausscheiden von zu viel Eiweiß über den Harn. Zur schwersten und lebensgefährlichen Verlaufsform der Präeklampsie mit Krampfanfällen der Mutter (Eklampsie) kommt es bei einer von 2000 bis 3500 Geburten. Eine Sonderform der Präeklampsie stellt das → Help-Syndrom dar.

*Präimplantationsdiagnostik (PID):* Untersuchung des im → IVF-Verfahren erzeugten Embryos auf genetische Abweichungen, um ihn entweder der Frau zu implantieren oder zu verwerfen.

*Pränatal:* Vor der Geburt.

*Pränataldiagnostik:* Untersuchungen und Tests über die Entwicklung des Fötus im Laufe einer Schwangerschaft. Dazu gehören Ultraschall-Untersuchungen in verschiedenen Stadien der Schwangerschaft, Blutuntersuchungen bei der schwangeren Frau, die nach Hinweiszeichen für eine Normabweichung suchen (→ Triple-Test) sowie operative Eingriffe, bei denen Zellen des Ungeborenen gewonnen werden, die untersucht werden können (→ Amniozentese, → Chorionbiopsie). Im Rahmen der pränatalen Diagnostik können sowohl → Chromosomen auf Anzahl und Struktur untersucht als auch DNA-Analysen durchgeführt werden. Beim routinemäßig angewandten → Ultraschall geht es unter anderem um die Suche nach strukturellen Fehlbildungen bzw. → Soft-Markern.

*Screening:* Allgemein: Systematische Untersuchung bestimmter Bevölkerungsgruppen auf bestimmte Merkmale (»Reihenuntersuchungen«). Im Fall der Pränataldiagnostik: Test aller Schwangeren auf Anomalien des Fötus, unabhängig von bestehenden → Indikationen oder Symptomen.

*Singuläre Umbilikalarterie (single umbilical artery):* Das Vorliegen einer singulären Nabelschnurarterie ist zwar keine Fehlbildung, doch kommt dieser Diagnose als → Soft Marker eine große Bedeutung zu. Das Fehlen einer der beiden Umbilikalarterien ist häufig assoziiert mit intrauteriner Wachstumsretardierung und Frühgeburtlichkeit, angeborenen Fehlbildungen und → Chromosomenaberrationen.

*Soft-Marker:* Kleinere → sonographische Auffälligkeiten ohne unmittelbare klinische Konsequenz, die als Indikatoren für das Vorliegen bestimmter Defekte oder → Chromosomenaberrationen (meist → Trisomie 21) gewertet werden. In der Regel werden Soft Marker im Zusammenhang mit einem hochauflösenden, spezialisierten Ultraschall gefunden. Der Wert dieser Soft-Marker ist unter den Experten allerdings umstritten. Der Streit geht dahin, wie gut diese Phänomene mit Chromosomenaberrationen wirklich korrelieren. Soft Marker sind etwa → Plexus choroideus-Zysten, das → Nackenödem, die → Singuläre Umbilikalarterie oder das → »Golfball«-Phänomen.

*Sonographie:* Ultraschall

*Spina bifida:* Angeborene Spaltbildung der Wirbelsäule. Die Formen reichen von geringfügigen Spalten in der Wirbelsäule, die mit Haut abgedeckt sind, bis zu schweren Fehlbildungen der Wirbelsäule und des Rückenmarks (Lähmungserscheinungen).

*Test-Kit:* Einfach handhabbarer »Bausatz« für einen (hier: genetischen) Test.

*Thalassämie:* Besonders im Mittelmeerraum häufig vorkommende, dominant vererbte Störung der Bildung des roten Blutfarbstoffes (Hämoglobinsynthese-Defekt).

*Triple-Test:* Untersuchung des mütterlichen Bluts auf Substanzen, die vom Fötus stammen (→ AFP, sowie die Hormone Östriol und humanes Choriongonadotropin). Die Konzentrationen dieser Substanzen bzw. deren Relation zueinander dienen als Grundlage für die Berechnung eines statistischen Risikos für das Vorliegen einer → Trisomie 21 oder von → Neuralrohrdefekten beim Fötus. Der Triple-Test wird zwischen der 16. und 18. Schwangerschaftswoche durchgeführt.

*Trisomie 13 (Patau-Syndrom):* Relativ seltene → Chromosomenaberration, die mit Fehlbildungen (Gesichtsspalte, Gehirnanomalien) und meist schwerer geistiger Retardierung einhergeht. Hohe vorgeburtliche und frühkindliche Sterblichkeit.

*Trisomie 18 (Edward-Syndrom):* Nach der Trisomie 21 zweithäufigste → autosomale → Chromosomenaberration, die mit Wachstumsstörungen, Fehlbildungen (z. B. Herzfehler) und schwerer geistiger Retardierung einhergeht. Hohe vorgeburtliche und frühkindliche Sterblichkeit.

*Trisomie 21* → Down-Syndrom

*Turner-Syndrom (Ullrich-Turner-Syndrom):* Chromosomenaberration bei Mädchen (meist ein fehlendes X-Chromosom, 45, X). Daraus folgen oft Minderwuchs, Sterilität und Fehlbildungen (z. B. Herzfehler). Die geistige Entwicklung verläuft normal. Häufigkeit ca. 1:2500 weibliche Geburten.

*Ultraschall:* Zumindest in den pränataldiagnostischen Zentren hat sich mittlerweile ein Standard von drei Ultraschall-Untersuchungen etabliert: Ein früher Ultraschall rund um die 10. Woche (→ Nackenfalte-Messung); ein weiterer Ultraschall etwa in der 20. Woche (»Missbildungs-Screening«). Diese Untersuchung zielt auf die Entdeckung von Fehlbildungen; außerdem geht es um die Erkennung von → Soft-Markern. Der wichtigste Ultraschall im dritten Trimenon wird in der 30.-34. Woche durchgeführt. Er zielt auf die Erkennung fetaler Wachstumsretardationen. Außerdem stehen bei dieser Untersuchung die Beurteilung der zeitgerechten Entwicklung und die Lagekontrolle des Föten sowie die endgültige Beurteilung der Plazentalokalisation im Vordergrund.

# Literatur

Abels, Gabriele/Behrens, Maria (1998): »ExpertInnen-Interviews in der Politikwissenschaft – Das Beispiel der Biotechnologie«. In: *Österreichische Zeitschrift für Politikwissenschaft* 27, S. 79-92.

Abels, Gabriele/Behrens, Maria (2005): »ExpertInnen-Interviews in der Politikwissenschaft. Geschlechtertheoretische und politikfeldanalytische Reflexion einer Methode«. In: Bogner, Alexander/Littig, Beate/Menz, Wolfgang (Hg.): *Das Experteninterview – Theorie, Methode, Anwendung*. Wiesbaden: VS, 2. Aufl., S. 173-190.

Abels, Gabriele/Bora, Alfons (2004): *Demokratische Technikbewertung*. Bielefeld: transkript.

Ach, Johann S./Gaidt, Andreas (1994): »Am Rande des Abgrunds? – Anmerkungen zu einem Argument gegen die moderne Euthanasie-Debatte«. In: *Ethik in der Medizin* 6, S. 172-188.

Albers, Regina (1998): Tödliche Therapie. Focus, Nr. 9, 21.2.1998, S. 66.

Aurien, Ursula (1990): »Humangenetik und Ethik«. In: Bruns, Theo/Penselin, Ulla/Sierck, Udo (Hg.): *Tödliche Ethik. Beiträge gegen Eugenik und »Euthanasie«*. Hamburg: Libertäre Assoziation, S. 49-57.

Banse, Gerhard (1996a): »Herkunft und Anspruch der Risikoforschung«. In: Banse, Gerhard (Hg.): *Risikoforschung zwischen Disziplinarität und Interdisziplinarität – Von der Sicherheit zum Umgang mit Unsicherheit*. Berlin: Sigma, S. 15-72.

Banse, Gerhard (Hg. 1996b): *Risikoforschung zwischen Disziplinarität und Interdisziplinarität – Von der Sicherheit zum Umgang mit Unsicherheit*. Berlin: Sigma.

Banse, Gerhard/Bechmann, Gotthard (1998): *Interdisziplinäre Risikoforschung. Eine Bibliographie*. Opladen: Westdeutscher Verlag.

Bauer, S./Köhler, A./Fuhrmann, W. (1991): »Frauen mit Chorionzottenbiopsie oder Amniozentese – Ein empirischer Beitrag zu psychischen Aspekten pränataler Diagnostik«. In: Brähler, Elmar/Mayer, Annelene (Hg.): *Psychologie in der Humangenetik (Jahrbuch der medizinischen Psychologie 6)*. Berlin u. a.: Springer, S. 79-97.

Bauman, Zygmunt (1995): *Moderne und Ambivalenz – Das Ende der Eindeutigkeit*. Frankfurt am Main: Fischer.

Bauman, Zygmunt (2000): *Liquid Modernity*. Cambridge: Polity Press.

Bechmann, Gotthard (1994): »Risiko und gesellschaftlicher Umgang mit Unsicherheit«. In: *Österreichische Zeitschrift für Soziologie* 19, S. 8-33.

Bechmann, Gotthard (1997a): »Risiko – ein neues Forschungsfeld«. In: Bechmann, Gotthard (Hg.): *Risiko und Gesellschaft. Grundlagen und Ergebnisse interdisziplinärer Risikoforschung*. Opladen: Westdeutscher Verlag, 2. Aufl., S. VII-XXIX.

Bechmann, Gotthard (1997b): »Risiko als Schlüsselkategorie in der Gesellschaftstheorie«. In: Bechmann, Gotthard (Hg.): *Risiko und Gesellschaft*.

*Grundlagen und Ergebnisse interdisziplinärer Risikoforschung.* Opladen: Westdeutscher Verlag, 2. Aufl., S. 237-276.

Bechmann, Gotthard (Hg. 1997c): *Risiko und Gesellschaft. Grundlagen und Ergebnisse interdisziplinärer Risikoforschung.* Opladen: Westdeutscher Verlag, 2. Aufl..

Bechmann, Gotthard/Stehr, Nico (2000): »Risikokommunikation und die Risiken der Kommunikation wissenschaftlichen Wissens. Zum gesellschaftlichen Umgang mit Nichtwissen«. In: *Gaia 9*, S. 113-121.

Beck, Ulrich (1986): *Risikogesellschaft – Auf dem Weg in eine andere Moderne.* Frankfurt am Main: Suhrkamp.

Beck, Ulrich (1993): *Die Erfindung des Politischen – Zu einer Theorie reflexiver Modernisierung.* Frankfurt am Main: Suhrkamp.

Beck, Ulrich (1996): »Wissen oder Nicht-Wissen? Zwei Perspektiven ›reflexiver Modernisierung‹«. In: Beck, Ulrich/Giddens, Anthony/Lash, Scott (Hg.): *Reflexive Modernisierung – Eine Kontroverse.* Frankfurt am Main: Suhrkamp, S. 289-315.

Beck, Ulrich/Beck-Gernsheim, Elisabeth (1994): »Individualisierung in modernen Gesellschaften – Perspektiven und Kontroversen einer subjektorientierten Soziologie«. In: Beck, Ulrich/Beck-Gernsheim, Elisabeth (Hg.): *Riskante Freiheiten. Individualisierung in modernen Gesellschaften.* Frankfurt am Main: Suhrkamp, S. 10-42.

Beck, Ulrich/Bonß, Wolfgang (Hg. 2001): *Die Modernisierung der Moderne.* Frankfurt am Main: Suhrkamp.

Beck, Ulrich/Bonß, Wolfgang/Lau, Christoph (2001): »Theorie reflexiver Modernisierung – Fragestellungen, Hypothesen, Forschungsprogramme«. In: Beck, Ulrich/Bonß, Wolfgang (Hg.): *Die Modernisierung der Moderne.* Frankfurt am Main: Suhrkamp, S. 11-59.

Beck, Ulrich/Bonß, Wolfgang/Lau, Christoph (2004): »Entgrenzung erzwingt Entscheidung: Was ist neu an der Theorie reflexiver Modernisierung?«. In: Beck, Ulrich/Lau, Christoph (Hg.): *Entgrenzung und Entscheidung: Was ist neu an der Theorie reflexiver Modernisierung?* Frankfurt am Main: Suhrkamp, S. 13-62.

Beck, Ulrich/Giddens, Anthony/Lash, Scott (1996): *Reflexive Modernisierung – Eine Kontroverse.* Frankfurt am Main: Suhrkamp.

Beck, Ulrich/Hajer, Maarten/Kesselring, Sven (Hg. 1999): *Der unscharfe Ort der Politik. Empirische Fallstudien zur Theorie der reflexiven Modernisierung.* Opladen: Leske + Budrich.

Beck, Ulrich/Lau, Christoph (Hg. 2004): *Entgrenzung und Entscheidung: Was ist neu an der Theorie reflexiver Modernisierung?* Frankfurt am Main: Suhrkamp.

Beck-Gernsheim, Elisabeth (1991): *Technik, Markt und Moral. Über Reproduktionsmedizin und Gentechnologie.* Frankfurt am Main: Fischer.

Beck-Gernsheim, Elisabeth (1993): »Therapie, Prävention, Selektion – Fortschritte und Dilemmata der Pränatal- und Gendiagnostik«. In: Kaiser, Gert/Matejowski, Dirk/Fedrowitz, Jutta (Hg.): *Kultur und Technik im 21. Jahrhundert.* Frankfurt/New York: Campus, S. 190-202.

Beck-Gernsheim, Elisabeth (1994):»Gesundheit und Verantwortung im Zeitalter der Gentechnologie«. In: Beck, Ulrich/Beck-Gernsheim, Elisabeth (Hg.): *Riskante Freiheiten – Individualisierung in modernen Gesellschaften*. Frankfurt am Main: Suhrkamp, S. 316-335.

Beck-Gernsheim, Elisabeth (1995):»Genetische Beratung im Spannungsfeld zwischen Klientenwünschen und gesellschaftlichem Erwartungsdruck«. In: Dies. (Hg.): *Welche Gesundheit wollen wir? – Dilemmata des medizintechnischen Fortschritts*. Frankfurt am Main: Suhrkamp, S. 111-138.

Beck-Gernsheim, Elisabeth (1996):»Die soziale Konstruktion des Risikos – das Beispiel Pränataldiagnostik«. In: *Soziale Welt* 47, S. 284-296.

Berger, Peter L./Luckmann, Thomas (1980): *Die gesellschaftliche Konstruktion der Wirklichkeit. Eine Theorie der Wissenssoziologie*. Frankfurt am Main: Fischer.

Blumer, Herbert (1954):»What is wrong with Social Theory?«. In: *Amercan Sociological Review*, S. 3-10.

Bogner, Alexander (1999):»Vom Nutzen des Klonens und den Grenzen der Ethik«. In: *Blätter für deutsche und internationale Politik*, S. 1365-1376.

Bogner, Alexander (2000): *Bioethik und Rassismus – Neugeborene und Koma-Patienten in der deutschen Euthanasie-Debatte*. Hamburg/Berlin: Argument.

Bogner, Alexander (2003a):»›Unsere Aufgabe ist es halt, ganz klare Grenzen zu ziehen‹ – Gestaltungszwänge und professionelle Handlungsorientierungen in der Humangenetik«. In: Geideck, Susan/Liebert, Wolf-Andreas (Hg.): *Sinnformeln. Soziologische und linguistische Einsichten in die Konstitution kollektiver Orientierungen*. Berlin/New York: de Gruyter, S. 199-223.

Bogner, Alexander (2003b):»Wissenschaft und Ideologie – Die liberale Bioethik und der Strukturwandel rassistischer Diskurse«. In: *Wiener Zeitschrift für die Geschichte der Neuzeit 3*, S. 64-86.

Bogner, Alexander (2004):»Kritik der Life-Politics – zum Grenzziehungsdiskurs der Humangenetik«. In: *Österreichische Zeitschrift für Soziologie 29*, S. 49-71.

Bogner, Alexander (2005):»How Experts Draw Boundaries. Dealing with non-knowledge and uncertainty in prenatal testing«. In: *Science, Technology and Innovation Studies 1*, S. 17-37 <www.sti-studies.de>.

Bogner, Alexander/Littig, Beate/Menz, Wolfgang (Hg. 2005): *Das Experteninterview – Theorie, Methode, Anwendung*. Wiesbaden: VS, 2. Aufl..

Bogner, Alexander/Menz, Wolfgang (2001):»›Deutungswissen‹ und Interaktion – Zu Methodologie und Methodik des theoriegenerierenden Experteninterviews«. In: *Soziale Welt 52*, S. 477-500.

Bogner, Alexander/Menz, Wolfgang (2002):»Wissenschaftliche Politikberatung? Der Dissens der Experten und die Autorität der Politik«. In: *Leviathan 30*, S. 384-399.

Bogner, Alexander/Menz, Wolfgang (2005 a):»Das theoriegenerierende Experteninterview – Erkenntnisinteresse, Wissensformen, Interaktion«.

In: Bogner, Alexander/Littig, Beate/Menz, Wolfgang (Hg.): *Das Experteninterview – Theorie, Methode, Anwendung*. Wiesbaden: VS, 2. Aufl., S. 33-70.

Bogner, Alexander/Menz, Wolfgang (2005b): »Expertenwissen und Forschungspraxis – Die methodische und die modernisierungstheoretische Debatte um die Experten«. In: Bogner, Alexander/Littig, Beate/Menz, Wolfgang (Hg.): *Das Experteninterview – Theorie, Methode, Anwendung*. Wiesbaden: VS, 2. Aufl., S. 9-31.

Bogner, Alexander/Torgersen, Helge (Hg. 2005): *Wozu Experten? Ambivalenzen der Beziehung von Wissenschaft und Politik*. Wiesbaden: VS.

Böhm, Andreas (2000): »Theoretisches Codieren – Textanalyse in der Grounded Theory«. In: Flick, Uwe/Kardorff, Ernst v./Steinke, Ines (Hg.): *Qualitative Forschung – Ein Handbuch*. Reinbek: Rowohlt, S. 475-485.

Böhme, Gernot (1980): »Wissenschaftliches und lebensweltliches Wissen am Beispiel der Verwissenschaftlichung der Geburtshilfe«. In: Ders.: *Alternativen der Wissenschaft*. Frankfurt am Main: Suhrkamp, S. 27-53.

Bonß, Wolfgang (1990): »Zwischen Emanzipation und Entverantwortlichung. Zum Umgang mit der Gentechnologie«. In: Grosch, Klaus/Hampe, Peter/Schmidt, Joachim (Hg.): *Herstellung der Natur? Stellungnahmen zum Bericht der Enquete-Kommission »Chancen und Risiken der Gentechnologie«*. Frankfurt/New York: Campus, S. 183-205.

Bonß, Wolfgang (1991): »Unsicherheit und Gesellschaft. Argumente für eine soziologische Risikoforschung«. In: *Soziale Welt* 42, S. 258-277.

Bonß, Wolfgang (1995): *Vom Risiko – Unsicherheit und Ungewissheit in der Moderne*. Hamburg: Hamburger Edition.

Bonß, Wolfgang (1996): »Die Rückkehr der Unsicherheit. Zur gesellschaftstheoretischen Bedeutung des Risikobegriffs«. In: Banse, Gerhard (Hg.): *Risikoforschung zwischen Disziplinarität und Interdisziplinarität*. Berlin: Sigma, S. 165-184.

Bonß, Wolfgang/Hartmann, Heinz (1985): »Konstruierte Gesellschaft, rationale Deutung – Zum Wirklichkeitscharakter soziologischer Diskurse«. In: Bonß, Wolfgang/Hartmann, Heinz (Hg.): *Entzauberte Wissenschaft – Soziale Welt Sonderband 3*. Göttingen, S. 9-46.

Böschen, Stefan (2000): *Risikogenese. Prozesse gesellschaftlicher Gefahrenwahrnehmung: FCKW, Dioxin, DDT und Ökologische Chemie*. Opladen: Leske + Budrich.

Böschen, Stefan (2002): »Risikogenese – Metamorphosen von Wissen und Nichtwissen«. In: *Soziale Welt* 53, S. 67-86.

Bosk, Charles L. (1992): *All God's Mistakes. Genetic Counseling in a Pediatric Hospital*. Chicago/London: The University of Chicago Press.

Bourdieu, Pierre (1987): *Sozialer Sinn – Kritik der theoretischen Vernunft*. Frankfurt am Main: Suhrkamp.

Braun, Kathrin (2000): *Menschenwürde und Biomedizin – Zum philosophischen Diskurs der Bioethik*. Frankfurt/New York: Campus.

Brinkmann, Christian/Deeke, Axel/Völkel, Brigitte (Hg. 1995): *Experteninterviews in der Arbeitsmarktforschung – Diskussionsbeiträge zu me-*

*thodischen Fragen und praktischen Erfahrungen.* Nürnberg: Institut für Arbeitsmarkt- und Berufsforschung der Bundesanstalt für Arbeit.

Brock, Ditmar (1991): »Die Risikogesellschaft und das Risiko soziologischer Zuspitzung«. In: *Zeitschrift für Soziologie 20*, S. 12-24.

Bundesärztekammer (1998 a): »Erklärung zum Schwangerschaftsabbruch nach Pränataldiagnostik«. In: *Deutsches Ärzteblatt 95*, S. A-3013-3016.

Bundesärztekammer (1998 b): »Erklärung zum Schwangerschaftsabbruch nach Pränataldiagnostik – Entwurf«. In: *Frauenarzt 39*, S. 5-7.

Buselmeier, Werner/Tariverdian, Gholamali (1999): *Humangenetik.* Berlin u. a.: Springer.

Castells, Manuel (1996): *The Rise of the Network Society. The Information Age: Economy, Society and Culture, Volume I.* Oxford: Blackwell.

Collingridge, David (1980): *The Social Control of Technology.* New York: St. Martin's Press.

Conrad, Peter (1997): »Public eyes and private genes: historical frames, news constructions and social problems«. In: *Social Problems 44*, S. 139-154.

Conrad, Peter/Gabe, Jonathan (1999): »Introduction: Sociological perspectives on the New Genetics: an overview«. In: Conrad, Peter/Gabe, Jonathan (Hg.): *Sociological Perspectives on the New Genetics.* Oxford/Malden: Blackwell, S. 1-12.

Cunningham-Burley, Sarah/Kerr, Anne (1999): »Defining the »social«– towards an understanding of scientific and medical discourses on the social aspects of the new human genetics«. In: Conrad, Peter/Gabe, Jonathan (Hg.): *Sociological Perspectives on the New Genetics.* Oxford/Malden: Blackwell Publishers, S. 149-170.

de Graaf, Irene M./van Bezouw, Saskia /Jakobs, Marja E./Leschout, Nico J./ Zondervan, Hans A. /Bilardo, Catarina M./Hoovers, Jan M. N. (1999): »First-trimester Non-invasive Prenatal Diagnosis of Triploidy«. In: *Prenatal Diagnosis 19*, S. 175-177.

Deeke, Axel (1995): »Experteninterviews – ein methodologisches und forschungspraktisches Problem«. In: Brinkmann, Christian/Deeke, Axel/ Völkel, Brigitte (Hg.): *Experteninterviews in der Arbeitsmarktforschung. Diskussionsbeiträge zu methodischen Fragen und praktischen Erfahrungen.* Nürnberg: Institut für Arbeitsmarkt- und Berufsforschung der Bundesanstalt für Arbeit, S. 7-22.

Degener, Theresia (1998): »Ein behindertes Kind als Schaden? – Ein Hintergrundbericht über zivilrechtliche Schadensansprüche zum Thema ›wrongful life‹«. In: *Gen-ethischer Informationsdienst 129*, S. 26-30.

Degener, Theresia (1999): »Die Geburt eines behinderten Kindes als Schaden?«. In: Gen-ethisches Netzwerk/Pichlhofer, Gabriele (Hg.): *Grenzverschiebungen. Politische und ethische Aspekte der Fortpflanzungsmedizin.* Frankfurt am Main: Mabuse, S. 81-96.

Degener, Theresia/Köbsell, Swantje (1992): *›Hauptsache, es ist gesund‹? Weibliche Selbstbestimmung unter humangenetischer Kontrolle.* Hamburg: Konkret Literatur Verlag.

Deutsche Gesellschaft für Gynäkologie und Geburtshilfe (2003): Schwangerschaftsabbruch nach Pränataldiagnostik. München <www.dggg.de>.

Douglas, Jack D. (1985): *Creative Interviewing*. Bevely Hills: Sage.

Douglas, Mary/Wildavsky, Aaron (1983): *Risk and Culture – An Essay on the Selection of Technological and Environmental Dangers*. Berkeley/Los Angeles: University of California Press.

Dressel, Kerstin (2002): *BSE – The New Dimension of Uncertainty. The Cultural Politics of Science and Decision-Making*. Berlin: Sigma.

Durant, John/Hansen, Anders/Bauer, Martin (1996): »Public understanding of the new genetics«. In: Marteau, Theresa M./Richards, Martin (Hg.): *The troubled helix – social and psychological implications of the new human genetics*. Cambridge: Cambridge University Press, S. 235-248.

Durkheim, Emile (1961): *Die Regeln der soziologischen Methode*. Neuwied: Luchterhand.

Duster, Troy (1990): *Backdoor to Eugenics*. New York/London: Routledge.

Enigl, Marianne (2002): Moralisch töten. Profil, Nr. 28, 8.7.2002.

Esser, Hartmut (1986): »Können Befragte lügen? Zum Konzept des ›wahren Wertes‹ im Rahmen der handlungstheoretischen Erklärung von Situationseinflüssen bei der Befragung«. In: *Kölner Zeitschrift für Soziologie und Sozialpsychologie 38*, S. 314-336.

Evers, Adalbert (1997): »Umgang mit Unsicherheit. Zur sozialwissenschaftlichen Problematisierung einer sozialen Herausforderung«. In: Bechmann, Gotthard (Hg.): *Risiko und Gesellschaft – Grundlagen und Ergebnisse interdisziplinärer Risikoforschung*. Opladen: Westdeutscher Verlag, 2. Aufl., S. 339-374.

Evers, Adalbert/Nowotny, Helga (1987): *Über den Umgang mit Unsicherheit. Die Entdeckung der Gestaltbarkeit von Gesellschaft*. Frankfurt am Main: Suhrkamp.

Ewald, Francois (1993): »Die Versicherungs-Gesellschaft«. In: *Kritische Justiz 22*, S. 385-393.

Flick, Uwe (1995): *Qualitative Forschung. Theorie, Methoden, Anwendung in Psychologie und Sozialwissenschaften*. Reinbek: Rowohlt.

Flick, Uwe/von Kardorff, Ernst/Keupp, Heiner/von Rosenstiel, Lutz/Wolff, Stephan (Hg. 1995): *Handbuch Qualitative Sozialforschung – Grundlagen, Konzepte, Methoden und Anwendungen*. Weinheim: Beltz, 2. Aufl..

Fontana, Andres/Frey, James H. (1998): »Interviewing – The Art of Science«. In: Denzin, Norman K./Lincoln, Yvonna S. (Hg.): *Collecting and Interpreting Qualitative Materials*. Thousand Oaks: Sage, S. 47-78.

Foucault, Michel (1973): *Wahnsinn und Gesellschaft*. Frankfurt am Main: Suhrkamp.

Foucault, Michel (1988): *Die Geburt der Klinik. Eine Archäologie des ärztlichen Blicks*. Frankfurt am Main: Fischer.

Foucault, Michel (1994): »Das Subjekt und die Macht«. In: Dreyfus, Hubert L./Rabinow, Paul (Hg.): *Michel Foucault. Jenseits von Strukturalismus und Hermeneutik*. Weinheim: Beltz, S. 243-261.

Friedrich, Hannes/Henze, Karl-Heinz/Stemann-Acheampong, Susanne (1998): *Eine unmögliche Entscheidung – Pränataldiagnostik: Ihre psychosozialen Voraussetzungen und Folgen.* Berlin: Verlag für Wissenschaft und Bildung.

Friedrichsen, Gisela/Ludwig, Udo (1999): Scheußliches Problem. DER SPIEGEL, Nr. 27, S. 34-35.

Fuhrmann, Walter/Vogel, Friedrich (1968): *Genetische Familienberatung – Ein Leitfaden für den Arzt.* Heidelberg u. a.: Springer.

Funtowicz, Silvio/Ravetz, Jerome (1992): »Three Types of Risk Assessment and the Emergence of Post-Normal Science«. In: Krimsky, Sheldon/ Golding, Dominic (Hg.): *Social Theories of Risk.* Westport: Praeger, S. 251-273.

Funtowicz, Silvio/Ravetz, Jerome (1993): »Science for the post-normal age«. In: *Futures 25*, S. 739-755.

Gekas, Jean/Gondry, Jean/Mazur, Severine/Cesbron, Paul/Thepot, Francois (1999): »Informed Consent to Serum Screening for Down Syndrome: Are Women Given Adequate Information?«. In: *Prenatal Diagnosis 19*, S. 1-7.

Gesellschaft für Humangenetik (1996): »Positionspapier der Gesellschaft für Humangenetik«. In: *Medizinische Genetik 8*, S. 125-131.

Giddens, Anthony (1988): *Die Konstitution der Gesellschaft.* Frankfurt/ New York: Campus.

Giddens, Anthony (1991): *Modernity and Self-Identity – Self and Society in the Late Modern Age.* Stanford/CA: Stanford University Press.

Giddens, Anthony (1995): *Konsequenzen der Moderne.* Frankfurt am Main: Suhrkamp.

Giddens, Anthony (1996): »Leben in einer posttraditionalen Gesellschaft«. In: Beck, Ulrich/Giddens, Anthony/Lash, Scott (Hg.): *Reflexive Modernisierung – Eine Kontroverse.* Frankfurt am Main: Suhrkamp, S. 113-194.

Giddens, Anthony (1997): *Jenseits von Links und Rechts. Die Zukunft radikaler Demokratie.* Frankfurt am Main: Suhrkamp.

Gieryn, Thomas F. (1983): »Boundary-work and the demarcation of science from non-science: Strains and interests in professional ideologies of scientists«. In: *American Sociological Review 48*, S. 781-795.

Gieryn, Thomas F. (1995): »Boundaries of Science«. In: Jasanoff, Sheila/ Markle, Gerald E./Peterson, James C./Pinch, Trevor J. (Hg.): *Handbook of Science and Technology Studies.* Thousand Oaks et al.: Sage, S. 393-443.

Gill, Bernhard (1999): »Reflexive Modernisierung und technisch-industriell erzeugte Umweltprobleme. Ein Rekonstruktionsversuch in präzisierender Absicht«. In: *Zeitschrift für Soziologie 28*, S. 182-196.

Gillham, Bill (2000): *The Research Interview.* London/New York: Continuum.

Glaser, Barney G./Strauss, Anselm (1993): »Die Entdeckung gegenstandsbasierter Theorie: Eine Grundstrategie qualitativer Sozialforschung«. In:

Hopf, Christel/Weingarten, Elmar (Hg.): *Qualitative Sozialforschung.* Stuttgart: Klett-Cotta, 3. Aufl..

Glaser, Barney G./Strauss, Anselm L. (1998): *Grounded Theory: Strategien qualitativer Forschung.* Bern et al.: Huber.

Gregg, Robin (1995): *Pregnancy in a High-Tech Age – Paradoxes of Choice.* New York/London: New York University Press.

Griese, Karin (1999): »Zum Umgang von Frauen mit dem Angebot der Pränataldiagnostik. Soziokulturelle und biographische Aspekte«. In: Genethisches Netzwerk/Pichlhofer, Gabriele (Hg.): *Grenzverschiebungen. Politische und ethische Aspekte der Fortpflanzungsmedizin.* Frankfurt am Main: Mabuse, S. 97-115.

Gross, Herbert (1968): *Die Zukunft des Risikos – Gedanken über die Sicherheit in der industriellen Welt.* Düsseldorf/Wien: Econ.

Grundmann, Reiner (1999): »Wo steht die Risikosoziologie?«. In: *Zeitschrift für Soziologie 28,* S. 44-59.

Guston, David H. (2001): »Boundary Organizations in Environmental Policy and Science: An Introduction«. In: *Science, Technology, and Human Values 26,* S. 399-408.

Habermas, Jürgen (2001): *Die Zukunft der menschlichen Natur – Auf dem Weg zu einer liberalen Eugenik?* Frankfurt am Main: Suhrkamp.

Hägele, Helmut (1995): »Experteninterviews in der öffentlichen Verwaltung: Ausgewählte praktische Probleme«. In: Brinkmann, Christian/ Deeke, Axel/Völkel, Brigitte (Hg.): *Experteninterviews in der Arbeitsmarktforschung. Diskussionsbeiträge zu methodischen Fragen und praktischen Erfahrungen.* Nürnberg: Institut für Arbeitsmarkt- und Berufsforschung der Bundesanstalt für Arbeit, S. 69-72.

Hahn, Sinuhe/Holzgreve, Wolfgang (Hg. 2001): *Fetal Cells and Fetal DNA in Maternal Blood.* Basel: Karger.

Halfmann, Jost/Japp, Klaus P. (Hg. 1990): *Riskante Entscheidungen und Katastrophenpotentiale. Elemente einer soziologischen Risikoforschung.* Opladen: Westdeutscher Verlag.

Hare, Richard M. (1993): »The Abnormal Child – Moral Dilemmas of Doctors and Parents«. In: Ders.: *Essays On Bioethics.* Oxford: Clarendon Press, S. 185-191.

Harris, John (1990): »Ethische Probleme beim Behandeln einiger schwergeschädigter Kinder«. In: Leist, Anton (Hg.): *Um Leben und Tod – Moralische Probleme bei Abtreibung, künstlicher Befruchtung, Euthanasie und Selbstmord.* Frankfurt am Main: Suhrkamp, S. 349-359.

Hartmann, Heinz/Hartmann, Marianne (1982): »Vom Elend der Experten: Zwischen Akademisierung und Deprofessionalisierung«. In: *Kölner Zeitschrift für Soziologie und Sozialpsychologie 34,* S. 193-223.

Hartog, Jennifer (1996): *Das genetische Beratungsgespräch. Institutionalisierte Kommunikation zwischen Experten und Nicht-Experten.* Tübingen: Narr.

Helfferich, Cornelia (2004): *Die Qualität qualitativer Daten. Manual für die Durchführung qualitativer Interviews.* Wiesbaden: VS.

Henderson, Lesley/Kitzinger, Jenny (1999): »The human drama of genetics: ›hard‹ and ›soft‹ media representations of inherited breast cancer«. In: Conrad, Peter/Gabe, Jonathan (Hg.): *Sociological Perspektives on the New Genetics*. Oxford/Malden: Blackwell, S. 59-76.

Hengstschläger, Markus (2003): *Kranke Gene – Chancen und Risiken von Gentests*. Wien: facultas.

Hennen, Leonhard/Petermann, Thomas/Sauter, Arnold (2000): Stand und Perspektiven der genetischen Diagnostik – Sachstandsbericht. TAB-Arbeitsbericht 66, Berlin.

Hennen, Leonhard/Petermann, Thomas/Schmitt, Joachim J. (1996): *Genetische Diagnostik – Chancen und Risiken – Der Bericht des Büros für Technikfolgen-Abschätzung zur Genomanalyse*. Berlin: Sigma.

Hermanns, Harry (2000): »Interviewen als Tätigkeit«. In: Flick, Uwe/von Kardorff, Ernst/Steinke, Ines (Hg.): *Qualitative Forschung Ein Handbuch*. Reinbek: Rowohlt, S. 360-368.

Hiller, Petra/Krücken, Georg (Hg. 1997): *Risiko und Regulierung – Soziologische Beiträge zu Technikkontrolle und präventiver Umweltpolitik*. Frankfurt am Main: Suhrkamp.

Hitzler, Ronald (1994): »Wissen und Wesen des Experten. Ein Annäherungsversuch – zur Einleitung«. In: Hitzler, Ronald/Honer, Anne/Maeder, Christoph (Hg.): *Expertenwissen. Die institutionalisierte Kompetenz zur Konstruktion von Wirklichkeit*. Opladen: Westdeutscher Verlag, S. 13-30.

Hitzler, Ronald (1998): »Reflexive Kompetenz – Zur Genese und Bedeutung von Expertenwissen jenseits des Professionalismus«. In: Schulz, Wolfgang K. (Hg.): *Expertenwissen – Soziologische, psychologische und pädagogische Perspektiven*. Opladen: Westdeutscher Verlag, S. 33-47.

Hitzler, Ronald/Honer, Anne (1994): »Bastelexistenz – Über subjektive Konsequenzen der Individualisierung«. In: Beck, Ulrich/Beck-Gernsheim, Elisabeth (Hg.): *Riskante Freiheiten. Individualisierung in modernen Gesellschaften*. Frankfurt am Main: Suhrkamp, S. 307-315.

Hitzler, Ronald/Honer, Anne/Maeder, Christoph (Hg. 1994): *Expertenwissen – Die institutionalisierte Kompetenz zur Konstruktion von Wirklichkeit*. Opladen: Westdeutscher Verlag.

Hitzler, Ronald/Pfadenhauer, Michaela (1999): »Reflexive Mediziner? Die Definition professioneller Kompetenz als standespolitisches Problem am Übergang zu einer ›anderen‹ Moderne«. In: Maeder, Christoph/Burton-Jeangros, Claudine/Haour-Knipe, Mary (Hg.): *Gesundheit, Medizin und Gesellschaft – Beiträge zur Soziologie der Gesundheit*. Zürich: Seismo, S. 97-115.

Hoffmann-Riem, Christa (1980): »Die Sozialforschung einer interpretativen Soziologie – Der Datengewinn«. In: *Kölner Zeitschrift für Soziologie und Sozialpsychologie*, S. 339-372.

Holstein, James A./Gubrium, Jaber F. (1999): »Active Interviewing«. In: Bryman, Alan/Burgess, Robert G. (Hg.): *Qualitative Research*. London et al.: Sage, S. 105-121.

Honneth, Axel (Hg. 2002): *Befreiung aus der Mündigkeit. Paradoxien des gegenwärtigen Kapitalismus*. Frankfurt/New York: Campus.

Hopf, Christel (1978): »Die Pseudo-Exploration – Überlegungen zur Technik qualitativer Interviews in der Sozialforschung«. In: *Zeitschrift für Soziologie 7*, S. 97-115.

Houtkoop-Steenstra, Hanneke (2000): *Interaction and the Standardized Interview – The Living Questionnaire*. Cambridge: Cambridge University Press.

Jallinoja, Piia/Santalahti, Päivi/Toiviainen, Hanna/Hemminki, Elina (1999): »Acceptance of Screening and Abortion for Down Syndrome Among Finnish Midwives and Public Health Nurses«. In: *Prenatal Diagnosis 19*, S. 1015-1022.

Japp, Klaus P. (1990): »Das Risiko der Rationalität für technisch-ökologische Systeme«. In: Halfmann, Jost/Japp, Klaus P. (Hg.): *Riskante Entscheidungen und Katastrophenpotentiale. Elemente einer soziologischen Risikoforschung*. Opladen: Westdeutscher Verlag, S. 34-60.

Japp, Klaus P. (1992): »Selbstverstärkungseffekte riskanter Entscheidungen. Zum Verhältnis von Rationalität und Risiko«. In: *Zeitschrift für Soziologie 21*, S. 31-48.

Japp, Klaus P. (1996): *Soziologische Risikoforschung. Funktionale Differenzierung, Politisierung und Reflexion*. Weinheim/München: Juventa.

Japp, Klaus P. (1997): »Zur Beobachtung von Nichtwissen«. In: *Soziale Systeme*, S. 289-312.

Japp, Klaus P. (1999): »Die Unterscheidung von Nichtwissen«. In: *TA-Datenbank-Nachrichten 8*, S. 25-32.

Japp, Klaus P. (2002a): »Struktureffekte öffentlicher Risikokommunikation auf Regulierungsregime. Zur Funktion von Nichtwissen im BSE-Konflikt«. In: Engel, Christoph/Halfmann, Jost/Schulte, Martin (Hg.): *Wissen – Nichtwissen – Unsicheres Wissen*. Baden-Baden: Nomos, S. 35-74.

Japp, Klaus P. (2002b): »Wie normal ist Nichtwissen?«. In: *Zeitschrift für Soziologie 31*, S. 435-439.

Jasanoff, Sheila (1990): *The Fifth Branch: Science Advisers as Policymakers*. Cambridge/London: Harvard University Press.

Jorgensen, Finn Stener (1995): »Attitudes to Prenatal Screening, Diagnosis and Research Among Pregnant Women Who Accept or Decline an Alpha-Fetoprotein Test«. In: *Prenatal Diagnosis 15*, S. 419-429.

Joss, Simon/Bellucci, Sergio (Hg. 2002): *Participatory Technology Assessment – European Perspectives*. London: University of Westminster Press.

Kassner, Karsten/Wassermann, Petra (2005): »Nicht überall, wo Methode draufsteht, ist auch Methode drin. Zur Problematik der Fundierung von ExpertInneninterviews«. In: Bogner, Alexander/Littig, Beate/Menz, Wolfgang (Hg.): *Das Experteninterview – Theorie, Methode, Anwendung*. Wiesbaden: VS, 2. Aufl., S. 95-112.

Katz-Rothman, Barbara (1993): *Tentative Pregnancy: How Amniocentesis Changes the Experience of Motherhood*. New York: Norton.

Kaufmann, Franz-Xaver (1973): *Sicherheit als soziologisches und sozial-politisches Problem – Untersuchungen zu einer Wertidee hochdifferenzierter Gesellschaften.* Stuttgart: Enke.

Kaufmann, Jean-Claude (1999): *Das verstehende Interview – Theorie und Praxis.* Konstanz: UVK.

Kelle, Udo (1996): »Die Bedeutung theoretischen Vorwissens in der Methodologie der Grounded Theory«. In: Strobl, Rainer/Böttger, Andreas (Hg.): *Wahre Geschichten? Zu Theorie und Praxis qualitativer Interviews.* Baden-Baden: Nomos, S. 23-47.

Kelle, Udo/Erzberger, Christian (1999): »Integration Qualitativer und Quantitativer Methoden – Methodologische Modelle und ihre Bedeutung für die Forschungspraxis«. In: *Kölner Zeitschrift für Soziologie und Sozialpsychologie 51*, S. 509-531.

Kerr, Anne/Cunningham-Burley, Sarah (2000): »On Ambivalence and Risk: Reflexive Modernity and the New Human Genetics«. In: *Sociology 34*, S. 283-304.

Kerr, Anne/Cunningham-Burley, Sarah/Amos, Amanda (1998): »The new genetics and health – mobilizing lay expertise«. In: *Public Understanding of Science 7*, S. 41-60.

Kerscher, Helmut (2002): Ärzte haften für Schwangeren-Beratung. In: Süddeutsche Zeitung, 19.06.2002.

Kettner, Matthias (Hg. 1998): *Beratung als Zwang. Schwangerschaftsabbruch, genetische Aufklärung und die Grenzen kommunikativer Vernunft.* Frankfurt/New York: Campus.

Kevles, Daniel J. (1995): *In the Name of Eugenics – Genetics and the Uses of Human Heredity.* Harvard: Harvard University Press.

Klinkhammer, Gisela (1999): »Pränatale Diagnostik – ›Ein für Ärzte bedrückendes Dilemma‹«. In: *Deutsches Ärzteblatt 96*, S. A-1332.

Knorr, Karin (1981): »Die Fabrikation von Wissen – Versuch zu einem gesellschaftlich relativierten Wissensbegriff«. In: Stehr, Nico/Meja, Volker (Hg.): *Wissenssoziologie.* Opladen: Westdeutscher Verlag (Kölner Zeitschrift für Soziologie und Sozialpsychologie, Sonderband 22), S. 226-245.

Knorr Cetina, Karin (1989): »Spielarten des Konstruktivismus«. In: *Soziale Welt 40*, S. 86-96.

Knorr Cetina, Karin (1999): *Epistemic Cultures – How the Sciences Make Knowledge.* Cambridge, MA: Harvard University Press.

Knörr, Karl (1987): »Die pränatale Diagnostik: Rückblick – Standortbestimmung – Konsequenzen – Ausblick«. In: Murken, Jan (Hg.): *Pränatale Diagnostik und Therapie.* Stuttgart: Enke, S. 2-6.

Köbsell, Swantje (1992): »Humangenetik und pränatale Diagnostik: Instrumente der ›Neuen Eugenik‹«. In: Degener, Theresia/Köbsell, Swantje (Hg.): *»Hauptsache, es ist gesund«? – Weibliche Selbstbestimmung unter humangenetischer Kontrolle.* Hamburg: Konkret Literatur Verlag, S. 11-66.

Koolwijk, Jürgen van (1974): »Die Befragungsmethode – Erhebungsmethoden – Die Befragung«. In: Koolwijk, Jürgen van/Wieken-Mayser, Maria (Hg.): *Techniken der empirischen Sozialforschung*. München/Wien: Oldenbourg, S. 9-23.

Kornman, J./Wortelboer, M. J. M./Beekhuis, J. R./Morssink, L. P./Mantingh, A. (1997): »Women's opinions and the implications of first- versus second-trimester screening for fetal down's syndrome«. In: *Prenatal Diagnosis 17*, S. 1011-1018.

Krafft, Alexander/Ulrich, Günter (1995): »Akteure in der Sozialforschung«. In: Brinkmann, Christian/Deeke, Axel/Völkel, Brigitte (Hg.): *Experteninterviews in der Arbeitsmarktforschung – Diskussionsbeiträge zu methodischen Fragen und praktischen Erfahrungen*. Nürnberg: Institut für Arbeitsmarkt- und Berufsforschung der Bundesanstalt für Arbeit, S. 23-33.

Kratzer, Nick (2003): *Arbeitskraft in Entgrenzung*. Berlin: Sigma.

Krohn, Wolfgang/Krücken, Georg (Hg. 1993): *Riskante Technologien: Reflexion und Regulation. Eine Einführung in die sozialwissenschaftliche Risikoforschung*. Frankfurt am Main: Suhrkamp.

Kröncke, Gerd (2001): Der Schaden, geboren zu sein. In: Süddeutsche Zeitung, 3.12.2001.

Krücken, Georg (1994): »›Risikosoziologie‹ – Stand und Perspektiven der sozialwissenschaftlichen Risikoforschung«. In: Rammert, Werner/ Bechmann, Gotthard (Hg.): *Technik und Gesellschaft – Konstruktion und Evolution von Technik*. Frankfurt/New York: Campus, S. 207-225.

Krücken, Georg/Weyer, Johannes (1999): »Risikoforschung«. In: Bröchler, Stefan/Simonis, Georg/Sundermann, Karsten (Hg.): *Handbuch Technikfolgenabschätzung*. Berlin: Sigma, S. 227-235.

Kühl, Stefan (1997): *Die Internationale der Rassisten – Aufstieg und Niedergang der internationalen Bewegung für Eugenik und Rassenhygiene im 20. Jahrhundert*. Frankfurt/New York: Campus.

Kuhse, Helga (1990): »Die Lehre von der ›Heiligkeit des Lebens‹«. In: Leist, Anton (Hg.): *Um Leben und Tod – Moralische Probleme bei Abtreibung, künstlicher Befruchtung, Euthanasie und Selbstmord*. Frankfurt am Main: Suhrkamp, S. 75-106.

Kvale, Steinar (1996): *InterViews – An Introduction to Qualitative Research Interviewing*. Thousand Oaks et al.: Sage.

Lagadec, Patrick (1981): *La Civilisation du risque – Catastrophes technologiques et responsabilité sociale*. Paris: Editions du Seuil.

Lamnek, Siegfried (1995a): *Qualitative Sozialforschung – Methoden und Techniken*. Weinheim: Beltz.

Lamnek, Siegfried (1995b): *Qualitative Sozialforschung – Methodologie*. Weinheim: Beltz.

Lash, Scott (1996): »Reflexivität und ihre Dopplungen: Struktur, Ästhetik und Gemeinschaft«. In: Beck, Ulrich/Giddens, Anthony/Lash, Scott (Hg.): *Reflexive Modernisierung – Eine Kontroverse*. Frankfurt am Main: Suhrkamp, S. 195-286.

Latour, Bruno (1991): »Technology is society made durable«. In: Law, John

(Hg.): *A Sociology of Monsters: Essays on Power, Technology and Domination*. London: Routledge, S. 103-131.

Latour, Bruno (1998): *Wir sind nie modern gewesen. Versuch einer symmetrischen Anthropologie*. Frankfurt am Main: Fischer.

Latour, Bruno (2000): *Die Hoffnung der Pandora. Untersuchungen zur Wirklichkeit der Wissenschaft*. Frankfurt am Main: Suhrkamp.

Latour, Bruno (2003): »Is Remodernization Occuring – And If So, How to Prove it?«. In: *Theory, Culture & Society 20*, S. 35-48.

Lau, Thomas/Wolff, Stephan (1983): »Der Einstieg in das Untersuchungsfeld als soziologischer Lernprozess«. In: *Kölner Zeitschrift für Soziologie und Sozialpsychologie 35*, S. 417-437.

Laurén, Michaela/Petrogiannis, Konstantine/Valassi-Adam, Eleni/Tymstra, Tjeerd (2001): »Prenatal diagnosis in the lay press and professional journals in Finland, Greece and the Netherlands«. In: Ettore, Elizabeth (Hg.): *Before Birth – Understanding Prenatal Screening*. Aldershot: Ashgate.

Lemke, Thomas (2000): »Die Regierung der Risiken – Von der Eugenik zur genetischen Gouvernementalität«. In: Bröckling, Ulrich/Krasmann, Susanne/Lemke, Thomas (Hg.): *Gouvernementalität der Gegenwart – Studien zur Ökonomisierung des Sozialen*. Frankfurt am Main: Suhrkamp, S. 227-264.

Lemke, Thomas (2004): *Veranlagung und Verantwortung. Genetische Diagnostik zwischen Selbstbestimmung und Schicksal*. Bielefeld: transkript.

Levine, Michael/Tjian, Robert (2003): »Transcription regulation and animal diversity«. In: *Nature 424*, S. 147-151.

Liebert, Wolf-Andreas/Geideck, Susan (Hg. 2003): *Sinnformeln. Linguistische und soziologische Analysen von Leitbildern, Metaphern und anderen kollektiven Orientierungsmustern*. Berlin/New York: de Gruyter.

Lippman, Abby (1994): »Prenatal genetic testing and screening – Constructing needs and reinforcing inequalities«. In: Clarke, Angus (Hg.): *Genetic counselling – practice and principles*. London: Routledge, S. 142-186.

Lorber, John (1975): »Ethical Problems in the Management of Myelomeningocele and Hydrocephalus«. In: *Journal of the Royal College of Physicians 10*, S. 47-60.

Lösch, Andreas (2001): *Genomprojekt und Moderne – Soziologische Analysen des bioethischen Diskurses*. Frankfurt/New York: Campus.

Lueger, Manfred (1989): »Die soziale Situation im Interview«. In: *Österreichische Zeitschrift für Soziologie 14*, S. 22-36.

Luhmann, Niklas (1990): »Der medizinische Code«. In: Luhmann, Niklas (Hg.): *Soziologische Aufklärung 5. Konstruktivistische Perspektiven*. Opladen: Westdeutscher Verlag, S. 183-196.

Luhmann, Niklas (1991): *Soziologie des Risikos*. Berlin/New York: de Gruyter.

Luhmann, Niklas (1992): »Ökologie des Nichtwissens«. In: Luhmann, Niklas (Hg.): *Beobachtungen der Moderne*. Opladen: Westdeutscher Verlag, S. 149-220.

Luhmann, Niklas (1993): »Risiko und Gefahr«. In: Luhmann, Niklas (Hg.):

*Soziologische Aufklärung 5. Konstruktivistische Perspektiven.* Opladen: Westdeutscher Verlag, 2. Aufl., S. 131-169.

Luhmann, Niklas (1995): »Die Soziologie des Wissens: Probleme ihrer theoretischen Konstruktion«. *Gesellschaftsstruktur und Semantik – Studien zur Wissenssoziologie der modernen Gesellschaft.* Frankfurt am Main: Suhrkamp, S. 151-180.

Luhmann, Niklas (1997): »Die Moral des Risikos und das Risiko der Moral«. In: Bechmann, Gotthard (Hg.): *Risiko und Gesellschaft. Grundlagen und Ergebnisse interdisziplinärer Risikoforschung.* Opladen: Westdeutscher Verlag, 2. Aufl., S. 327-338.

Manning, Peter K. (1996): »Problems of Interpreting Interview Data«. In: *Sociology and Social Research 50,* S. 302-316.

Markens, Susan/Browner, C.H./Press, Nancy (1999): »›Because of the risks‹: How US pregnant women account for refusing prenatal screening«. In: *Social Science and Medicine 49,* S. 359-369.

May, Stefan/Holzinger, Markus (2003): *Autonomiekonflikte der Humangenetik – Professionssoziologische und professionsrechtliche Aspekte einer Theorie reflexiver Modernisierung.* Opladen: Leske + Budrich.

Mayring, Philipp (1999): *Einführung in die qualitative Sozialforschung. Eine Anleitung zu qualitativem Denken.* Weinheim: Beltz, 4. Aufl.

Mayring, Philipp (2000): *Qualitative Inhaltsanalyse – Grundlagen und Techniken.* Weinheim: Deutscher Studienverlag, 7. Aufl..

Merton, Robert K. (1987): »Three Fragments from A Sociologist's Notebook: Establishing the Phenomenon, Specified Ignorance, and Strategic Research Materials«. In: *Annual Review of Sociology 13,* S. 1-28.

Merton, Robert K./Kendall, Patricia K. (1993): »Das fokussierte Interview«. In: Hopf, Christel/Weingarten, Elmar (Hg.): *Qualitative Sozialforschung.* Stuttgart: Klett-Cotta, 3. Aufl., S. 171-202.

Meulemann, Heiner (1993): »Befragung und Interview – Über soziale und soziologische Situationen der Informationssuche«. In: *Soziale Welt 44,* S. 98-119.

Meuser, Michael/Nagel, Ulrike (1991): »ExpertInneninterviews – vielfach erprobt, wenig bedacht – Ein Beitrag zur qualitativen Methodendiskussion«. In: Garz, Detlev/Kraimer, Klaus (Hg.): *Qualitativ-empirische Sozialforschung – Konzepte, Methoden, Analysen.* Opladen: Westdeutscher Verlag, S. 441-471.

Meuser, Michael/Nagel, Ulrike (1994): »Expertenwissen und Experteninterview«. In: Hitzler, Ronald/Honer, Anne/Maeder, Christoph (Hg.): *Expertenwissen – Die institutionalisierte Kompetenz zur Konstruktion von Wirklichkeit.* Opladen: Westdeutscher Verlag, S. 180-192.

Meuser, Michael/Nagel, Ulrike (1997): »Das ExpertInneninterview – Wissenssoziologische Voraussetzungen und methodische Durchführung«. In: Friebertshäuser, Barbara/Prengel, Annedore (Hg.): *Handbuch Qualitative Forschungsmethoden in der Erziehungswissenschaft.* Weinheim/München: Juventa, S. 481-491.

Meuser, Michael/Nagel, Ulrike (2005): »Vom Nutzen der Expertise – Experteninterviews in der Sozialberichterstattung«. In: Bogner, Alexander/ Littig, Beate/Menz, Wolfgang (Hg.): *Das Experteninterview – Theorie, Methoden, Anwendung.* Wiesbaden: VS, 2. Aufl., S. 257-272.

Michie, Susan/Marteau, Theresa (1996): »Genetic Counceling: Some Issues of Theory and Practice«. In: Marteau, Theresa/Richards, Martin (Hg.): *The Troubled Helix – Social and Psychological Implications of the New Human Genetics.* Cambridge: Cambridge University Press, S. 104-122.

Mikl, Markus/Wild, Claudia/Torgersen, Helge (1996): *Individuelle und gesellschaftliche Auswirkungen genanalytischer Untersuchungen.* Wien: Institut für Technikfolgen-Abschätzung.

Minssen, Heiner (Hg. 2000): *Begrenzte Entgrenzung.* Berlin: Sigma.

Mühlfeld, Claus/Windolf, Paul/Lampert, Norbert/Krüger, Heidi (1981): »Auswertungsprobleme offener Interviews«. In: *Soziale Welt 32*, S. 325-352.

Mundy, Liza (2002): A World of Their Own. In the eyes of his parents, if Gauvin Hughes Mc Cullough turns out to be deaf, that will be just perfect. In: Washington Post, 31.03.2002.

Nationaler Ethikrat (2003): Stellungnahme: Genetische Diagnostik vor und während der Schwangerschaft <http://www.ethikrat.org/stellungnahmen/ stellungnahmen.html>.

Neuer-Miebach, Therese/Tarneden, Rudi (Hg. 1994): *Vom Recht auf Anderssein – Anfragen an pränatale Diagnostik und humangenetische Beratung.* Düsseldorf: Verlag Selbstbestimmtes Leben.

Nippert, Irmgard (1991): »History of Prenatal Genetic Diagnosis in the Federal Republic of Germany«. In: Reid, Margaret (Hg.): *The Diffusion of Four Prenatal Screening Tests Across Europe.* London: King's Fund Centre, S. 49-69.

Nippert, Irmgard (1997): »Psychosoziale Folgen der Pränataldiagnostik am Beispiel der Amniozentese und Chorionzottenbiopsie«. In: Petermann, Franz/Wiedebusch, Silvia/Quante, Michael (Hg.): *Perspektiven der Humangenetik: medizinische, psychologische und ethische Aspekte.* Paderborn u. a.: Schönigh, S. 107-126.

Nippert, Irmgard (1999): »Entwicklung der pränatalen Diagnostik«. In: Gen-Ethisches Netzwerk/Pichlhofer, Gabriele (Hg.): *Grenzverschiebungen – Politische und ethische Aspekte der Fortpflanzungsmedizin.* Frankfurt am Main: Mabuse, S. 63-80.

Nippert, Irmgard/Horst, Jürgen (1994): Die Anwendungsproblematik der pränatalen Diagnose aus der Sicht von Beratenen und Beratern – Gutachten im Auftrag des Büros für Technikfolgen-Abschätzung beim Deutschen Bundestag. Bonn.

Nowotny, Helga (2005): »Experten, Expertisen und imaginierte Laien«. In: Bogner, Alexander/Torgersen, Helge (Hg.): *Wozu Experten? Ambivalenzen der Beziehung von Wissenschaft und Politik.* Wiesbaden: VS, S. 33-44.

Oliver, Michael (1996): *Understanding Disability.* London: Macmillan.

Paul, Diane B. (1995): *Controlling Human Heredity – 1865 to the present.* New York: Humanity Books.

Perrow, Charles (1987): *Ganz normale Katastrophen – Die unvermeidlichen Risiken der Großtechnik.* Frankfurt/New York: Campus.

Pfadenhauer, Michaela (1999): »Rollenkompetenz – Träger, Spieler und Professionelle als Akteure für die hermeneutische Wissenssoziologie«. In: Hitzler, Ronald/Reichertz, Jo/Schröer, Norbert (Hg.): *Hermeneutische Wissenssoziologie – Standpunkte zur Theorie der Interpretation.* Konstanz: UVK, S. 267-285.

Pfadenhauer, Michaela (2003): *Professionalität – eine wissenssoziologische Rekonstruktion institutionalisierter Kompetenzdarstellungskompetenz.* Opladen: Leske + Budrich.

Powell, Walter W. (1991): »Neither Market nor Hierarchy: Network Forms of Organization«. In: Thompson, Grahame/Frances, Jennifer/Levacic, Rosalind/Mitchell, Jeremy (Hg.): *Markets, Hierarchy and Networks.* London: Sage, S. 265–278.

Pregernig, Michael (2005): »Wissenschaftliche Politikberatung als kulturgebundene Grenzarbeit: Vergleich der Interaktionsmuster in den USA und Österreich«. In: Bogner, Alexander/Torgersen, Helge (Hg.): *Wozu Experten? Ambivalenzen der Beziehung von Wissenschaft und Politik.* Wiesbaden: VS, S. 267-290.

Press, Nancy/Browner, C. H. (1997): »Why Women Say Yes to Prenatal Diagnosis«. In: *Social Science and Medicine 45,* S. 979-989.

Reif, Maria/Baitsch, Helmut (1986): *Genetische Beratung – Hilfestellung für eine selbstverantwortliche Entscheidung?* Berlin u. a.: Springer.

Renn, Ortwin (1992): »Concepts of Risk: A Classification«. In: Krimsky, Sheldon/Golding (Hg.): *Social Theories of Risk.* Westport: Praeger, S. 53-79.

Richards, Martin P. (1996): »Lay and professional knowledge of genetics and inheritance«. In: *Public Understanding of Science 5,* S. 217-230.

Riewenherm, Sabine (2001): »Der beforschte Embryo«. In: *Gen-ethischer Informationsdienst 146,* S. 7-8.

Santalahti, Päivi/Aro, Arja R./Hemminki, Elina/Helenuis, Hans/Ryynänen, Markku (1998): »On What Grounds Do Women Participate in Prenatal Screening?«. In: *Prenatal Diagnosis 18,* S. 153-165.

Sauer, Dieter/Döhl, Volker (1997): »Die Auflösung des Unternehmens? – Entwicklungstendenzen der Unternehmensreorganisation in den 90er Jahren«. In: IfS/INIFES/ISF/SOFI (Hg.): *Jahrbuch sozialwissenschaftliche Technikberichterstattung '96 – Schwerpunkt: Reorganisation.* Berlin: Sigma, S. 19-76.

Scheuch, Erwin (1967): »Das Interview in der Sozialforschung«. In: König, René (Hg.): *Handbuch der Empirischen Sozialforschung.* Stuttgart: Enke, S. 136-196.

Scheuch, Erwin K. (2003): »Die Bedeutung des Zeitgeistes für die Medizin«. In: *Soziale Welt 54,* S. 389-404.

Schindele, Eva (1990): »Gläserne Gebär-Mütter. Vorgeburtliche Diagnostik – Fluch oder Segen?«. Frankfurt am Main: Fischer.

Schmid, Josef (1995): »Expertenbefragung und Informationsgespräch in der Parteienforschung – Wie föderalistisch ist die CDU?«. In: von Alemann, Ulrich (Hg.): *Politikwissenschaftliche Methoden – Grundriss für Studium und Forschung.* Opladen: Westdeutscher Verlag, S. 293-326.

Schmidt, Christiane (2000): »Auswertung von Leitfadeninterviews«. In: Flick, Uwe/von Kardorff, Ernst/Steinke, Ines (Hg.): *Qualitative Forschung. Ein Handbuch.* Reinbek: Rowohlt, S. 447-456.

Schmidtke, Jörg (1997): *Vererbung und Ererbtes – Ein humangenetischer Ratgeber.* Reinbek: Rowohlt.

Schmuhl, Hans-Walter (1992): *Rassenhygiene, Nationalsozialismus, Euthanasie – Von der Verhütung zur Vernichtung »lebensunwerten Lebens«, 1890-1945.* Göttingen: Vandenhoeck & Ruprecht.

Schneider, Werner (1999): *So tot wie nötig, so lebendig wie möglich – Sterben und Tod in der fortgeschrittenen Moderne.* Münster: Lit.

Schnell, Rainer/Hill, Paul B./Esser, Elke (1999): *Methoden der empirischen Sozialforschung.* München: Oldenbourg, 6. Aufl..

Scholz, Christine (1995): »Biographie und molekulargenetische Diagnostik«. In: Beck-Gernsheim, Elisabeth (Hg.): *Welche Gesundheit wollen wir?* Frankfurt am Main, S. 33-72.

Schroeder-Kurth, Traute (1994): »Alles was Recht ist?«. In: *Medizinische Genetik 6*, S. 396-399.

Schulz, Wolfgang K. (Hg. 1998): *Expertenwissen – Soziologische, psychologische und pädagogische Perspektiven.* Opladen: Westdeutscher Verlag.

Schütz, Alfred (1971): »Wissenschaftliche Interpretation und Alltagsverständnis menschlichen Handelns«. In: Schütz, Alfred (Hg.): *Gesammelte Aufsätze.* Den Haag: Nijhoff, S. 3-54.

Schütz, Alfred (1972): »Der gut informierte Bürger – Ein Versuch über die soziale Verteilung des Wissens«. In: Schütz, Alfred (Hg.): *Gesammelte Aufsätze.* Den Haag: Nijhoff, S. 85-101.

Schütze, Fritz (1992): »Sozialarbeit als ›bescheidene‹ Profession«. In: Dewe, Bernd/Ferchhoff, Wilfried/Radtke, Frank-Olaf (Hg.): *Erziehen als Profession.* Opladen: Leske + Budrich, S. 132-170.

Shakespeare, Tom (1999): »Losing the plot? Medical and activist discourses of the contemporary genetics and disability«. In: Conrad, Peter/Gabe, Jonathan (Hg.): *Sociological Perspectives on the New Genetics.* Oxford/Malden: Blackwell, S. 171-190.

Singer, Peter (1979): *Practical Ethics.* Cambridge: Cambridge University Press.

Sperber, Katharina (2001): Selektion diesseits des Rubikons. In: Frankfurter Rundschau, 15.6.2001.

Spiewak, Martin/Viciano, Astrid (2002): WUNSchKIND. In: Die Zeit, 25.4.2002.

Sprondel, Walter M. (1979): »›Experte‹ und ›Laie‹ – Zur Entwicklung von Typenbegriffen in der Wissenssoziologie«. In: Sprondel, Walter M./

Grathoff, Richard (Hg.): *Alfred Schütz und die Idee des Alltags in den Sozialwissenschaften*. Stuttgart: Enke, S. 140-154.

Stehr, Nico (2000): *Die Zerbrechlichkeit moderner Gesellschaften. Die Stagnation der Macht und die Chancen des Individuums*. Weilerswist: Velbrück Wissenschaft.

Stein, Annedore (Hg. 1992): *Lebensqualität statt Qualitätskontrolle menschlichen Lebens*. Berlin: Edition Marhold.

Steinke, Ines (1999): *Kriterien qualitativer Forschung. Ansätze zur Bewertung qualitativ-empirischer Sozialforschung*. Weinheim/München: Juventa.

Stengel-Rutkowski, Sabine (1997):»Möglichkeiten und Grenzen pränataler Diagnostik«. In: Petermann, Franz/Wiedebusch, Silvia/Quante, Michael (Hg.): *Perspektiven der Humangenetik*. Paderborn u. a.: Schönigh, S. 49-80.

Stockdale, Alan (1999):»Waiting for the cure: mapping the social relations of human gene therapy research«. In: Conrad, Peter/Gabe, Jonathan (Hg.): *Sociological Perspectives on the New Genetics*. Oxford/Malden: Blackwell, S. 79-96.

Strauss, Anselm (1998): *Grundlagen qualitativer Sozialforschung – Datenanalyse und Theoriebildung in der empirischen soziologischen Forschung*. München: Fink, 2. Aufl..

Strauss, Anselm/Corbin, Juliet (1996): *Grounded Theory – Grundlagen qualitativer Sozialforschung*. Weinheim: Beltz.

Strobl, Rainer (1996):»›Fremd‹-Verstehen? Zur Interpretation von Interviews mit türkischen Männern und Frauen«. In: Strobl, Rainer/Böttger, Andreas (Hg.): *Wahre Geschichten? Zu Theorie und Praxis qualitativer Interviews*. Baden-Baden: Nomos, S. 159-182.

Sutter, Barbara (2005):»Von Laien und guten Bürgern: Partizipation als politische Technologie«. In: Bogner, Alexander/Torgersen, Helge (Hg.): *Wozu Experten? Ambivalenzen der Beziehung von Wissenschaft und Politik*. Wiesbaden: VS, S. 220-240.

Tacke, Veronika (2000):»Das Risiko der Unsicherheitsabsorption. Ein Vergleich konstruktivistischer Beobachtungsweisen des BSE-Risikos«. In: *Zeitschrift für Soziologie 29*, S. 83-102.

Thom, Deborah/Jennings, Mary (1996):»Human pedigree and the ›best stock‹: from eugenics to genetics?«. In: Marteau, Theresa M./Richards, Martin (Hg.): *The troubled helix: social and psychological implications of the new human genetics*. Cambridge: Cambridge University Press, S. 211-234.

Thompson, Larry (1994):»Communicating Genetics: Journalists' Role in Helping the Public Understand Genetics«. In: Weir, Robert F./Lawrence, Susan C./Fales, Evan (Hg.): *Genes and Human Self-Knowledge*. Iowa City: University of Iowa Press, S. 104-121.

Tolmein, Oliver (2002): Warum bin ich nicht tot? In: Frankfurter Allgemeine Zeitung, 21. 1. 2002, S. 41.

Tooley, Michael (1979):»Decisions to Terminate Life and the Concept of

Person«. In: Ladd, John (Hg.): *Ethical Issues Relating to Life and Death*. New York: Oxford University Press, S. 62-93.

Tooley, Michael (1983): *Abortion and Infanticide*. Oxford: Clarendon Press.

Trinczek, Rainer (1995): »Experteninterviews mit Managern: Methodische und methodologische Hintergründe«. In: Brinkmann, Christian/Deeke, Axel/Völkel, Brigitte (Hg.): *Experteninterviews in der Arbeitsmarktforschung*. Nürnberg: Institut für Arbeitsmarkt- und Berufsforschung der Bundesanstalt für Arbeit, S. 59-67.

Trinczek, Rainer (2005): »Wie befrage ich Manager? Methodische und methodologische Aspekte des Experteninterviews als qualitativer Methode empirischer Sozialforschung«. In: Bogner, Alexander/Littig, Beate/Menz, Wolfgang (Hg.): *Das Experteninterview – Theorie, Methode, Anwendung*. Wiesbaden: VS, 2. Aufl., S. 209-222.

Tymstra, TJ./Bajema, C./Beekhuis, J. R./Mantingh, A. (1991): »Women's Opinions on the Offer and Use of Prental Diagnosis«. In: *Prenatal Diagnosis 11*, S. 893-898.

Ullrich, Carsten (1999): »Deutungsmusteranalyse und diskursives Interview«. In: *Zeitschrift für Soziologie 28*, S. 429-447.

van den Daele, Wolfgang (1985): *Mensch nach Maß? Ethische Probleme der Genmanipulation und Gentherapie*. München: Beck.

van den Daele, Wolfgang (1989): »Das zähe Leben des präventiven Zwangs«. In: Schuller, Alexander/Heim, Nikolaus (Hg.): *Der codierte Leib. Zur Zukunft der genetischen Vergangenheit*. Zürich/München: Artemis, S. 205-227.

van den Daele, Wolfgang (1995): »Politik in der ökologischen Krise«. In: *Soziologische Revue 18*, S. 501-508.

van den Daele, Wolfgang (1996): »Objektives Wissen als politische Ressource. Experten und Gegenexperten im Diskurs«. In: van den Daele, Wolfgang/Neidhardt, Friedhelm (Hg.): *Kommunikation und Entscheidung. WZB Jahrbuch 1996*. Berlin: Sigma, S. 297-326.

Viehöver, Willy (2005): »Der Experte als Platzhalter und Interpret moderner Mythen: Das Beispiel der Stammzelldebatte«. In: Bogner, Alexander/Torgersen, Helge (Hg.): *Wozu Experten? Ambivalenzen der Beziehung von Wissenschaft und Politik*. Wiesbaden: VS, S. 149-171.

Viehöver, Willy/Gugutzer, Robert/Keller, Reiner/Lau, Christoph (2004): »Vergesellschaftung der Natur – Naturalisierung der Gesellschaft«. In: Beck, Ulrich/Lau, Christoph (Hg.): *Entgrenzung und Entscheidung: Was ist neu an der Theorie reflexiver Modernisierung?* Frankfurt am Main: Suhrkamp, S. 65-94.

Voelzkow, Helmut (1995): »›Iterative Experteninterviews‹: Forschungspraktische Erfahrungen mit einem Erhebungsinstrument«. In: Brinkmann, Christian/Deeke, Axel/Völkel, Brigitte (Hg.): *Experteninterviews in der Arbeitsmarktforschung – Diskussionsbeiträge zu methodischen Fragen und praktischen Erfahrungen*. Nürnberg: Institut für Arbeitsmarkt- und Berufsforschung der Bundesanstalt für Arbeit, S. 51-57.

Vogel, Berthold (1995): »›Wenn der Eisberg zu schmelzen beginnt ...‹ Einige Reflexionen über den Stellenwert und die Probleme des Experteninterviews in der Praxis der empirischen Sozialforschung«. In: Brinkmann, Christian/Deeke, Axel/Völkel, Brigitte (Hg.): *Experteninterviews in der Arbeitsmarktforschung. Diskussionsbeiträge zu methodischen Fragen und praktischen Erfahrungen.* Nürnberg: Institut für Arbeitsmarkt- und Berufsforschung der Bundesanstalt für Arbeit, S. 73-83.

Vogel, Walther (1995): »Molekulargenetik und Genetische Beratung: Zeit zu handeln«. In: Beck-Gernsheim, Elisabeth (Hg.): *Welche Gesundheit wollen wir? Dilemmata des medizintechnischen Fortschritts.* Frankfurt am Main: Suhrkamp, S. 90-110.

von Kaisenberg, Constantin/Jonat, Walter/Kaatsch, Hans-Jürgen (2005): »Spätinterruptio und Fetozid – das Kieler Modell«. In: *Deutsches Ärzteblatt 102*, S. A133-A136.

Waldschmidt, Anne (1996): *Das Subjekt in der Humangenetik – Expertendiskurse zu Programmatik und Konzeption der genetischen Beratung 1945-1990.* Münster: Westfälisches Dampfboot.

Wambach, Manfred Max (Hg. 1983): *Der Mensch als Risiko.* Frankfurt am Main: Suhrkamp.

Weber, Max (1964): *Soziologie, Weltgeschichtliche Analysen, Politik.* Stuttgart: Kröner.

Weber, Max (1980): *Wirtschaft und Gesellschaft – Grundriss einer verstehenden Sozialwissenschaft.* Tübingen: Mohr, 5. Aufl..

Wehling, Peter (2003a): »Das Recht auf Nichtwissen in der Humangenetik – ein ›Irrläufer‹ in der Wissensgesellschaft?«. In: Allmendinger, Jutta (Hg.): *Entstaatlichung und soziale Sicherheit. Verhandlungen des 31. Kongresses der Deutschen Gesellschaft für Soziologie in Leipzig 2002.* Opladen: Leske + Budrich (CD-Rom).

Wehling, Peter (2003b): »Die Schattenseite der Verwissenschaftlichung. Wissenschaftliches Nichtwissen in der Wissensgesellschaft«. In: Böschen, Stefan/Schulz-Schaeffer, Ingo (Hg.): *Wissenschaft in der Wissensgesellschaft.* Wiesbaden: Westdeutscher Verlag, S. 119-142.

Wehling, Peter (2004): »Weshalb weiß die Wissenschaft nicht, was sie nicht weiß? – Umrisse einer Soziologie des wissenschaftlichen Nichtwissens«. In: Böschen, Stefan/Wehling, Peter: *Wissenschaft zwischen Folgenverantwortung und Nichtwissen. Aktuelle Perspektiven der Wissenschaftsforschung.* Wiesbaden: VS, S. 35-105.

Weingart, Peter (Hg. 1989): *Technik als sozialer Prozeß.* Frankfurt am Main: Suhrkamp.

Weingart, Peter/Kroll, Jürgen/Bayertz, Kurt (1992): *Rasse, Blut und Gene – Geschichte der Eugenik und Rassenhygiene in Deutschland.* Frankfurt am Main: Suhrkamp.

Weir, Robert F. (1984): *Selective Non-Treatment of Handicapped Newborns: Moral Dilemmas in Neonatal Medicine.* New York: Oxford University Press.

Wendt, Gerhard (1974): *Vererbung und Erbkrankheiten – Ihre gesellschaftliche Bedeutung*. Frankfurt am Main: Herder & Herder.

Wertz, Dorothy C./Fletcher, John C. (1993): »Prenatal Diagnosis and Sex Selection in 19 Nations«. In: *Social Science and Medicine 37*, S. 1359-1366.

Weß, Ludger (1992): »Eugenik im Zeitalter der Gentechnologie – Vom Zwang zur freiwilligen Inanspruchnahme«. In: Stein, Annedore (Hg.): *Lebensqualität statt Qualitätskontrolle menschlichen Lebens*. Berlin: Edition Marhold, S. 65-82.

White-van Mourik, Margarehta (1994): »Termination of a second-trimester pregnancy for fetal abnormality – psychosocial aspects«. In: Clarke, Angus (Hg.): *Genetic councelling – practise and principles*. London/New York: Routledge, S. 113-132.

Wiedebusch, Silvia (1997): »Die Entscheidung über die Inanspruchnahme pränataler Diagnostik«. In: Petermann, Franz/Wiedebusch, Silvia/Quante, Michael (Hg.): *Perspektiven der Humangenetik: medizinische, psychologische und ethische Aspekte*. Paderborn u. a.: Schönigh, S. 127-151.

Wiedemann, Peter (1995): »Gegenstandsnahe Theoriebildung«. In: Flick, Uwe/von Kardorff, Ernst/Keupp, Heiner/von Rosenstiel, Lutz/Wolff, Stephan (Hg.): *Handbuch Qualitative Sozialforschung – Grundlagen, Konzepte, Methoden und Anwendungen*. Weinheim: Beltz, 2. Aufl., S. 440-445.

Wiesenthal, Helmut (1994): »Lernchancen der Risikogesellschaft. Über gesellschaftliche Innovationspotentiale und die Grenzen der Risikosoziologie«. In: *Leviathan 22*, S. 135-159.

Willke, Helmut (2002): *Dystopia – Studien zur Krisis des Wissens in der modernen Gesellschaft*. Frankfurt am Main: Suhrkamp.

Wilson, Thomas P. (1973): »Theorien der Interaktion und Modelle soziologischer Erklärung«. In: Arbeitsgruppe Bielefelder Soziologen (Hg.): *Alltagswissen, Interaktion und gesellschaftliche Wirklichkeit*. Reinbek: Rowohlt, S. 54-79.

Witzel, Andreas (1985): »Das problemzentrierte Interview«. In: Jüttemann, Gerd (Hg.): *Qualitative Forschung in der Psychologie – Grundlagen, Verfahrensweisen, Anwendungsfelder*. Weinheim: Beltz, S. 227-255.

Wolff, Stephan (1999): »Subjektivität für alle praktischen Zwecke. Methodische und forschungspraktische Grenzen des ethnomethodologischen (Des-)Interesses an der ›subjektiven Perspektive‹«. In: *Österreichische Zeitschrift für Soziologie 24*, S. 5-24.

Wynne, Brian (1980): »Technology, risk, and participation – The social treatment of uncertainty«. In: Conrad, Jobst (Hg.): *Society, Technolgy and Risk*. London: Academic Press, S. 167-202.

Wynne, Brian (1992): »Uncertainty and environmental learning. Reconceiving science and policy in the preventive paradigm«. In: *Global Environmental Change 2*, S. 111-127.

# Register